NATÜRLICH
SYLT.

› **Der Natur-Erlebnisführer von Lothar Koch**

Ein ökologischer Insiderblick auf
Deutschlands »prominenteste« Insel
mit ausgefeilten Tourenvorschlägen
für Radfahrer und Wanderer und
mit Beschreibungen aller Schutzgebiete

2., aktualisierte und erweiterte Auflage

2. Auflage

ISBN 978-3-88264-680-1

© 2020 (Nachdruck 2022)
FELDHAUS VERLAG GmbH & Co. KG
Postfach 73 02 40 · 22122 Hamburg
Telefon +49 40 679430-0 · Fax +49 40 67943030
post@feldhaus-verlag.de · www.feldhaus-verlag.de

Satz: FELDHAUS VERLAG, Hamburg
Layout und Umschlaggestaltung: in medias red, Hamburg
Titelfoto: Lothar Koch
Fotografien: Hendrik Asmus (S. 218), Brian Bojsen (S. 6/7), Kathleen Dietrich-Schmidt (S. 207), Volker Frenzel (S. 75), Greenpeace (Wolf Wichmann, S. 72), Frank Hitzig (S. 47, 107), Maike Hüls-Graening (S. 3, 261), IFAW (Ari Friedlaender, S. 100/101), Hans Jessel (S. 104/105, 111, 114), Sebastian Kalweit (S. 13, 60), Thomas Luther (S. 38, 103, 141, 150 a, c, d, e, f, 226/227), Cornelius Nelo (S. 42/43, 91, 92, 93), Schutzstation Wattenmeer (Rainer Borcherding, S. 147 h, 151; Malte Hoffmann, S. 73; Ulrich Holst, S. 94, 142 g; Alexis Kivi, S. 68; Toni Lück, S. 150 h; Stefan Menzel, S. 165), Frauke Timm (S. 52), Lothar Koch (alle übrigen)
Karten: Inselgrün, Lars Rohde
Herstellung: WERTDRUCK, Hamburg

Bibliografische Information der Deutschen Nationalbibliothek
Die Deutsche Nationalbibliothek verzeichnet diese Publikation in der Deutschen Nationalbibliographie; detaillierte bibliografische Daten sind im Internet über http://dnb.d-nb.de abrufbar.

› Vorwort

Liebe Leser,

mit diesem Buch will ich Sie auf Seiten von Sylt aufmerksam machen, die sich bei einem kurzen Besuch nicht unbedingt sofort erschließen.

Dies ist Lektüre für Menschen, denen eine schöne Landschaft, ein lebendiges Meer, ein frischer Wind und klare, gesunde Luft am Herzen liegen. Wenn Sie mehr über Bedeutung, Gefährdung und Schutz Ihrer Lieblingsinsel wissen möchten, lesen Sie hier genau richtig.

Um Sylt wirklich erfassen zu können, ist es hilfreich mehr über die Historie und Entstehung der Insel zu erfahren. Deshalb kommen kleine Exkursionen in die (Natur-) Geschichte nicht zu kurz. Meine Motivation ist es, Sie behutsam an die Kostbarkeiten dieser vielseitigen Nordseeinsel heranzuführen und unscheinbare Zeichen und Zusammenhänge in der Landschaft für Sie zu entschlüsseln. Als Sylter liegt es mir am Herzen, die Insel mit ihren Bewohnern und ihrer Tier- und Pflanzenwelt zu bewahren – was zuweilen einen kritischen Blick auf die Entwicklung unseres Eilandes erfordert. Ihren Urlaubsgenuss sollte das nicht trüben. Im Gegenteil! Wer sich in Sylt verlieben will, sollte auch die Schattenseiten unseres kleinen Inselparadieses kennen. Auf ausgesuchten Fahrradtouren, die Sie im zweiten Teil des Buches finden, radeln wir an alle wichtigen und zum Teil auch versteckten Zeugnisse der Vergangenheit und Gegenwart der Insel, um die beschreibenden Erläuterungen im ersten Teil des Buches wirklich lebendig zu erfahren. Wenn Sie kein Radler sind, können Sie vieles natürlich auch zu Fuß oder mit dem Bus erkunden. Lassen Sie bitte Ihr Auto möglichst stehen, denn spätestens seit der himmlischen Ruhe während des Corona-Lockdowns in 2020 wünschen sich vieler Sylter deutlich weniger Autoverkehr!

Auf Hinweise zu Events, Nachtbars und Restaurants habe ich hier aus Platzgründen weitgehend verzichtet, obwohl ich Ihnen natürlich wünsche, Ihre schönste Jahreszeit in jeder Hinsicht voll und ganz zu genießen. Sylt ist für seine Topgastronomie ebenso bekannt, wie für seine erholsamen Wellnessangebote.

In diesem Sinne wünsche ich Ihnen eine bereichernde und erholsame Zeit auf unserer Insel!

Lothar Koch
Rantum/Sylt

Die Insel:
Was Sie schon immer über Sylt wissen wollten ...

Die Touren:
Was Sie schon immer auf Sylt entdecken wollten ...

› **DIE INSEL: WAS SIE SCHON IMMER ÜBER SYLT WISSEN WOLLTEN ...**

Sylt liegt im Norden ganz oben und wird gern »Königin der Nordsee« genannt. In majestätischer Ausdehnung thront DIE INSEL, wie
Sylt von echten Liebhabern kurz und schlicht genannt wird, ganz
königlich über der Kette von friesischen Eilanden im Weltnaturerbe
Wattenmeer. Sylts langgestreckter Nordteil überlappt bereits mit
dem Festland des Königreiches Dänemark. Dieser Umstand mag
zusätzlich zum Flair »Ihrer Majestät« beisteuern.

› Sylt: Königin der Friesischen Inseln

Der königliche Vergleich trifft in vielerlei Hinsicht zu: Was wäre eine »Queen« ohne ihr eigenes Völkchen, ohne Hofstaat, ohne Prunk und Protz, ohne Neider, Skandale, Kitsch und Klatsch? Eine Gekrönte ohne Ruhm, Fassade und Schlagzeilen in der Regenbogenpresse? Die Insel der Nackten, Schönen und Reichen wurde immer wieder totgesagt. Sie ist stets am Bröckeln und bleibt allen Fluten zum Trotz doch noch ganz schön lebendig. DIE Insel kann jedes Image bedienen, das ihr nachgesagt wird. Wer sich jedoch wegen dieser Klischees, die mit Sylt leider immer wieder in Verbindung gebracht werden, auf die Reise macht, wird überrascht sein: Prahlerei und Prominenz sind vergleichsweise unbedeutende Aspekte auf dem meerumschlungenen Eiland.

Trotz der erheblichen Bausünden in Vergangenheit und Gegenwart bleibt auf Sylt die grandiose Nordseenatur doch immer noch das dominierende Element: Im Westen die einzigartige Meeresbrandung zum Baden, Surfen, Segeln und Erholen. Ein 40 Kilometer langer Sandstrand, der zum Sonnen, Wandern, Spielen und Entdecken einlädt. Im Osten geduckte Friesendörfer, von Ebbe und Flut geprägte Landschaft und der einmaligen Tier- und Pflanzenwelt des Weltnaturerbes Wattenmeer. Und langgestreckt in der Mitte? Sagenhafte Geschichte und Geschichten, Brauchtum, Kunst, Kultur und Sylter Gastlichkeit. Umgeben von Dünen, Marschen, Kliffs und Heiden, durchweht von einem gesunden und stets frischen Nordseewind: All das macht Sylt zu einem wirklich königlichen Urlaubsziel, besonders für Natururlauber.
Genießen Sie Sylt und helfen Sie mit, die Einzigartigkeit der Insel zu bewahren!

Anreise: Richtung Norden – und dann immer geradeaus

Sylt ist Dank des im Jahre 1927 erbauten Eisenbahndamms mitten durchs Wattenmeer zum Festland, die einzige deutsche Nordseeinsel mit IC-Anschluss. Es empfiehlt sich daher, mit der Bahn anzureisen – dem Klimaschutz und auch der Sylter Natur und Umwelt zuliebe.
Wer jedoch mit dem Auto Urlaub machen will, hat zwei Möglichkeiten, das Watt zu überqueren: entweder mit dem Autozug von Niebüll nach Westerland oder via Dänemark, per Fähre von Havneby auf Rømø nach List auf

»Sylt Shuttle« über den Damm durch den Nationalpark Wattenmeer

Sylt. Der Weg über die dänische Insel ist zwar etwas länger, dafür aber preiswerter als der Autozug und landschaftlich ebenso reizvoll.

Ein Geheimtipp für Menschen mit Zeit: Reisen Sie mit dem Adler-Express durch den Nationalpark Wattenmeer an. Sie können die Personenfähre auf Nordstrand bei Husum besteigen und so ohne Umsteigen über Hallig Hooge und Amrum bis nach Hörnum auf Sylt gelangen.

Ganz Eilige können auch auf dem Luftweg »einfallen«. Der Sylter Flughafen wird von Privatflugzeugen aus dem ganzen Bundesgebiet und per Linienmaschine von zahlreichen Großstädten angeflogen.

NÜTZLICHE ADRESSEN ZUM THEMA

Sylt Shuttle (DB-Autozug) · 01805 934567 · www.syltshuttle.de

Autozug Sylt (der Blaue) · 01806 258258 · info@autozug-sylt.de

Syltfähre (nach Rømø) · 0180 3103030 · www.syltfaehre.de

Adler Reederei (Ausflugschiffe und Adler Express) · 0180 5123344 · www.adler-schiffe.de

Flughafen Sylt · 04651 920612 · www.flughafen-sylt.de

Reisezeit: Sylt beeindruckt rund ums Jahr

Sylt ist wirklich zu jeder Jahreszeit eine Reise wert. Nicht selten beeindrucken ab Januar Packeis am Strand und eine verschneite Dünenlandschaft Besucher und Insulaner. Die Vermutung, hier sei im Winter immer schlechtes Wetter, ist grundfalsch.

Oft wird Sylt mit strahlend blauem Himmel bei Temperaturen um den Gefrierpunkt angetroffen. Nicht zu unterschätzen ist jedoch der Windchill: Die gefühlte Temperatur kann je nach Windstärke deutlich frostiger sein. Besonders im November und Februar donnern oft Stürme über die Insel. Einmal im Natur-Sandstrahlgebläse zu stehen und den Naturgewalten zu trotzen, hat seinen ganz besonderen Reiz.

Auf Straßen und Radwegen ist bis Pfingsten und ab September auch wieder genug Platz zum Überholen. Naturliebhaber kommen wegen der Vogelbrut- und Zugzeit besonders gern im April/Mai und September/Oktober. Die Sommermonate sind wegen des Badespaßes am Strand, der Schweinswale und der blühenden Heide (ab Juli) besonders attraktiv. Muschelsucher, Bernsteinfinder und Seevogel-Spezis kommen das ganze Jahr über auf ihre Kosten.

Geografie: Faszination auf 40 Kilometern

Sylt ist mit 99 Quadratkilometern die viertgrößte Insel Deutschlands. Sie liegt zwischen 54°44' und 55°05' nördlicher Breite, sowie 8°16' und 8°30' östlicher Länge, also etwa auf Höhe des nordenglischen Newcastle.

Die Insellänge beträgt rund 38 Kilometer, ihre Breite schwankt zwischen 320 Meter (am Ellenbogen) und zwölfeinhalb Kilometer (Sylt-Ost). Die Küstenlänge addiert sich auf 107 Kilometer. Die kürzeste Entfernung zum Festland beträgt acht Kilometer, die weiteste 27,5 Kilometer. Der höchste Punkt ist die Uwe Düne mit 52,5 Meter über Normal Null.

Etwa 30 Quadratkilometer Fläche, also ein gutes Drittel der Insel, steht unter Naturschutz und weitere 20 Prozent fallen unter Landschaftsschutz.

Rund 19 900 Einwohner haben hier ihren Hauptwohnsitz, davon knapp die Hälfte in Westerland, und etwa 15 000 Menschen besitzen auf Sylt einen Nebenwohnsitz. Offiziell besuchen knapp eine Million Gäste pro Jahr die Insel.

Die Wasserwerke messen an Spitzentagen jedoch bereits weit über 100 000 Verbraucher gleichzeitig auf der Insel. Leider bringen die pro Jahr über 500 000 Autos auf die Insel. Eine genaue Statistik existiert nicht.

Sylt bringt es mit 1700 Sonnenstunden im Jahr auf überdurchschnittlich schönes Wetter. Die Durchschnittstemperatur liegt bei 8,3 Grad Celsius und damit nur eineinhalb Grad niedriger als im Rheingau.

Neu vor Alt: mit Segways zum Denghoog

Nahverkehr: Fortbewegung auf der Insel

Wanderungen durch Dünen und am Strand unternimmt man am besten zu Fuß, alle anderen Strecken am liebsten per Rad. Auf Sylt gibt es überdurchschnittlich viele gute Fahrradverleihe, das eigene Rad muss also nicht unbedingt mitgeschleppt werden. Manche Verleiher bringen das Fahrrad direkt zum Standort des Bestellers oder holen es nach der Tour ab. Wenn der Wind heftig von vorn kommt, bleiben Busse (auch Fahrradmitnahme) und Taxen als Ausweichmöglichkeiten. Elektrofahrräder sind überall zu leihen und sehr nützlich: Sie radeln mit dem Wind zum Ziel und zurück lassen Sie sich einfach vom umweltfreundlichen Fahrradmotor unterstützen. Es gibt also keine Ausreden mehr!

Für Kleingruppen mit bis zu acht Personen können Großraumtaxen sinnvoll und recht günstig sein. Sie haben den Vorteil, dass man genau an die Stelle gebracht wird, von der man eine Wanderung starten möchte.

Freunde der speziellen Fortbewegung können auch eine Tour mit den Sylt-Wheelies buchen oder mit Schweberollern (Segways) auf eigene Faust losziehen. Sollten Sie ein Auto mieten wollen, nehmen Sie doch bitte ein E-Mobil um Mensch und Umwelt zu schonen.

Sylt bietet außerdem einen der größten »Nordic Walking Parks« Deutschlands. Rund 220 Streckenkilometer sind über spezielle Hinweisschilder vernetzt. Es gibt zehn Tour-Einstiege mit verschiedenen Schwierigkeitsgraden. Näheres erfahren Sie bei den Tourist Informationen.

Auch Reiter können die Insel wunderbar hoch zu Ross erleben. Vor allem in den frühen Morgen- und späten Abendstunden am Weststrand zwischen Westerland und Rantum ist ein Ausritt traumhaft. Genießen Sie knapp 30 Kilometer Reitwege durch Dünen, Wiesen und entlang des Watts. Es gibt reichlich Abwechslung für erfahrene und weniger geübte Reiter. Vor dem ersten Ausritt muss bei der Amts- und Gemeindekasse Sylt eine Pferdeplakette erworben werden.

NÜTZLICHE ADRESSEN ZUM THEMA

M&M Fahrrad am Bahnhof Westerland · Kirchenweg 1 am Gleis · 04651 35777 oder 5803 · www.mm-sylt.de

Velo Quick · 04651 21506 · www.veloquick.de

SyltCar (Mietwagen, E-Bikes, E-Roller) · 01802 252820 · www.syltcar.com

E-Mobility Center Sylt · 04651 998260 · www.insel-sylt.de

SVG (Busunternehmen) · 04651 63610-0 · www.svg-sylt.de

Taxizentrale · 04651 5050 oder 5555 · www.taxiruf-sylt.de

Gemeinde Sylt · www.gemeinde-sylt.de

Kaolinsand (hell) und Limonitsandstein (rot) am Morsum-Kliff ›

Abendstimmung am Roten Kliff ››

› Insel aus Eis geboren, von Wellen geformt: Entstehung und Geologie

Wer die Zeichen der Zeit lesen kann, findet in der Sylter Landschaft ein »aufgeschlagenes Buch der Geologie«, das Geschichten erzählt, deren Akteure über eine Milliarde Jahre alt sind.

Falls Sie diesen Natur-Erlebnisführer gerade auf einem Badetuch liegend am Weststrand verschlingen, greifen Sie einmal in den weißen Seesand und lassen ihn durch die Finger rieseln. Mit großer Wahrscheinlichkeit rinnen da neben winzigen Halbedelsteinkörnchen und nordischem Urgestein auch die kalkigen Überreste eines tropischen Meeres über ihre Hand. Dessen Bewohner waren Seelilien, Korallen und Kieselschwämme. Diese 500 Millionen Jahre alten Fossilienreste aus dem gotländischen Backsteinkalk bilden zusammen mit Kaolin (Porzellanerde oder Aluminiumsilikat) den Kaolinsand. Dieser weiße Flusssand ist das Produkt verzweigter Schmelzwasserflüsse, die sich vor gut drei Millionen Jahren aus den skandinavischen Urgebirgen ins Tiefland ergossen und eine weite, etwa 80 Meter mächtige Schwemmlandschaft im Gebiet der heutigen Nordseeküste schufen.

Der weiße, tonige Flusssand bildet den gesamten Untergrund der Insel und ist besonders gut am Morsum Kliff und am Weißen Kliff in Braderup zu sehen. Hier und da lugt der Kaolinsockel auch am Weststrand zwischen Wenningstedt und Kampen unter dem Roten Kliff hervor. Wegen seiner Farbe und Feinkörnigkeit ist der Kaolinsand bei Tourismusdirektoren besonders beliebt. Zum Glück besteht der regelmäßig aus Küstenschutzgründen dem Weststrand vorgespülte Sand überwiegend aus dieser urlauberfreundlichen Spitzenqualität.

Der prähistorische Flusssand bedeckt noch ältere Bodenschichten, zu deren Studium kein Gesteinsbohrer notwendig ist. Eine Bus- oder Bahnfahrkarte nach Morsum genügt, um am Morsum Kliff noch tiefer in die Sylter Erdgeschichte einzudringen. Dort haben die rund drei Kilometer dicken Eismassen der ersten Elster-Vereisung vor rund 450 000 Jahren der interessierten Nachwelt den Gefallen getan, die Erdkruste so zu brechen und zu stauchen, dass die tertiären Erdschichten hier nicht mehr übereinander-, sondern nebeneinanderliegen. So ist es heute möglich, beim Spaziergang am Morsum Kliff auf wenigen Hundert Metern rund elf Millionen Jahre Erdgeschichte an der Oberfläche zu bestaunen. Verschiedene Schichtungen dieses »Nationalen Geotops« sind wegen ihrer einzigartig zugänglichen Lage an der Erdoberfläche sogar Namensgeber für wissenschaftlich definierte Erdzeitalter: das Syltium (Sylt-Stufe) und das Morsumium (Morsum-Stufe).

Rostrot leuchtet der normalerweise tiefliegende Limonit-Sandstein hier neben dem hellen Kaolinsand auf. Der rostige Sand ist gut sieben bis neun Millionen Jahre alt (Morsumium). Damals begann hier der Meeresspiegel eines tropischen Meeres wieder abzusinken und lagerte Fein- und Grobsande am Ufer ab, die einen Strand bildeten, für den vermutlich damals bereits Kurtaxe erhoben worden wäre, wenn es den »Homo touristicus« schon gegeben hätte. Das eisenhaltige Sediment des »Urstrandes« rostete jedoch, von jeglichem Fremdenverkehr ungenutzt, im Laufe der nächsten Jahrmillionen vor sich hin und verwitterte zu rotem Limonitsandstein. Unter dem Druck mächtiger Eismassen der nachfolgenden Kaltzeiten bildeten sich im Sand hohlräumige Verkrustungen ausgewaschener Eisenbestandteile.

Schematische Darstellung der Stauchung und Aufschuppung der Erdkruste am Morsum Kliff

Nach Kai-Uwe Bossau, Naturschutzgemeinschaft Sylt e. V.

Diese in der Sagenwelt als »Sylter Hexenschüsselchen« oder »Geschirr der Unterirdischen« bekannten Limonitkrusten kann man noch heute im Angespül vor dem Morsum Kliff finden.

Der alte Meeresboden der tropischen Ur-Nordsee, die einst zwei Drittel des heutigen Schleswig-Holsteins bedeckte, ist auf Sylt ebenfalls noch vorhanden: Die fossilen Schlickreste sind rund elf Millionen Jahre alt und präsentieren sich als tiefschwarzer Glimmerton (Syltium) im West- und äußersten Ostteil des Morsum Kliffs. Statt Wattwurm, Herzmuschel und

Strandkrabbe lebten im warmen Ur-Watt Tiere wie Ochsenherzen und Astarten (Muschelarten), Helmschnecken, Haie und Wale. Versteinerte Überreste dieser Arten sind hier auch heute noch zu finden. Wer keine Geduld zum Absuchen des Spülsaumes hat, kann besonders schöne Stücke im Sylter Sylt-Museum in Keitum bewundern.

Wagen wir einen Sprung aus den Millionen Jahre alten Tropenträumen in die kalte Realität vor etwa 180 000 Jahren: Die 40 000 bis 50 000 Jahre zuvor begonnene Saale-Eiszeit neigt sich gerade dem Ende zu. Ihre schmelzenden Gletscher hinterlassen mächtige Ablagerungen mitgeschleifter skandinavischer Geröllmassen, die sich über dem Kaolinsand ablagern. Findlinge aus schwedischem Granit, norwegischem Rhombenporphyr, finnischem Rapakiwigestein und Feuerstein des Ostseeraumes tauen ebenso aus dem Eis wie eisenhaltiger Lehm. Die graue, schmierige Erde bettet größere Steine ein, oxydiert im Laufe der Jahrtausende, wechselt dabei die Farbe und verdichtet sich. Der »Dreck« von gestern ist heute ein berühmtes Wahrzeichen unserer Insel: das Rote Kliff. Es bildet bis heute die Erosionskante eines ehemals mächtigen Geestkerns, der in den vergangenen 7000

Naturgeschichtliche Zeittafel von Sylt

Sylt vor 1000 Jahren Heide	Dünen	Eisenzeit ab 500 v. Chr. – 600 n. Chr. Bronzezeit ab 1700 v. Chr.
vor 7000 Jahren Wald	Insel/Watt	Jungsteinzeit ab 4000 v. Chr.
vor 20 000 Jahren Tundra	Heide/Wald	Weichsel-Kaltzeit
vor 60 000 Jahren Wasser	Meer	Eem-Warmzeit
vor 200 000 Jahren Eis	Geest – Geschiebelehm	Saale-Eiszeit
vor 3 Mio. Jahren Flussdelta	Kaolinsand	Oldesloer Formation Ober-Pliozän
vor 7 Mio. Jahren Meeresufer	Limonitsandstein	Morsumium Ober-Pliozän
vor 10 Mio. Jahren Meeresboden	Glimmerton	Syltium Ober-Miozän

Grafik L. Koch, frei nach E. Klatt, Sylt-Geologie einer Nordseeinsel, Wachholtz 2006

Jahren vom Meer bereits auf einer Strecke von über 13 Kilometer in Richtung Osten abgetragen wurde.

Bis es von dem unförmig abgelagerten Geschiebe der Saale-Eiszeit zur typischen Sylter Bananenform kommt, die heute jeder Inselfan als Schattenriss an Auto- oder Fahrradblech trägt, vergehen noch locker 180 000 Jahre – geprägt von einer Warmzeit, einer weiteren Dauerfrostperiode und diversen Flutkatastrophen.

Hätten Sie vor rund 120 000 Jahren, während jener langen Zwischeneiszeit (Eem-Warmzeit) Urlaub auf Sylt gemacht, wären Sie von subtropischen Badewassertemperaturen überrascht worden. Die tieferliegenden Gebiete des heutigen Nordfrieslands wurden von dem warmen Eem-Meer bedeckt, aus dem der hohe »Sylter Moränenzug« bereits damals als Insel herausragte. Unscheinbare, fossile Schalen verschiedener Muschel- und Schneckenarten des Eem-Meeres sind noch heute am Sylter Strand zu finden. Mit dem Dämmern der nächsten (Weichsel-)Eiszeit lag der Sylter Boden, auf dem wir heute stehen, jedoch nicht mehr am Meer, sondern bildete eine Hügellandschaft inmitten baumloser Tundra.

Die vor rund 50 000 Jahren herrschende Weichsel-Eiszeit, deren Gletschermassen Sylt gerade nicht mehr erreichten, sorgte dafür, dass der Meeresspiegel um mehr als 100 Meter fiel. Damit lag der Nordseeraum bis weit nördlich der Doggerbank trocken, jenem hohen Sandrücken, der noch heute unter der Nordseeoberfläche etwa auf der Höhe von Mittelengland verläuft. Eine tundraähnliche Landschaft erstreckte sich von Dänemark bis England, in der Säbelzahntiger, Mammuts, Auerochsen und Wisente lebten. Menschliche Siedlungsspuren wurden für diese Zeit nicht nachgewiesen.

Nach der Weichsel-Eiszeit, vor rund 15 000 Jahren sorgten die abschmelzenden Gletschermassen für einen rapiden Anstieg des Meeresspiegels. Bis zu zwei Meter im Jahr, insgesamt rund 60 Meter, stieg das Wasser und in besonders flach geneigten Gebieten betrug der Landverlust 250 Meter pro Jahr. (Zum Vergleich: Heute würde die Sylter Küste ohne Gegenmaßnahmen pro Jahr im Mittel eineinhalb Meter zurückweichen). Im Eiltempo fraß sich die Nordsee bei ansteigenden Temperaturen somit weiter ins Land.

Seit fast 8000 Jahren nagt die See bereits an der besagten Hügellandschaft, also dem eiszeitlichen Geestkern, der heute als Insel Sylt bekannt ist. Seitdem wird dieser von der Meeresbrandung zerstückelt und bis auf den heutigen Tag mehr und mehr abgetragen – seit 4000 Jahren nur noch im Schneckentempo. Die Folge sind Kliffs und Kanten, Katastrophen, Küstenschutz, wie auch Kassandrarufe und Kalauer über das immer wieder demnächst untergehende Sylt.

Die heutige Küstenform Nordfrieslands ist im Wesentlichen in den letzten 4000 bis 5000 Jahren entstanden. Die Substanz, die den Geestkernen von der Brandung entrissen wurde, vermischte sich mit anderen Sedimenten des Meeresbodens und bildete langgezogene, sporadisch unterbrochene Strandwälle parallel zur Festlandküste. Im Zwischenraum zum Festland bildeten sich Bruchwälder, Moore und Röhrichte, vermutlich wegen

Wanderdüne im Listland

des Rückstaus des von der höheren Geest ablaufenden Süßwassers. Wann genau der unaufhaltsam weiter ansteigende Meeresspiegel die Strandwälle weiter zerschlug und zerteilte und den Moorgürtel völlig überflutete und damit das Wattenmeer bildete, ist ungeklärt. Besonders die »Grote Mandränke«, jene schicksalhafte Sturmflut von 1362, gab Sylt vermutlich erstmals ihre unverwechselbare Silhouette. Noch heute verteilt sich mit den vorherrschenden Strömungen das von den drei verbliebenen Geestkernen abbröckelnde, eiszeitliche Geröll nach Norden und Süden und bildet so im Wechselspiel von Erosion und Anlandung die Nehrungshaken, also die beiden langen Enden der »Sylt-Banane«. Der Kampf der Küstenbevölkerung mit Deichen und Betonwällen gegen den »Blanken Hans« und die unsäglichen Landgewinnungsprojekte der Nazizeit formten schließlich den vorläufig endgültigen Küstenverlauf Nordfrieslands.

Damals wie heute lässt der scharfe Nordwestwind den angeworfenen Sand schnell trocknen und bläst ihn Richtung Südosten. Dabei entstehen große Sandhügel, die über die Geestkernreste wandern und daher Wanderdünen genannt werden. Im Windschatten der langen Dünenhaken und der zentralen Geestkerne beruhigen sich Wind und Wasser, sodass sich Schwebteilchen absetzen können: Salzmarschen und Wattenmeer entstehen.

Wenngleich stark vereinfacht und lückenhaft nachgewiesen, ist sich die Fachwelt einig, dass sich etwa so »Embryonalzeit und Geburt« der Insel Sylt abgespielt haben müssen.

Bunte Vielfalt skandinavischer Eiszeitgerölle am Kliff ›

› Reiseziel seit 6000 Jahren: Die Sylter Siedlungsgeschichte von der Steinzeit bis zum Seebad

Steinzeit

Das Gerücht, dass dort, wo heute Sylt liegt, bereits vor rund einer Million Jahren der Urmensch »Homo Heidelbergensis« lebte, bleibt unbestätigt. Wissenschaftlich zu dünn ist der Nachweis, der sich allein auf den Fund eines angeblich von Menschenhand behauenen Quarzitbrockens vom Morsum Kliff stützt. Sicher ist jedoch, dass Menschen der Jungsteinzeit vor über 6000 Jahren Sylt zu ihrem Reise- und Siedlungsziel erkoren. Darauf verweisen steinerne Pfeilspitzen und Abschläge, die am Morsum Kliff gefunden und dieser Epoche zugeordnet werden konnten.

Eine durchgehende Besiedlung wird Sylt seit mindestens 5000 Jahren bescheinigt. Prominentester Zeitzeuge ist das Wenningstedter Ganggrab »Denghoog«, das rund 3000 vor Christus auf Sylt errichtet wurde. Weitere 46 Großsteingräber aus jener Zeit der Megalithkultur sind auf Sylt nachgewiesen worden, nur acht davon existieren noch heute.

Die ersten Sylter fanden eine nacheiszeitliche, von Eichenmischwald und Bruchwald bestandene, teils sumpfige Urlandschaft vor, deren Geröllmengen ausreichend Material zur Herstellung von Steinwerkzeugen bot. Ob zu jener Zeit eine begehbare Verbindung zum Festland existierte, ist nicht bekannt. Auf jeden Fall muss es schon Schlickflächen gegeben haben, die auf ein Wattenmeer hindeuten. Das beweisen Funde, die bei der Ausgrabung des Denghooges gemacht wurden. Die Sylter Steinzeitmenschen rodeten den Urwald und betrieben einfachen Ackerbau und hielten Vieh auf den geschaffenen Lichtungen. Das Vieh sorgte dafür, dass eine Verjüngung des Waldes ausblieb und die Landschaft immer baumloser wurde. Ihre Dauerthemen dürften bereits die gleichen wie die der heutigen Insulaner gewesen sein: Küstenabbruch und Überbevölkerung. Spätestens mit dem Dämmern des Bronzezeitalters um 2000 v. Chr. engten Naturkräfte die Siedlungs- und Ackerfläche immer mehr ein: Sandflug von Westen, Abbruch des Inselkerns und, bedingt durch rasanten Meeresspiegelanstieg, überflutete Marschen im Osten. Schon in der Eisenzeit um 1400 v. Chr. – so wies das archäologische Landesamt anhand von Ausgrabungen nach – mussten die Siedler mittels »Plaggendüngung« (mit Stallmist angereichertes Heidepflanzenheu) die vorhandenen

Magisches Licht am Brönshooger Hünengrab ›

Ackerflächen künstlich verbessern, um die Ernährung der Bevölkerung zu sichern. Zum Ende der Eisenzeit um 340 v. Chr. wurde Schleswig-Holstein von der sagenhaften cimbrischen Flut heimgesucht und 140 Jahre später erneut überflutet. Eine Hypothese besagt, dass danach die jüngeren Inselbewohner auf der Suche nach neuen Wohnsitzen bis nach Nordholland zogen, dort siedelten und mit anderen Migranten den Stamm der Friesen bildeten. Um Christi Geburt war Sylt nachweislich überbevölkert. Im ersten Jahrhundert n. Chr. gab es rund 100 Gehöfte auf jeder der vier bis fünf besiedelbaren Sylter Geestschollen. Eine außergewöhnlich hohe Dichte von eisenzeitlichen Grabhügelfeldern und die Tinnum Burg zeugen noch heute von jener Zeit. Für das 5. und 6. Jahrhundert wird jedoch ein erheblicher Bevölkerungsrückgang verzeichnet.

Die Sylter Hünengräber: Tempel der Ahnen

Auf den drei nordfriesischen Inseln Sylt, Amrum und Föhr befanden sich früher so viele Hünengräber, dass Forscher von den »Toteninseln« sprachen und annahmen, Bewohner des Festlandes hätten ihre Verstorbenen hier aufwendig bestattet. Insgesamt konnten von Wissenschaftlern des archäologischen Landesamtes und ihren Vorgängern rund 500 Grabhügel aus der Bronzezeit sowie insgesamt 1000 vor- und frühgeschichtliche Spuren auf der Inselgeest gefunden werden.

Dazu gehören über fünfzig Großsteingräber aus der Jungsteinzeit (ca. 4000 bis 1700 v. Chr.), 420 Grabhügel aus der Bronzezeit (1700 bis 500 v. Chr.) und weitere aus der Eisenzeit (500 v. Chr. bis 600 n. Chr.) sowie Gräber, Ringburgen, Acker- und Siedlungsreste aus der Wikingerzeit (ca. 800 bis 1100 n. Chr.).

Inzwischen weiß man, dass die Inseln schon vor 5000 Jahren so dicht besiedelt waren, dass die große Anzahl von gefundenen »Riesenbetten« erklärbar ist. Allein auf Sylt sind 46 steinzeitliche Megalithgräber belegt und es gibt immer noch Grabhügel, die gar nicht untersucht wurden. Leider sind heute nur noch acht davon zu sehen. Alle anderen wurden aus Unwissenheit, Unachtsamkeit, aus Not oder Gier zerstört oder vom Dünensand verschüttet. So beklagt bereits 1858 ein Keitumer Lehrer die Aus-

beutung der Jahrtausende alten Kult-
stätten. Sie wurden geplündert in der
Hoffnung, Grabbeigaben zu finden, aber
später vor allem, um die großen Steine
zu nutzen. Beispielsweise als Fundament
des Kampener Leuchtturms, zum Kirchen-,
Haus-, Wall- und Straßenbau, sogar bis
hin zum Festland, wie vom dänischen
Møgeltønder belegt ist, wo eine Straße
mit Sylter Großsteinen angelegt wurde.

Auf die Kampener Heide versetztes Ganggrab

Alle Grabhügel sind mit einer Erdschicht bedeckt worden. So ist nur nach Grabung oder von Expertenaugen zu
erkennen, ob es sich um ein steinzeitliches Großsteingrab
mit den begehrten Findlingen oder um bronzezeitliche
Grabhügel mit Baumsärgen handelt. Siedler bestatteten
über viele Generationen die Urnen ihrer Toten in den
Hügeln. So wuchsen die Grabhügel über die Jahrhunderte Schicht um Schicht.

In den beiden Weltkriegen wurden Hünengräber dann zu
Bunkeranlagen umfunktioniert oder ganz eingeebnet.
Für den Militärflugplatz in der Inselmitte mussten min-
destens 30 Hügelgräber weichen. Aber auch noch nach
dem letzten Krieg überpflügte und zerstörte man im
Rahmen der Flurbereinigung Hünengräber auf Sylt.

Umso wichtiger wäre es, die verbliebenen acht Großsteingräber ebenso wie zahlreiche weitere Kulturspuren aus
der Bronze,- Eisen- und Wikingerzeit bestmöglich zu bewahren und zu würdigen. Zwar stehen die Hügel aus der
Vor- und Frühgeschichte heute unter Denkmalschutz,
dennoch fristen sie auf Sylt, vom Deng- und Tipkenhoog
einmal abgesehen, ein relativ unscheinbares und wenig
beachtetes Dasein. Man muss schon ein Auge dafür haben, um die teils mächtigen bronzezeitlichen Grabstätten
von Dünen, Schutt- oder Warfthaufen zu unterscheiden.
Einige Megalithgräber sind so versteckt, dass sie nur unter
Führung oder zufällig vom Besucher gefunden werden.
Sehr hilfreich ist der Prospekt »Hünen.KulTour« des Sylter
Heimatvereins, der zu den wichtigsten Monumenten
führt, die mit interessanten Infotafeln versehen sind.

Nach wie vor besteht die Gefahr, dass die letzten Tempel der Ahnen durch Überwucherung eingeschleppter Bäume und Sträucher, Kaninchenlöcher oder eine immer näher rückende Bebauung weiter an Ausstrahlung verlieren.

Mittelalter

Doch schon zu Beginn der Wikingerzeit im 8. Jahrhundert setzte nachweislich eine Wanderung von in Holland lebenden Westfriesen und von Siedlern aus Jütland auf die nordfriesischen Inseln ein und ließ die Bevölkerungszahlen auf Sylt wieder merklich ansteigen. Die heutigen Sylter Friesen setzen sich somit wahrscheinlich aus in der hiesigen Region sitzen gebliebenen Urfriesen und Jütländern, sowie aus Rückwanderern aus Westfriesland zusammen. Zu jener Zeit waren Handelsbeziehungen über den Seeweg weit wichtiger als solche zum Festland. Sylt muss damals Anschluss an die friesische Küstenschifffahrt und den Fernhandel gehabt haben. Rheinischer Tuffstein, der Anfang des 13. Jahrhunderts zum Bau der Kirchen in Keitum und Morsum verwendet wurde, ist ein Beleg für die weiten Handelswege.

Die friesischen Heimkehrer brachten nützliches Know-how aus dem Westen mit: die Kunst des Küstenschutzes. Mit allen Mitteln versuchten die Siedler im Kampf mit Flugsand und Brandungswellen die Oberhand zu gewinnen. Doch auf Dauer war alles vergebens. Ganze Dörfer wie Alt-List und Rantum wurden im späten Mittelalter und in der Neuzeit immer wieder Opfer von Wassermassen und Wanderdünen. Erste Versuche, den für die Felder so schädlichen Sandflug durch systematische Bepflanzung aufzuhalten, begannen erst im 16. Jahrhundert. Echte Erfolge erzielten Wanderdünenbremser jedoch erst ab 1790 mit dem gezielten Anpflanzen von Strandhafer, eines noch heute im Küstenschutz bewährten Dünengrases.

Schwere Sturmfluten, wie die »Groten Mandränken« von 1362 und 1634 machten die ungeheuren Eigenleistungen der mittelalterlichen Siedler im Deichbau zunichte und versalzten fruchtbares Marschland im Osten der Insel. Unter dem Druck der Naturgewalten und der Steuereintreiber des dänischen Königs Waldemar Atterdag verarmte die Inselbevölkerung im 14. und 15. Jahrhundert zusehends.

In diese Zeit fällt auch das dunkle Kapitel der See- und Strandräuberei, als sich die Sylter nicht scheuten, selbst Schiffbrüchige, die den rettenden Strand erreicht hatten, zu erschlagen und auszurauben. Auch die Sage vom friesischen Nationalhelden, dem Seeräuber Pidder Lüng aus Hörnum, gründet auf Begebenheiten aus dieser Zeit. Erst ein Geschenk der Natur wendete das Blatt für die geschundenen Sylter: 1425 wechselten riesige Herings-schwärme ihre Wanderrouten von der schwedischen Küste in Richtung südliche Nordsee. Fortan spezialisierten sich die Sylter auf den Herings-fang um Helgoland, der endlich bis ins 16. Jahrhundert erste goldene Zeiten für die Insel brachte. Der Hering im Sylter Wappen erinnert an die Bedeu-tung dieses Fisches für Sylt. Viehzucht, Ackerbau, Jagd auf Gänse, Rochen- und Austernfang, sowie das Herstellen von Stricken aus Dünengras waren weitere Einnahmequellen. Doch schon um 1625 blieb der Heringssegen ge-nau so schlagartig aus, wie er eingesetzt hatte. Seuchen und Fluten brach-ten zu dem schwindenden Wohlstand weitere Not auf die Insel.

Neuzeit

Für die Friesen war es daher 1640 ein großes Glück, dass den Basken, die bis dahin auf holländischen Walfangschiffen gefahren waren, aus großpo-litischen Gründen der Dienst aufgekündigt wurde. Bekannt als seetüchti-ges und mutiges Volk, traten die Insulaner Nordfrieslands das Erbe der Basken an. Die Friesen arbeiteten sich rasch von einfachen Handlangern zu Offizieren und Kommandeuren empor und bildeten bald die Spitze des damaligen Walfanggeschäftes. Im Jahre 1701 sollen etwa 3600 Inselfrie-sen am Walfang beteiligt gewesen sein. Die meisten stammten von Sylt und Föhr. Der bekannteste Sylter Walfänger aller Zeiten war Lorens Peter-sen de Hahn (1668 bis 1747), auch »der Sylter Hahn« genannt. Mit hollän-dischen und hamburgischen Schiffen ging es auf »Grönlandfahrt« nach Spitzbergen, um Jagd auf die Meeressäuger zu machen. Für die Zeit zwi-schen 1670 und 1725 weisen allein die Statistiken der Hamburger Reeder

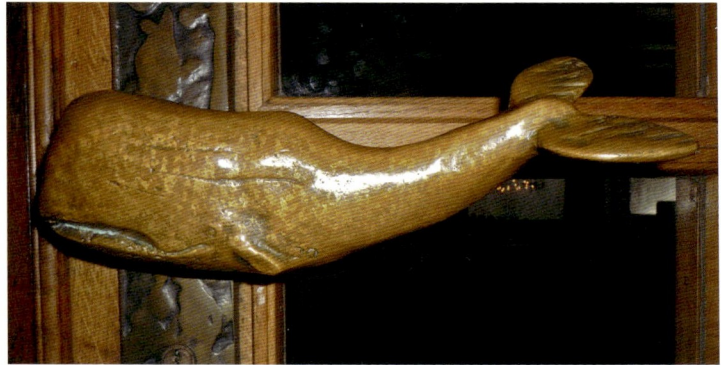

»Heiliger« Pottwal: Türgriff in St. Severin

eine Bilanz von 10 441 erlegten Waltieren auf. In holländischen Fahrt-
büchern summiert sich die »Walernte« im gleichen Zeitraum auf 32 908
getötete Meeresriesen. Dabei handelte es sich vor allem um den Grön-
landwal (Balaena mysticetus). Die recht langsamen und wehrlosen Tiere
wurden wie Viehherden zwischen den Inseln des Nordmeeres zusammen-
getrieben und reihenweise abgeschlachtet. Ein ausgewachsener Grön-
landwal erreichte eine Länge von 20 Metern und ein Gewicht von 300
Mastochsen (etwa 3000 Zentner).

Das »Goldene Zeitalter des Walfangs« brachte den Syltern und ihren Nachbarinseln großen Wohlstand und Luxus. So notiert 1652 ein Husumer Bürgermeister über die Sylter: »Ihrer viel ernähren sich mit dem Wallfischfange
… welche sonst unsaubere Handtierung ihnen gut Geldt in den Beutel trägt«.
Der durchschnittliche Geldwert eines Wals betrug in der Zeit von 1675 bis
1721 etwa 2500 Reichstaler. Das war damals ein erkleckliches Vermögen.

Fast alle arbeitsfähigen Männer und Knaben ab zehn Jahren suchten damals ihr Glück im Nordmeer. Nur Frauen, Greise und Kleinkinder blieben
auf den Inseln zurück und erledigten die Arbeiten, die mit der Führung
des Hausstandes oder der Bestellung des Ackers und der Viehhaltung zu-
sammenhingen. Noch heute erinnern auf Sylt zahlreiche Darstellungen an
die Walfängerzeit, etwa Grabsteine auf Inselfriedhöfen, Türgriffe in der
Keitumer Kirche St. Severin, Walknochen vor dem Keitumer Heimatmuseum und vor einem Haus in der Friesischen Straße in Westerland.

Uralter Brauch: das Biikebrennen

Am eindrucksvollsten versetzt uns jedoch der Brauch des Biikebrennens
(jedes Jahr am 21. Februar) in diese Zeit. Mit großen Feuern, ursprünglich
zur Huldigung des heidnischen Gottes Wotan gedacht, sollen im 17. Jahrhundert die Grönlandfahrer an diesem Tage ihre Vorbereitungen und Ver-

träge für die bald beginnende Jagdsaison getroffen haben. Am folgenden »Petritag« wurde dann »Thing«, der große Rat, abgehalten. Dies spiegelt sich noch etwas in den »Brandreden« auf Deutsch und Friesisch wieder, die zu aktuellen Themen der Gemeinden am Feuer gehalten werden. Heute zieht der Brauch, der inzwischen zum immateriellen Kulturerbe erklärt wurde, immer mehr Touristen zur ruhigsten Zeit des Jahres auf die Insel, zur Freude des Hotel- und Gaststättengewerbes. Die Sylter Jugend freut sich über schulfrei und »Danz op de Deel«, während sich die Erwachsenen zum traditionellen Grünkohlessen mit Kochwurst und Köm treffen. Bei so manchem Sylter ist Biikebrennen tief in der Erinnerung verankert, weil man als Jugendlicher bei dieser Gelegenheit die erste Zigarette oder den ersten Schnaps verabreicht bekam.

Die Anzahl der Großwale nahm durch die dauernde Bejagung im Nordmeer gegen Ende des 18. Jahrhunderts so stark ab, dass 1836 der Walfang schließlich endgültig eingestellt werden musste. Sylt stand damals unter der Herrschaft der dänischen Krone. Die durch den Walfang in der Seefahrt so erfahrenen Insulaner verdingten sich nun als Kommandeure und Offiziere in der Handelsschifffahrt, vor allem im Verkehr zwischen Europa und Ostindien. Dieser Entwicklung wurde jedoch durch die Allianz Dänemarks mit Frankreich zur Zeit der Napoleonischen Kriege im Jahre 1806 mit der Kontinentalsperre gegen England ein jähes Ende gesetzt.

In die erste Hälfte des 19. Jahrhunderts fällt auch die tragische Zeit des Nationalhelden Uwe Jens Lornsen. Der gebürtige Keitumer stritt für eine demokratische Verfassung und die Unabhängigkeit Schleswig-Holsteins vom Dänischen Königreich. Dafür wurde er 1831 wegen Verrat und Volksverhetzung seines Amtes als Landvogt der Insel Sylt, das er erst ein halbes Jahr zuvor angetreten hatte, enthoben und für ein Jahr hinter Gitter gebracht. Lornsen ging nach dem Absitzen seiner Strafe zunächst nach Südamerika. Lornsens Leben endete tragisch: 1838 ertränkte sich der depressive Märtyrer im Genfer See. Seine demokratischen Ziele, die für ihn »so klar wie die Sonne« waren, sollten erst nach seinem Tod Wirklichkeit werden.

Verheißungsvolle Sonnenstrahlen für die wirtschaftliche Entwicklung der Küste zeigten sich bereits 1797 mit der Eröffnung des ersten Nordseebades auf der ostfriesischen Insel Norderney. Die neue Mode des gesundheitsfördernden Meerbades war von England auf den Kontinent hinübergeschwappt und galt als willkommene wirtschaftliche Perspektive für die friesischen Inseln. Der einsetzende »Gästefang«, diese nun heraufdämmernde neue Erwerbsquelle der Insulaner, lässt sich für Sylt jedoch erst mit der Gründung des Seebades Westerland auf das Jahr 1855 datieren.

Jahrhundertwende

Hemmschuh für einen florierenden Tourismus aus deutschen Landen war zunächst noch die Zugehörigkeit Sylts zum dänischen Gesamtstaat. Dies änderte sich schlagartig mit dem Ende des deutsch-dänischen Krieges (1864), der um die Zugehörigkeit Schleswigs und Holsteins zum Dänischen Königreich geführt worden war. Infolge der dänischen Niederlage wurde Sylt schließlich dem preußischen, deutschen Staatswesen angegliedert. Nur die Gemeinde List blieb bis zur Volksabstimmung im Jahre 1920 dem dänischen Amt Tønder zugeordnet, obwohl die Lister Kirchgemeinde seit eh und je zum Kirchspiel Keitum gehörte.

Um die Jahrhundertwende zählte Westerland schon über 20 000 Badegäste und nahm damit bereits den bis heute gehaltenen Spitzenplatz unter den deutschen Nordseebädern ein. Neben der Schiffsverbindung zwischen Hoyer-Schleuse und Munkmarsch kurbelte seit 1901 vor allem die HAPAG (Hamburg-Amerikanische Packetfahrt-Actiengesellschaft) den Fremdenverkehr kräftig an. Der Bau der Sylter Süd-Kleinbahn und die Errichtung eines Bahnhofs in Hörnum schafften Voraussetzungen für einen regen Besucherverkehr auf der Linie Hamburg–Helgoland–Sylt.

Der unaufhaltsame Bäder-Boom wurde jedoch mit Ausbruch des Ersten Weltkrieges jäh unterbrochen. Statt zahlender Badegäste bevölkerten ab August 1914 plötzlich Infanterie- und Artillerieregimenter die Insel und bauten große Lager in den Dünen. Zwei davon sind heute, freilich modernisiert, noch zu ganz anderen Zwecken in Betrieb: das Hamburger Schullandheim Puan Klent und die Akademie am Meer, eine Bildungsstätte im Kampener Klappholttal.

Die Not der Kriegszeit und der Bau militärischer Anlagen ließen bei Kriegsende 1918 eine heruntergekommene Insel zurück. Zu allem Elend führten die neuen politischen Verhältnisse auch noch dazu, dass der festländische Hafen Hoyer-Schleuse, das Tor zur Insel, wieder an Dänemark fiel und damit die Anreise deutscher Touristen erneut komplizierte.

Diese Tatsache und interessenspolitische Überlegungen gaben wohl schließlich den Ausschlag für ein Bauwerk, das die 6000-jährige Inselgeschichte grundlegend verändern sollte: 1927 weihte Reichspräsident Paul von Hindenburg persönlich den nach ihm benannten Eisenbahndamm zur Insel ein. Der Volksmund taufte ihn dann auch »Hindenburgdamm«. Inzwischen wünschen sich viele, dass diese unoffizielle Widmung für den »Steigbügelhalter Hitlers« zu Gunsten des Begriffs »Sylt-Damm« aufgegeben würde. Bevor der Bahndamm jedoch seine volle Wirkung für den Tourismus entfalten konnte, musste die Insel noch ein weiteres, besonders dunkles Kapitel überstehen: den Zweiten Weltkrieg. Wenngleich Sylt vom großen Kriegsgeschehen weitgehend verschont blieb, führten die Kriegsvorbereitungen doch zu dauerhaften Veränderungen, die das Gesicht der Insel noch heute prägen.

Sylt wurde zur Festung ausgebaut, weil immer wieder eine Invasion der Alliierten über die Nordsee befürchtet wurde. Tausende Tonnen von Beton ergossen sich in Form von Straßen und Bunkern in die Dünenheide. Zur »Erweiterung deutschen Lebensraumes« entstanden Deichanlagen in List und Sylt-Ost. Riesige Kasernen folgten, die noch heute vor allem die Ortsbilder von List, Rantum und Hörnum belasten. Große Wattflächen in der Rantumer Bucht, heute als Rantum-Becken bekannt, wurden zur Anlage eines Militärflughafens für Wasserflugzeuge abgedeicht. Es bevölkerten mehr Soldaten als Sylter die Insel, bis 1945 die Engländer schließlich statt per Invasion über die Nordsee mit dem regulären Zug über den Damm eintrafen und die Insel besetzten.

Die Nachkriegszeit bescherte der Insel einen großen Strom von Flüchtlingen aus den Ostgebieten, die vor allem in den großen Kasernengebäuden untergebracht wurden. Gemeinsam mit ihnen bauten die Sylter mit Elan den durch den Krieg unterbrochenen Badetourismus wieder auf.

Auf der Westerländer Promenade

Das deutsche Wirtschaftswunder machte in den 1950er-Jahren auch vor Sylt nicht halt. Das Geschäft boomte. In den »wilden Sechzigern« avanciert Sylt zum bundesweit bekannten Mekka der Schönen, Reichen und Nackten. In der Schickeria war es längst »in« geworden, ein Haus unter Reet oder zumindest ein Appartement auf Sylt zu besitzen. Ohne Rücksicht auf Verluste wurde gebaut, gebaut, gebaut. Und dieser Bauboom hält zumindest innerhalb der festgelegten Bebauungsgebiete auch heute noch an.

Bis heute strömen die Gäste nach Sylt wie einst die mächtigen Heringsschwärme. Wie lange das Goldene Zeitalter für die Insel diesmal andauert, bleibt jedoch abzuwarten. Das Risiko, dass der »Helgoland-Effekt« auch einmal Sylt trifft, ist nicht ganz von der Hand zu weisen: Auf der deutschen Hochseeinsel sanken die Touristenzahlen plötzlich drastisch, nachdem ein über Jahre anhaltender Massentourismus der »Ballermann-Art« schließlich für viele einen Inselbesuch unattraktiv erscheinen ließ.

Auf Sylt könnten eher verwaiste Appartement-Dörfer im Friesenstil, die von Einheimischen aus Kostengründen verlassen werden, die Qualität des Urlaubsgefühls mindern.

Brandungsbaden vor Sylt

Sylt hat den Titel »Weltbad« verdient. Nicht wegen seines Spielkasinos, der Bars und Schickimicki-Meilen, sondern wegen seiner weltbesten Bedingungen zum Baden! Wollen Sie meine persönliche Erfahrung wissen? Ich war schon auf Bali, da bot das Meer mit seinen 30 Grad Wassertemperatur keine wirkliche Erfrischung; ich war schon in Südafrika, da habe ich mich wegen der Weißen Haie nicht ins Wasser getraut; ich war in Südindien, da trieben Plastikmüll und Fäkalien neben mir her; auf Gomera gab es keinen vernünftigen Strand; auf Sri Lanka drückten mich Wellen auf steinige Riffe; in der Karibik wurde ich vor tödlichen Quallen gewarnt. Zu Hause auf Sylt springe ich mindestens jeden Morgen vor dem Frühstück in die Fluten und es tut mir gut!

Sylt hat 40 Kilometer weißen Sandstrand zu bieten. Es gibt keine Tiere im Wasser, die gefährlich oder wirklich unangenehm werden könnten (wenn man von den leicht nesselnden Quallen im August mal absieht). Die meist sehr gute Badewasserqualität erreicht immer

beste Wertungen im europäischen Vergleich und ein Nordseebad in der Sylter Brandung hat erwiesenermaßen eine gesundheitsfördernde Wirkung auf Atemwege, Herz, Haut und Kreislauf. Die Wassertemperaturen liegen im Sommer zwischen 16 und 21 Grad, selten darüber.

Und jetzt die unglaubliche Wahrheit: Man kann auf Sylt zu jeder Jahreszeit baden! Prominentester Beweis sind die Hundertschaften, die am Zweiten Weihnachtstag, oft nur mit einer Nikolausmütze bekleidet, vor Westerland in die Fluten springen, auch wenn das Thermometer gerade mal vier Grad Wassertemperatur anzeigt. Etliche Sylter gehen ebenfalls regelmäßig das ganze Jahr hindurch ins Wasser. Wie geht das? Man muss sich vorher mit Gymnastik oder Laufen warm machen. Dann gehe man über mehrere Tage Stück für Stück immer ein bisschen tiefer hinein, vorzugsweise bei Wellengang. Das kalte Wasser und die Massagekraft der Wellen regen den Kreislauf so stark an, dass man, zurück an Land, im warmen Bademantel förmlich vor Hitze beginnt zu glühen. Dann sollte man rasch nach Hause joggen und am besten unter die heiße Dusche oder in die Sauna gehen. Was für Sie vielleicht wie eine Horrorvision klingen mag, ist für andere lebenssprühende »Klimatherapie«. Kureinrichtungen und KlimatherapeutInnen wie die »Meerfrau Sylt« begeistern Menschen jeden Alters aus ganz Deutschland mit dem gezielten Heranführen und Überwinden beim Allwettergang ins Meer, zur Stärkung der körperlichen und psychischen Kräfte. Wenn Sie nicht herzkrank sind, sollten Sie das unbedingt ausprobieren.

Natürlich birgt unser Hausmeer auch Gefahren für Ungeübte. Oft sieht man Badegäste aus dem Binnenland hilflos vor den Brechern im Wasser stehen. Auf wackeligen Beinen stehen Sie unbeweglich und frontal genau auf der Linie, wo die Welle bricht und lassen sich bereitwillig von ihr »plattmachen«. Hier ein Tipp für Landratten: Erst mal einige Zeit das Wasser beobachten.

Dann sieht man wie, wo und in welchem Rhythmus die Wellen laufen und brechen. Dann entweder bücken und der Welle das Hinterteil entgegenstrecken, oder unter der Welle hindurchtauchen: So macht Baden richtig Spaß! Rettungsschwimmer und Hinweistafeln am Strand informieren gern über gefährliche Strömungen, sogenannte Trekker, die wegen der wandernden Sande am Strand täglich wechseln können. Gelbe Warnkreuze markieren Buhnenreste unter Wasser. Hier bitte reichlich Abstand halten! Die Badestrände sind zu Saisonzeiten von 10.30 bis 17 Uhr mit ausgebildeten Rettungsschwimmern besetzt. Weht eine gelbe Flagge, ist das Baden nur im beflaggten Badefeld erlaubt. Bei roter Flagge ist das Baden verboten!

Manche vermissen das türkisfarbene Wasser, das man von südlichen Gestaden kennt. Das liegt nicht daran, dass die Nordsee dreckig ist, sondern an dem feinsandig-siltigen Untergrund des Watts und dem nährstoffreichen offenen Meer. Die Wellen und Strömungen wühlen immer etwas Bodenmaterial auf, das dem Wasser die graue Färbung verleiht.

Im Frühjahr und Herbst fegen weißgelbe Schaumflocken wie große Wattebäusche vom Meer über den Strand. Das

Wasser sieht dann oft besonders trübe, ja sogar eklig braun aus. Dabei handelt es sich aber nicht um Umweltverschmutzung, sondern um ein überwiegend natürliches Phänomen: Im Frühjahr und Herbst »blühen« (genauer: vermehren sich) die pflanzlichen Algenzellen im Wasser, weil viel Licht und viele Nährstoffe vorhanden sind. Die Wellen zerschlagen die eiweißhaltigen Gallerthüllen der Einzeller und wie beim Rühren eines Eis mit dem Schneebesen entstehen die floppigen Schaumberge. Wenn es unnatürlich viel Schaumberge gibt, ist der Hintergrund die Nordseeüberdüngung. Das sind die Nährstoffeinträge, die im Industriezeitalter über den Luftweg (Autoabgase) und Wasserweg (Landwirtschaft) zusätzlich ins Meer eingetragen werden.

Schon der Weg zum Meer ist ein sinnliches Naturerlebnis

› Sylt natürlich: Naturräume der Insel

Grob lässt sich die Sylter Naturlandschaft in acht auffällig unterschiedliche Naturräume gliedern: offenes Meer, Strand, Dünen, Wäldchen, Geestheide mit Kliffs, Süßmarschen, Salzmarschen und Wattenmeer. Dabei entfallen rund 45 Prozent der Inselfläche auf die Geest, 33 Prozent auf Dünenlandschaft und 20 Prozent auf Marschlandschaft.

Das offene Meer

Die Ökologie der Nordsee ist für den Inselgast nur ansatzweise direkt erfahrbar, denn das Leben im Meer spielt sich überwiegend unterhalb der Wasseroberfläche ab. Selbst Taucher haben nur geringe Chancen, viel mehr als die Strandwanderer zu sehen, denn das Nordseewasser ist meist von Natur aus äußerst trübe und gibt nur nach längeren Ostwindperioden Unterwassersichtweiten von mehreren Metern frei. Der Grund ist der hohe Anteil an natürlichen Schwebstoffen im Wasser: Myriaden von tierischen und pflanzlichen Einzellern entwickeln sich im nährstoffreichen Nordseewasser und erzeugen zusammen mit aufgewirbelten, leblosen Partikeln dessen meist graugrüne Farbe. Das lebendige Plankton bildet in der Nordsee die Nahrungsgrundlage für alles höhere Leben. Und das ist reichlich vorhanden: Makrelen, Kabeljau, Seehechte und Katzenhaie jagen kleineren Schwarmfischen nach, wie zum Beispiel Heringen und Sandaalen. Diese, wie auch die Seeteufel, Knurrhähne, Klieschen, Schollen und Seezungen ernähren sich wiederum von Muscheln, Schnecken, Krebsen und Würmern, die sich am Meeresboden tarnen, panzern, verstecken oder vergraben und unablässig das Plankton zum Verdauen einstrudeln. So entsteht ein dichtes Netz von Nahrungsbeziehungen, dessen auffälligste Vertreter sich auch öfter an der Meeresoberfläche zeigen: Seehunde, Kegelrobben und sogar Schweinswale. Aber auch die Seevögel mischen mit beim Fressen und Gefressenwerden. Als Endglieder der Nahrungskette sind sie jedoch Beutegreifer ohne direkte Feinde und somit auf der sicheren Seite.

Strandspaziergängern fallen vor allem die zahlreichen Trupps von mehreren Dutzend Eiderenten auf, die meist unweit des Strandufers im Nordseewasser dümpeln. Die Wildenten halten sich das ganze Jahr vor Sylt auf und ernähren sich vorzugsweise tauchend von Miesmuscheln, die sich an festen Substanzen unter Wasser angesiedelt haben. In den Wintermonaten

‹ Amphibische Landschaft: Weltnaturerbe Wattenmeer

rasten zusätzlich oft zigtausende schwarze Trauerenten und weitere seltene Hochseevögel auf den strandnahen Nordseegewässern.

Die unterschiedlichsten, möwenähnlichen Seeschwalbenarten sind daran zu erkennen, dass sie zunächst hektisch hin und her fliegen, um dann jäh in die Wellen herabzustoßen. Ihr unablässiger Ruf erinnert an das Quietschen rostiger Scharniere. Diese Zugvögel suchen zwischen Mai und September auch im offenen Meer ihre Nahrung, um den auf der Wattseite wartenden Nachwuchs mit Kleinfischen durchzufüttern. Den Rest des Jahres verbringen sie rund 12 000 Kilometer entfernt, im warmen Süden Afrikas. Die Meeressäuger Seehund, Kegelrobbe und Schweinswal bilden die Spitze des Nahrungsnetzes in der südlichen Nordsee. Zu diesen Raubtieren mehr ab Seite 89.

Gefiederter Sommergast im Tiefflug:
die Küstenseeschwalbe

Das Wattenmeer

Das Wattenmeer ist eine einzigartige amphibische Naturlandschaft. Das auffälligste Merkmal ist die sichtbare Auswirkung der Gezeiten. Angetrieben wird das Phänomen von Ebbe und Flut wie überall auf der Welt durch die verschiedenen Rotationskräfte von Mond, Erde und Sonne und deren Beziehung zueinander. Die Wirkung dieser Kräfte ist am Wattenmeer jedoch besonders augenfällig, weil der Meeresboden festlandwärts der friesischen Inselkette sehr flach abfällt. Während an anderen Meeren der Wasserspiegel nur leicht hoch- und niederschwappt, fallen hier alle sechs Stunden und 20 Minuten quadratkilometergroße Flächen frei oder laufen wieder voll.

Durch die sogenannten Tiefs zwischen den Inseln ist die offene Nordsee mit dem Wattenmeer eng verzahnt. Mit Tiefs sind nicht die Luftdruckgebiete der örtlichen Wetterkarte gemeint, sondern die Strömungsgräben zwischen Sylt und den benachbarten Inselsockeln von Rømø und Amrum. Mehrere Millionen Kubikmeter Nordseewasser ergießen sich mit jeder Flut in den Raum beiderseits des Eisenbahndamms zwischen Insel und

Festland. Bei Ebbe strömen die Wassermassen wieder zurück ins offene Meer. Das Wattenmeer wirkt wie ein Durchlauffilter für das Nordseewasser. Im seichten, wind- und strömungsgeschützten rückwärtigen Bereich der Insel kommt das eingeströmte, mit Kleinstpartikeln befrachtete Meerwasser für kurze Zeit zur Ruhe. Dieses »Kentern der Tide« geschieht zu dem Zeitpunkt, an dem die Phase des auflaufenden Wassers (Flut) gerade ihren Höhepunkt erreicht hat (Hochwasser) und nach kurzem Stillstand in die Phase des ablaufenden Wassers (Ebbe) übergeht. In dieser Viertelstunde des Strömungsstillstandes setzen sich Schwebpartikel am Boden ab. Zur absoluten Wasserruhe kommt es jedoch nur in gut geschützten Buchten, fernab der stark umströmten Inselspitzen. Je nach Turbulenz sinken Schwebstoffe unterschiedlichen Gewichts an unterschiedlichen Stellen ab und bilden so die verschiedenen Schlick- (Feinstpartikel)-, Misch- und Sandwattböden (Grobpartikel), die man auf einer Wattexkursion erwandern kann. Die Bodenqualitäten bieten wiederum Lebensräume für ganz unterschiedlich spezialisierte Tiergesellschaften: Schlickkrebse, Wattwürmer, Plattmuscheln, Bäumchenröhrenwürmer, Wattschnecken, Miesmuscheln und Strandkrabben tummeln sich zu Millionen auf wenigen Quadratmetern Wattboden und helfen durch ihre Filter- und Strudelapparate bei der Nahrungsaufnahme kräftig mit, das Nordseewasser von Schwebstoffen zu reinigen. Dank des steten Einströmens von nährstoffreichem Wasser durch die Flüsse und organischer Teilchen durch die Nordsee strotzt das Watt nur so vor Leben. Dabei ist nicht die Artenvielfalt das Besondere – schließlich haben es nur relativ wenige Überlebenskünstler geschafft, sich den extremen Bedingungen von wechselnden Wasserständen, Temperaturen, Salzgehalten und Sauerstoffbedingungen im Watt anzupassen. Rekordverdächtig ist vielmehr die große Masse einzelner Individuen, die das Watt nutzen.

Watt-Exkursionen: Wandeln auf weichem Meeresboden

»Wer nicht im Watt war, ist nicht auf Sylt gewesen«, lautet ein Slogan der Schutzstation Wattenmeer. Die Naturschützer müssen es wissen, denn sie veranstalten fast täglich Exkursionen in den amphibischen Bereich zwischen Ebbe und Flut.
Allerdings unterscheidet sich eine Wattführung von einer Wattwanderung. Auf einer Wattführung legt man relativ wenig Laufstrecke zurück, erfährt jedoch eine

Menge über die Ökologie des Weltnaturerbes Wattenmeer und die kuriose Lebensweise der hier lebenden Tier- und Pflanzenwelt. Besonders für Kinder ist so ein Gang in die feuchte Wildnis ein tolles Erlebnis. Zu erleben, wie schnell Muscheln sich eingraben können, zu erkunden, wie oft Krebse sich häuten und einmal auf Spurensuche nach dem Wattwurm zu gehen, der sich hinter den Tausenden von »Spaghettihäufchen« auf der Wattoberfläche verbirgt, sind spannende Urlaubsabenteuer.

Wattwanderungen, also kilometerlange Läufe durchs Watt, sind auf Sylt nicht wirklich möglich. Dafür ist das Watt an den meisten Stellen zu schmal. Sie sind auch nicht erwünscht, da besonders die Wat- und Wasservögel auf ungestörte Nahrungs- und Rastplätze angewiesen sind. Deshalb sind große Wattflächen jenseits des 150 Meter breiten Streifens entlang der Ostseite eben auch seitens des Nationalparkgesetzes mit Betretungsverbot versehen. Wenn Sie einmal »Watt satt« erleben wollen, oder von einer »Kolumbus-Erfahrung« träumen, indem Sie eine Insel durch das Meer zu Fuß erobern, machen Sie ein paar Tage Urlaub auf Hallig Hooge oder eine Tour mit dem Schiff nach Föhr. Von Föhr gibt es eine geführte Wattwanderung nach Amrum. Dort werden sie mit dem Bus zum Hafen transportiert und können mit dem Adler-Schiff wieder zurück nach Hörnum auf Sylt fahren.

Unter keinen Umständen sollten Unkundige Wattexkursionen auf eigene Faust unternehmen. Gefährliche Priele, Schlicklöcher und Seenebel können tödliche Folgen haben!

Die ungeheure Biomasseproduktion (vorhandenes organisches Material in Kilogramm pro Kubikmeter Wattboden) in Form der eher unscheinbaren Bodenorganismen entspricht etwa der des tropischen Regenwaldes. Diese Produktion wird im Wattenmeer rund um die Uhr von größeren Tieren als Nahrungsquelle genutzt. Bei Ebbe sind es die durchreisenden Zug- und hiesigen Standvögel, die den für gut sechs Stunden freiliegenden »gedeckten Tisch« bei Tag und Nacht abgrasen.

Wer im April seinen Blick mal über den Deich im Sylter Osten schweifen lässt, kann Zeuge eines der beeindruckendsten Schauspiele im National-park Wattenmeer werden: Schwarze Wolken von amselgroßen Knutts, den Islandstrandläufern, führen ihre eigentümlichen Flugmanöver über der Rantumer Bucht aus. Amöbenartig verändert die riesige Vogelwolke wie auf Kommando ihre Gestalt und malt Phantasiegebilde in den Himmel: In Quallen-, Pilz- oder Ambossformation bewegen sich die Vogelmassen durch die Luft, dann plötzlich, gleich einem kräftigen Regenschauer, ge-hen sie rauschend nieder, um mit den grauen Wattflächen zu einem fast unsichtbaren Gefiederteppich am Hochwasserrastplatz zu verschmelzen. Über 100 000 Vögel in einem einzigen Schwarm sind hier von Ornitholo-gen der Keitumer Schutzstation Wattenmeer schon ausgezählt worden. Das ist etwa ein Viertel des europäischen Gesamtbestandes der nordatlantischen Knutts.

Dies ist nur ein stellvertretendes Beispiel für die Rastvögel des ostatlantischen Flugweges. Zweimal im Jahr kreuzen zahlreiche Zugvogelarten für einige Wochen im Wattenmeer auf (April–Juni und August–November). Sie pendeln zwischen ihren Brutgebieten in Grönland und Sibirien und den Überwinterungsquartieren West- und Südafrikas. Um den Langstrecken-flug zu bewältigen, sind sie auf die reichhaltige Nahrungsquelle in der »Raststätte Wattenmeer« angewiesen. Besonders auffällige Vertreter der gefiederten Weltenbummler sind die schwarzgrauen Ringelgänse mit dem weißen Bürzel. Sie grasen in großen Mengen auf den Salz- und Seegras-wiesen am Watt, allerdings nur zu den Zugzeiten im Frühjahr und Herbst. Andere Vogelarten wie der schwarzweiße Austernfischer mit dem roten Schnabel ziehen es vor, im Lande zu bleiben und am Watt zu brüten. Sie bleiben auch in durchschnittlich temperierten Wintern auf Sylt. Die sen-sible Brut- und Aufzuchtzeit der Wat- und Wasservögel dauert etwa von Mitte März bis Ende Juni. In diesem Zeitraum brüten rund 100 000 Küstenvogelpaare aus 30 Arten im und am Nationalpark Schleswig-Hol-steinisches Wattenmeer.

Leider konnten alle Schutzkategorien nicht verhindern, dass es bei etlichen Vogelarten deutliche Rückgänge gibt. Der Bestand Knutts, ein typischer Zugvogel, hat sich in wenigen Jahrzehnten im Wattenmeerraum nahezu halbiert. Das liegt auch daran, dass Zugvögel auf einen konse-quenten Schutz in allen für sie notwendigen Gebieten angewiesen sind, also zwischen Sibirien, Europa und Afrika.

Dünenkrater und gebremste Wanderdünen bei Westerheide ›

Wenn die einströmende Flut die Vögel von ihrer Nahrungsquelle abschneidet, sammeln sich die Gefiederten auf den wenigen erhöhten, trockenen Stellen am Rande des Wattenmeeres. Hier am Hochwasserrastplatz sind sie dann tagsüber, am besten unter sachkundiger Anleitung der Naturschutzorganisationen, gut zu beobachten und zu bestimmen.

Was bei Ebbe die Vögel nicht verzehren, erledigen bei Flut die zahllosen Fische. Das Watt aber produziert immer reichlich nach, sodass es nicht zum Nahrungsmangel kommt. Rund 60 Prozent der Nordseefischarten wachsen daher im schmalen Streifen des internationalen Wattenmeeres auf. Zum Großteil machen sie hier in ihrer Kinderstube die Entwicklung vom Ei zum halbjährigen Jungfisch durch, um im Winter dann in wärmere, tiefere Gefilde der Nordsee abzuwandern. Typische Fischarten bei Sylt sind Schollen, Kliesschen, Seezungen, Butterfische, Seeskorpione, Hornhechte, Heringe, Makrelen, Meeräschen, Sandaale, Meerforellen und seit einigen Jahren im Zuge der Klimaveränderung auch Wolfsbarsche.

Die zentrale Drehscheibe für den internationalen Vogelzug und die Funktion als »Kinderstube der Nordseefische« machen das Wattenmeer zu einem besonders schützenswerten Lebensraum von globaler Bedeutung.

Nationalpark
Wattenmeer
SCHLESWIG-HOLSTEIN

Weltnaturerbe:
Nationalpark Schleswig-Holsteinisches Wattenmeer

Wer bei seiner Anreise nach Sylt im Zug einen spannenden Roman verschlingt oder in die Stimme aus seinem Autoradio vertieft ist, wird spätestens beim Überqueren des Eisenbahndamms abgelenkt: Beiderseits der Schienen wird der Blick frei auf die Weite des UNESCO-Weltnaturerbes Wattenmeer, welches als Nationalpark Schleswig-Holsteinisches Wattenmeer unter Schutz steht. Diese von Gezeiten geprägte Landschaft strahlt eine unwiderstehliche Faszination aus und gilt als Feuchtgebiet von internationaler Bedeutung. In Schleswig-Holstein, Niedersachsen und Hamburg sind große Bereiche des Wattenmeeres mit der in Deutschland höchsten Schutzkategorie als Nationalpark ausgewiesen worden. Das Signum »Nationalpark« soll die über die Region weit hinausreichende, internationale Bedeutung des Gebietes verdeutlichen und erinnert an Naturparadiese wie Yellowstone, Kalahari oder Serengeti. Im Jahre 2009 verlieh die UNESCO zusätzlich den Titel »Weltnaturerbe« zur internationalen Würdigung des Gebietes.

Sylt bildet den nördlichen Abschluss des 440 000 Hektar großen Nationalparks Schleswig-Holsteinisches Wattenmeer. Dieser ist jedoch im Jahre 1985, anders als manche seiner Vorbilder aus Übersee, an einem ausgesprochenen Siedlungs- und Urlaubsgebiet eingerichtet worden. Daher waren Konflikte zwischen Naturschutz und Naturnutzung unvermeidlich. So wurden wichtige Naturschutzgebiete auf Sylt und den anderen bewohnten Inseln von vornherein vom Nationalpark ausgespart. Dessen Grenze verläuft in 150 Meter Entfernung zum Inselufer. Diese Pufferzone ist entlang der Insel-Ostseite jedoch Naturschutzgebiet geblieben.

Im gesamten Nationalpark soll der Naturschutz nicht nur ein Faktor unter vielen, sondern im Abwägungsprozess mit zahlreichen Naturnutzern der entscheidende sein. Nicht nur die Tier- und Pflanzenarten des Großökosystems, sondern auch der Ablauf der Naturvorgänge, so steht es im Nationalparkgesetz, sollen bestmöglich geschützt werden. Das bedeutet, dass der Mensch hier weder zerstörend noch einseitig verstärkend in den Naturhaushalt eingreifen darf.

Die Realität sieht anders aus. Mit der Gründung des Nationalparks im Jahre 1985 begann auch eine zunehmende Ausbeutung seiner Rohstoffe. So verunziert bis heute die Industrieanlage einer Ölbohrgesellschaft das Kerngebiet des Nationalparks nahe der Vogelinsel Trischen. Die Fischerei ist kaum eingeschränkt. Auch die Befahrensregelung für die Schifffahrt im Nationalpark wurde nicht den ökologischen Erfordernissen angemessen geregelt. An vielen Stellen wird noch gebaggert, gegraben und eingespült. Sportarten wie Kiten oder Elektro betriebene Surfbretter können Vögel und Schweinswale stören. Verbesserungen werden, leider auch von der starken Tourismuslobby, immer wieder wegen vermeintlicher Gefahren für die Wirtschaft gebremst. Andererseits werden von dieser Branche die Auszeichnungen des Wattenmeeres als besonders schützenswertes

Naturgebiet massiv als Werbefaktor genutzt. Die einzige wirkliche »Null-Nutzungszone« im gesamten National-park ist der Wattbereich unmittelbar südlich des Sylter Eisenbahndamms. Der Begriff »Zone 1« bezeichnet die Kerngebiete des Nationalparks Wattenmeer. Sie gelten als besonders wichtige Forschungs- oder Rast-, Ruhe- oder Nahrungsflächen für Robben und Wattvögel. Hier soll die Natur völlig ungestört bleiben, daher ist ein Be-treten nicht erlaubt. Bei Sylt trifft das für den Königs-hafen in List zu und für die abgelegenen Wattbereiche rechts und links des Eisenbahndamms.

Im restlichen Nationalpark gelten weniger strenge Vor-schriften. Wer kein Risiko für sich selbst und für die Natur eingehen will, geht ohnehin nur unter sachkun-diger Führung der ortsansässigen, gemeinnützigen Na-turschutzverbände ins Watt.

Der Strand

Auf Sylt vom Naturraum Strand zu sprechen, fällt nicht ganz leicht, denn schließlich verdanken wir die breitsandige Schokoladenseite Sylts heut-zutage vor allem den alljährlichen Sandvorspülungen. Insofern findet man typische Pflanzen- und Tiergesellschaften, wie man sie von breiten, stabi-leren Naturstränden anderer Küsten kennt, nur an ganz wenigen Stellen, zum Beispiel im Bereich des Lister Ellenbogens. In seltenen Nischen ent-lang des 40 Kilometer langen Strandes begegnen dem Naturliebhaber Ver-suche von Strandquecke, Meersenf und Kali-Salzkraut, einen Grundstock zur Dünenentwicklung zu legen. Entweder sind es jedoch Trampel-spuren von Wanderern oder Winter-stürme oder beides zusammen, die jegliche pflanzliche Pionierleistung dieser Art am Strand bis zum Jahres-ende wieder zunichtemachen.

Auch typische Brutvogelarten des Strandes, wie die Zwergseeschwal-ben und Sandregenpfeifer, haben sich auf Sylt längst auf weniger ge-störte Fleckchen zurückgezogen

Sägezähnchen

oder bleiben ganz fort. Der Sylter Strandwanderer muss sich also mit den weniger scheuen Vogelarten wie Silber- und Lachmöwen oder Sanderlingen zufriedengeben. Sanderlinge sind die spatzengroßen Vögel, die wie aufgezogene Spielzeugtiere entlang der Flutkante hin- und her rasen und nach Nahrung picken, die für unser Auge unsichtbar bleibt. Muschel-, Strandgut- und Bernsteinsammler kommen auf Sylt zu jeder Jahreszeit auf ihre Kosten. Hilfreich ist die App »Beachexplorer« (www.beachexplorer.org). Damit können Strandfunde und Beobachtungen bestimmt, registriert und gemeldet werden.

Möwen: geliebte und gehasste Charaktervögel

Möwen gehören natürlich zur Nordsee, wie das Salz in die Suppe. Es gibt am Strand zahlreiche Arten zu entdecken, die nicht so leicht zu unterscheiden sind und je nach Alter und Jahreszeit ein ganz unterschiedliches Federkleid tragen. So fallen in der wärmeren Jahreshälfte die Lachmöwen wegen ihrer schokoladenbraunen Kopffärbung besonders ins Auge. Diese verlieren sie jedoch in der zweiten Jahreshälfte. Die als »Emma« bekannt gewordene, typischste Möwenart ist die Silbermöwe. Die silbrig-grauen Deckflügel trägt sie jedoch erst ab dem dritten Lebensjahr, vorher ist sie braunmeliert.

Beringte Silbermöwenfamilie beim Plausch am Strand

Die Heringsmöwe hat schwarze Deckflügel und quittegelbe Beine. Sie ist etwas kleiner als die fast gleichaussehende Mantelmöwe, die jedoch fleischfarbene Beine zeigt. Dazwischen mischen sich noch die putzigen Sturmmöwen mit dem kleineren gelben Schnabel und manchmal auch Dreizehenmöwen mit schwarzen Beinen, die eigentlich felsige Küsten bevorzugen. Bei Weststurm kommen dann manchmal noch Raubmöwen dazu und ganz selten registrieren Ornithologen auch Zwergmöwen. Die Gemeinde Sylt hat ein offizielles Möwen-Fütterungsverbot verhängt. Hintergrund sind Attacken von Silbermöwen auf große und kleine Menschen, die etwas

Essbares in der Hand halten. Das kann bei Kindern schon mal einen kräftigen Schreck auslösen und Erwachsene fühlen sich sofort an den Hitchcock-Klassiker »Die Vögel« erinnert. Es sind jedoch nur Einzeltiere, die sich auf das Klauen von Eistüten und Crêpes spezialisiert haben oder gern Müllsäcke aufpicken, um an Frühstücksreste heranzukommen. Hintergrund ist unter anderem die Überfischung der offenen See, die den Vögeln keine andere Wahl bei der Nahrungssuche lässt. Zusätzlich nerven die oft lauthals schreienden Möwen Hotelbesitzer und deren Gäste, wenn sie kleine Brutkolonien auf den strandnahen Flachdächern anlegen. Aber, wie bitte schön, soll denn eine Möwe in ihrem angestammten Biotop den Unterschied zwischen einem Fünf-Sterne-Hotel und einem Vogelfelsen erkennen?

Der Strand bietet immer wieder etwas Abenteuer für Aufmerksame, denn schließlich ist der Spülsaum der Spiegel des großen Meeres. Wie bei einer Wundertüte weiß am Abend noch keiner, was alles am nächsten Morgen antreiben wird. Und genau das macht den Strandgang für viele besonders faszinierend. Von Bernsteinsuchern über Muschelsammler bis hin zu Foto- und Strandgutkünstlern – hier findet jeder sein Lieblingsobjekt zwischen Seetang, Fischkisten und Plastikmüll. Und, wer weiß? Vielleicht wird gerade morgen in aller Frühe mal wieder ein »mit Gold und Gewürzen« beladenes Schiff stranden!

Allerdings gibt es heutzutage, zumindest an den Badestränden, eine gut funktionierende Strandreinigung, die schon im Morgengrauen zugreift. Deshalb sollte man sehr früh aufstehen, wenn man wirklich der erste Finder von kostbarem Strandgut sein will.

Die Salzwiesen

Die Sylter Salzwiesen gehören zu den oft übersehenen natürlichen Kleinodien der Insel. In einem schmalen Streifen von streckenweise unter 100 Metern Breite gedeiht das sehr seltene Ökosystem der Sandsalzwiese im Windschatten der Insel zwischen Düne, Deich und Wattenmeer.

Die Salzmarschen zwischen Hörnum und Rantum zählen zu den naturbelassensten ihrer Art in ganz Schleswig-Holstein, denn sie sind zum Großteil nie von Vieh beweidet worden. Besonders zwischen Juni und Oktober

präsentieren sich die vom Meer immer
wieder überfluteten Salzgrasländer in einer ständig wechselnden Farbenpracht.
Rosa überzieht die Strandnelke schon im
zeitigen Frühjahr das satte Grün des salz-
toleranten Rotschwingelrasens. Im Hoch-
sommer färbt sich der tieferliegende und
damit häufiger den Fluten ausgesetzte
Andelgrasbereich in ein brillierendes
Lila. Diese Augenweide bietet der aufblü-
hende Wattflieder (Bondestave, Wider-
stoß), dessen Blätter denen der Zitronen-
bäume gleichen und daher botanisch
»Limonium vulgare« heißt. Im Herbst
beginnt ein genereller Farbumschlag der
Salzwiesen von Grün über alle Rotstufen
in die unscheinbar grau-grünbraune Win-

terfarbe. Zum Saisonende stirbt die bekannteste Pflanze der Verlandungszone

Salzaster bei Springflut

ab: der kaktusähnlich gewachsene, dickfleischige Queller. Im Herbst hat
der »Pionier der Salzwiese« so viel des im Übermaß schädlichen Meer-
salzes angereichert, dass seine Zellen platzen. Chemische Vorgänge im
Innern der Pflanze führen dann zu dem Farbumschlag. Zuvor hat jede
Quellerpflanze jedoch ausreichend im Salzwasser keimfähige Samen
gebildet, um für eine neue Generation im nächsten Jahr zu sorgen.
Der genannte Wattflieder hat eine andere Strategie, um im extremen
Lebensraum Salzwiese zu überleben. Er siedelt etwas höher als der Queller
und verträgt noch bis zu 150 Überflutungen pro Jahr. Als Schutz gegen Ver-
salzung wendet er ein Entgiftungsprinzip an. Schon mit bloßem Auge, noch
besser mit einer Lupe, kann man kleine Salzkristalle auf seinen Blättern
entdecken, die der Wattflieder aktiv aus kompliziert gebauten Drüsen-
zellen abgibt, um zu hohe Salzkonzentrationen im Gewebe auszuscheiden.
Ebenso raffiniert verfährt der einzige mehrjährige Zwergstrauch, der auf
unseren Salzwiesen vorkommt. Gemeint ist die graugrüne Keilmelde, die
besonders auf den unbeweideten Salzwiesen zwischen Puan Klent und
Hörnum stellenweise ein dichtes, niedriges Gestrüpp bildet. Sie reagiert
auf Salzeintrag mit dem Wegwerfprinzip. Das in den Pflanzenkörper auf-
genommene Salz wird in einige wenige Äste des Strauches gelenkt. Diese
sterben nach einer gewissen Zeit ab und fallen zu Boden. Die Pflanze ist

also gezwungen, einen kleinen Teil von sich zu opfern, um diesen extremen Standort Salzwiese dauerhaft besiedeln zu können.

Nach Lehrbuch kommen bis zu 55 spezialisierte Pflanzen- und 1500 Kleintierarten auf einer naturbelassenen, also vielgestaltigen Salzwiese vor und nischen sich, je nach Überflutungstoleranz, in verschiedenen Höhenzonen des Geländes ein.

Leider wurden an zahlreichen Stellen der Festlandsküste Salzwiesen immer intensiv beweidet, begradigt und über schnurgerade Gräben entwässert. Das wirkte sich sehr negativ auf deren Artenvielfalt aus. Auf Sylt ist jedoch der Anteil naturbelassener Salzwiesen relativ hoch und damit artenreich. Dennoch haben hier Brut- und Zugvögel wenige Chancen, Jungvögel aufzuziehen oder in Ruhe zu rasten. Leider strahlen viel zu oft Störungen, ausgehend von Füchsen, Haustieren, Wanderern und Freizeitsportlern, in die schmalen Naturschutzgebiete der Salzwiesen ein. Vor allem zur Brut- und Aufzuchtzeit zwischen April und Juli sollte man die Salzwiesen nicht betreten und nur still vom Wegesrand aus betrachten.

Die Dünen

Nirgendwo an Europas Wattenmeerküste präsentiert sich eine so weite, urtümlich-wild und imposant wirkende Dünenlandschaft wie auf Sylt. Im Gegensatz zu den vergleichsweise lieblichen Dünenzügen der West- und Ostfriesischen Inseln strahlt die fast 40 Kilometer lange Sandhügellandschaft der Sylter Nehrungshaken etwas vom rauen Charme skandinavischer Tundra aus. Wegen des ausbleibenden Baumbewuchses wird die Dünenlandschaft auch Tausendjährige Heide genannt. Die Braundüne bildet also den Schlußpunkt der pflanzlichen Entwicklung. Der Grund dafür sind die besonders extremen Bodenverhältnisse und Windbedingungen. Sie sind die wesentlichen Naturfaktoren, die Form, Farbe und Zusammensetzung des Pflanzenkleides der stark Westwind-exponierten Insel bestimmen und bis zu 34 Meter hohe Dünen erschufen.

Die Sylter Dünen sind nichts für Allerweltsgewächse, wie ein mitleidiger Blick auf die Nadelhölzer und Gartengewächse beweist, die hier und da künstlich in den Dünen angepflanzt wurden und kärglich vor sich hin kümmern. Nur spezialisierte Überlebenskünstler können im Dünensand auf Dauer existieren. Je nach Nährstoff- und Windbedingungen gedeihen unterschiedliche Dünentypen.

Weißdünen am Ellenbogen ›

Die Weißdüne

Ab Windstärke vier beginnt am trockenen Strand der Sand zu fliegen. Ab 60 Kilometer Windgeschwindigkeit pro Stunde beginnen ganze Weißdünen zu wandern. Scharfkantige Quarzkörner hageln dann wie Geschosse auf alle oberirdischen Pflanzenteile der Weißdüne. Der Wind bläst an manchen Stellen Gewächse frei, bis die Wurzeln aussehen wie blank gelegte Telefondrähte. Auf der Randdüne können nach Sturmtagen meterhohe Sandberge über der Vegetation abgelagert werden. Der Süßwasserspiegel liegt oft über zehn Meter tiefer als die Kuppe der Weißdüne. Wind und Wellen schlagen fortwährend einen düngenden Gischtnebel aus Meersalzen auf der Westseite der Weißdünen ab.

Hier prägen im Wind wellenartig wehende Halme des Strandhafers das Bild. Das derbe Dünengras wächst umso schneller, je stärker es übersandet wird. Der Flugsand düngt mit frischen Nährstoffen aus dem Meer. In seinen ausladenden und über zehn Meter tief reichenden Wurzelstöcken hat der Strandhafer so viel Energie gespeichert, dass er auch ohne Sonnenlicht bis zu einen Meter mächtige Sandverschüttungen durchwachsen kann. Seine Blattscheide ist den wüstenartigen Bedingungen in der Weißdüne angepasst. Zu Wind- und Trockenzeiten kann sich das Gras mittels spezieller Scharnierzellen einrollen und sich so vor Verletzung und Verdunstung schützen. Wenige Zentimeter unter der Sandoberfläche bildet der Strandhafer zusätzlich ein feines Wurzelnetzwerk in der Fläche aus, um durchperlendes Regenwasser optimal abzufangen.

Grau- und Braundünen

Im Windschatten der hohen Weißdünen nimmt die Versorgung der Pflanzendecke mit Nährstoffen bei zunehmender Entfernung zur Meeresbrandung dramatisch ab. Der Strandhafer beginnt zu kümmern. Graue Silbergrasflechten-Steppen gehen in braungrüne Krähenbeerendünen über. Jeder Regenguss spült die wenigen Nährsalze durch den groben Dünensand fort. Das Grundwasser liegt für die Flachwurzler der Graudüne in unerreichbarer Tiefe. In den trockenen Bereichen leben noch Wald- und selten auch Zauneidechsen. Auf dem kalkarmen Sylter Sandboden bilden sich »essigsaure« Rohhumusschichten. Je nach Niederschlagsmenge entstehen in den Tälern der Braundünen kleine Dünenseen mit rasch schwankenden Wasserständen, in denen Kreuzkröten und Moorfrösche laichen. Die Kreuzkröte bildete auf Sylt bis ins Jahr 2000 noch ihren größten Bestand in ganz Deutschland. Leider sind die Bestände seit dem um über 80 % geschrumpft. Die Dünen sind durch das permanente Bepflanzen mit Strandhafer und Reisig von der frischen Sandzufuhr des Meeres abgeschnitten und überaltern. Eine Gefährdung bildet auch der immer stärkere Trinkwasserverbrauch der Insel, der zum frühen Austrocknen von Dünentümpeln beitragen kann.

Braundüne mit Besenheide im Listland

Die atlantische Krähenbeerenheide existiert in Deutschland nur auf Sylt und Amrum so großflächig. Den Schluss der pflanzlichen Entwicklung in den Sylter Dünen bilden dann stark von Besenheide durchsetzte Krähenbeerendünen. Wer genau hinschaut, kann an der Dichte der Besenheide ablesen, dass die Braundünen zwischen Kampen und List älter sind, als die Dünen zwischen Westerland und Hörnum. Ein Folgestadium mit Sträuchern und Bäumen, wie beispielsweise in der Lüneburger Heide, entsteht hier wegen des rauen Klimas von Natur aus nicht. Vorhandene, spärliche Wäldchen konnten sich in den Dünenbereichen nur durch Anbau und Pflege seitens des Menschen entwickeln und verfälschen die Ursprünglichkeit der Dünenlandschaft.

Für Botaniker sind besonders die feuchten Dünentäler interessant. In diesen nassen Oasen des staubtrockenen Dünensandes finden sich besonders seltene botanische Raritäten, die auf dem Festland schon weitgehend flurbereinigt wurden. Besonders auffällig ist die rosablühende Glockenheide, die oft leicht erhöht wachsend die feuchten Senken umringt.

Direkt im Nassen wächst hier nicht selten der Sonnentau – und das gleich in zwei verschiedenen Arten. Diese Pflanze ist in der Lage, die feuchten, dünnen Torfschichten der moorigen Dünentäler zu besiedeln. Hier ist die Bodensituation extrem stickstoffarm. Der Sonnentau ergänzt seinen Nährstoffbedarf daher mit einem ungewöhnlichen Trick:

Auf der Oberseite seiner Blätter trägt er zahlreiche Drüsenhaare, deren rote Köpfchen ein schleimiges Sekret absondern. Damit werden kleine Insekten angelockt, die festkleben und bei Befreiungsversuchen immer mehr Drüsenköpfe berühren. Die Bewegung der Drüsenhaare führt zusätzlich zu einer Bewegung der Schleimköpfe hin zum gefangenen Insekt. Schließlich ist das Schicksal der Beute besiegelt. Die fleischfressende Pflanze sondert enzymhaltige Verdauungssäfte ab und zersetzt in wenigen Tagen die gesamte Eiweißsubstanz der Insekten. Übrig bleibt nur die leere Chitinhülle.

Die Wäldchen

Mit rund 200 Hektar sind etwa zwei Prozent der Inselfläche bewaldet. Den allermeisten der zwölf Wäldchen sieht man es an, dass das sandige Sylt kein idealer Standort für Forste ist. Der starke Westwind beugt die knorrigen Stämme schon während des Aufwachsens nieder. Die Blätter zeigen oft Schädigungen, die vom Salzeintrag herrühren. Sämtliche Wäldchen wurden von Menschenhand kultiviert; Naturwald gibt es hier schon seit 5000 Jahren nicht mehr. Einen archäologischen Hinweis darauf geben die alten Hünengräber, die damals schon in einer offenen, baumlosen Landschaft mit Weitblick errichtet wurden und seitdem Bestand haben. Die Einführung von Weidevieh in der Jungsteinzeit und die raueren Umweltbedingungen ließen einen natürlichen Waldbestand, vor allem in

exponierten Lagen wie hohen Geestkuppen und im Dünenbereich, nicht mehr zu.

Das Wäldchen an der Vogelkoje Kampen, die 1767 ihren Betrieb aufnahm, ist der älteste Forst der Insel. Es wurde zum Entenfang angelegt. Erst seit 1826 wurde auf der Insel wirklich aufgeforstet. Uwe Jens Lornsen ließ damals als Beamter der dänischen Krone ein Wäldchen hinter den westerländer Dünen anlegen der heute seinen Namen trägt. Der Lornsenhain liegt nahe des Flugplatzareals an dem Radweg zwischen Munkmarsch und Westerland. Der Friedrichshain von Nord-Westerland wurde zu Erholungszwecken 1895 gepflanzt und das Südwäldchen am Westerländer Campingplatz erst Anfang der 1960iger Jahre. Der Friedrichshain ist Sylts offizieller, staatlich eingerichteter Naturerlebnisraum. Hier darf man den Wald »mit allen Sinnen« erleben und kann auf einem Sylter Sagen Lehrpfad einiges über die Insellegenden erfahren.

In manchen Forsten trifft man auf Bauten der Waldameise, die ebenfalls von Förstern künstlich angesiedelt wurden. In Siedlungsnähe kommt es leider vermehrt zum Auswildern von Gartensträuchern, die in geschützten Dünenmulden längere Zeit überdauern können, vor allem, wenn noch düngendes Material wie Gartenabfall illegal entsorgt wird.

Die Geestheide und die Kliffs

Die Ökologie der Geestheide (Binnenheide) unterscheidet sich etwas von der der Braundüne (subatlantische Küstenheide). Die Geestheide gedeiht auf Sylt auf den stabilen, eiszeitlichen Geröllmassen der Inselmitte und

Das Rote Kliff

bei Morsum auf der Nösse, die auch die Kliffs bilden. Auf Sylt befinden sich nahezu 50 % des Geestheidebestandes Schleswig-Holsteins. Beinbrech, Arnika, Lungenenzian, und Knabenkraut sind extrem seltene Pflanzen, die in der Sylter Geestheide zwischen Krähenbeere und Erika noch bewundert werden können. Eutrophierung, also der unnatürliche Nähstoffeintrag über den Luftweg und das Einschleppen standortfremder Pflanzenarten bildet derzeit neben der kompletten Vernichtung durch Ackerbau und Bebauung die größte Gefahr. Deshalb gibt es ein Naturschutzprojekt zur Ausmerzung der eingeschleppten Syltrose (Rosa rugosa) auf natürlichen Heideflächen. Die schöne, aber widerspenstige Rose greift zunehmend von den Siedlungsbereichen in die Naturschutzgebiete der Geest über und verdrängt die heimischen, bundesweit seltenen Heidearten. Der allgegenwärtige, jedoch unsichtbare Eintrag von Stickstoffen aus der Luft (Saurer Regen: Quelle sind Auto- und Schiffsabgase, Massentierhaltung und Kraftwerke) führt auch auf Sylt zu einer Düngung der nährstoffarmen Standorte und damit zu einer Überwucherung der seltenen Magerrasen und Binnenheiden. Pflegeaktionen der Geestheide durch mühsames Abplaggen, kontrolliertes Abbrennen oder eine gezielte Beweidung durch Heidschnucken, wird zur Pflege der gut achtzig Hektar Binnenheide in Braderup und am Morsum Kliff sporadisch durchgeführt. Dort wo das Meer den steinigen Geestrücken direkt angreift, entstehen Kliffs durch Abrutschen und Unterhöhlen der Pflanzendecke. Das bis zu 29 Meter hohe Rote Kliff ist das Wahrzeichen der Insel. Würde es komplett und dauerhaft vor Abbruch geschützt, wäre es kein Kliff mehr. Dennoch soll der Abbruch nicht durch das gefährliche Betreten der Kliffkante verstärkt werden. Gleiches gilt für das Morsum Kliff, sowie das Weiße und Grüne Kliff in Keitum und Munkmarsch. Mehr zu Kliffs ab Seite 15.

Die Süßmarschen

Die in den Dreißigerjahren des vorigen Jahrhunderts eingedeichten Salzwiesen von Sylt-Ost sind längst ausgesüßt und zu Nösse-Koog und Tinnumer Wiesen geworden. Wer hier zwischen April und November die verschlungenen Wege abwandert oder radelt, wird ein ganz anderes Sylt mit bäuerlicher Atmosphäre kennenlernen. Hier hält sich mühsam eine extensive Landwirtschaft, die stellenweise noch einer artenreichen Wat- und Wiesen-Vogelfauna Platz lässt. Obwohl der Nössekoog landesweit zu den zehn wichtigsten Gebieten für die gefährdete Uferschnepfe und viele andere vom Aussterben bedrohte Wiesenvogelarten gehört, steht er aus lokalpolitischen Gründen nicht einmal unter Landschaftsschutz.

Das Grünland wird größtenteils als Weide für Robustrinder und Pferde und zur Heumahd genutzt. Naturfördernd wirkt sich hier die mangelhafte Drainage einiger Wiesen und künstlich angelegter Wasserstellen aus. Diese bilden wahre Oasen für die Vogelwelt in einer Landschaft, die immer mehr austrocknet und verbuscht. Nah am Wegesrand sind im Frühjahr brütende Uferschnepfen, Kiebitze, Austernfischer, Bekassinen und massenweise Nonnen-und Graugänse zu beobachten. Bei Sturmflut flüchten sämtliche Wattvögel über den Deich ins geschützte Hinterland und können mit Ferngläsern gut betrachtet werden.

Sturmflut nagt am Rantumer Dünenfuß ›

› Sylt: bedrängt von vielen Seiten

Wassermassen nagen an der Insel

Heute bin ich über Rungholt gefahren,
die Stadt ging unter vor sechshundert Jahren.
Noch schlagen die Wellen da wild und empört
wie damals, als sie die Marschen zerstört ...
Trutz, Blanke Hans!

Wer kennt sie nicht, die beschwörenden Zeilen des nordfriesischen Heimatdichters Detlev von Liliencron?
Die Gefahr, dass Sylt ein ebensolches Schicksal wie dem einst blühenden und dann durch Sturmflut vernichteten Handelsflecken Rungholt widerfahren könnte, beschäftigt viele. Sylt liegt, mehr als alle anderen Nordseeinseln, mit voller Breitseite wie ein Wellenbrecher quer zum anlaufenden Seegang. Mit einer Energie von durchschnittlich 30 000 Kilowattstunden und einer Schlagkraft von bis zu zehn Tonnen pro Meter und Jahr brechen sich die Wellen am Weststrand. Rund 500 Millionen Kubikmeter Wasser strömen an den Inselenden mit jeder Ebbe und Flut in das Wattenmeer ein und nagen zusätzlich von Osten an der Insel.
Wenngleich in den Boulevardblättern das Thema »Sylt versinkt« meist extrem überstrapaziert wird, so ist die Sorge von Insulanern und Gästen um ihre Insel durchaus berechtigt. Immerhin verlöre die Insel pro Jahr rund eineinhalb Millionen Kubikmeter ihrer Substanz, wenn nicht eingegriffen würde. Auf die Gesamtlänge verteilt, wären das durchschnittlich eineinhalb Meter Sand und Kliff, die sich der »Blanke Hans« jedes Jahr von Sylt einverleiben würde.
Im Grunde ist das nichts Neues, der Abbruchprozess setzte bereits vor rund 7000 Jahren ein. Seitdem ist die Westküste der Insel schon um 13 Kilometer nach Osten zurückgedrängt worden. Damals bestand die Insel noch aus ein paar rundlichen Geestkernen. Das zerriebene Material hat sich dann im Laufe der Jahrtausende in Form von Sand mit den Hauptströmungen nach Norden und Süden verteilt und der Insel ihre typische Bananenform verliehen.
Neu ist die Geschwindigkeit des Landverlustes in den letzten Jahrzehnten. Allein in den vergangenen 50 Jahren stürzten über zweieinhalb Millionen Quadratmeter Inselfläche ins Meer. Vor rund 100 Jahren betrug die durchschnittliche jährliche Abbruchrate nur 90 Zentimeter – südlich von

Hörnum beträgt sie heute über 15 Meter. Die Südspitze der Insel, bei Sturm das »wildeste Stückchen Deutschland«, hat sich seit den 1970er-Jahren um rund 1000 Meter nach Norden verkürzt. Vom Naturschutzgebiet Hörnum Odde, das 1972 noch 147 Hektar groß war, sind inzwischen weniger als 15 Prozent Fläche übrig.

Leider ist es vor allem der Mensch, der für den beschleunigten Abtrag der Insel verantwortlich ist. Der 1927 erbaute Bahndamm durch's Watt nach Morsum und der 1948 eingeweihte Damm vom Festland zur Insel Rømø beeinflussten die Strömungsverhältnisse so, dass die Ostseite der Insel seitdem stärker erodiert. Bauwerke wie Strandmauern, Stahlbuhnen, oder das Tetrapodenquerwerk bei Hörnum, eine verschachtelte Reihe von sechs Tonnen schweren Betonsteinen, veränderten das dynamische Gleichgewicht der Strömungskräfte negativ und richteten mehr Schaden als Nutzen an.

Gleichzeitig sorgt der durch die massive Energieerzeugung unserer Gesellschaft bedingte CO_2-Treibhauseffekt für eine Erwärmung der Atmosphäre und damit zur Ausdehnung der weltweiten Wassermassen, auch durch das Abschmelzen des grönländischen und antarktischen Polareises. Ein Meeresspiegelanstieg zwischen 90 und 160 Zentimetern bis zum Jahre 2100 wird von der Wissenschaft prognostiziert, wenn die Menschheit ihr Verhalten bezüglich des Energieverbrauchs nicht ändert. Selbst bei Einhaltung der »Pariser Klimaziele« können es bis 2300 noch 1,20 Meter werden und im schlimmsten Fall sogar drei Meter Meeresspiegelanstieg. Innerhalb der letzten 2000 Jahre gab es weltweit keinen schnelleren Meeresspiegelanstieg

als in den 120 Jahren seit Beginn der Industrialisierung. Dies konnten Wissenschaftler des »Potsdam Institute« für Klimafolgenforschung im Jahr 2011 nachweisen. Der globale Meeresspiegelanstieg wirkt sich auch in der Nordsee aus. Größere Ebbe- und Flutschwankungen sind die Folge, die zu stärkeren Strömungen und damit zu mehr Inselabtrag führen. Experten rechnen an der Nordseeküste mit einem Anstieg von 1,10 Meter und einer Zunahme der Sturmfluthäufigkeit und -dauer. Tatsächlich ist die Nordsee das Meer, das sich weltweit von allen am schnellsten erwärmt und daher ausgedehnt. Deshalb werden küstenweit die Deiche erhöht und in Westerland die Betonschutzmauer an der Promenade mit Millionenaufwand stets den neuen Erfordernissen angepasst.

Save our Seas-Statue

Urlaubsinsel unter Druck

Sylt ist mit jährlich über sieben Millionen Übernachtungen, rund einer Million Besuchern, 63 000 offiziellen Gästebetten sowie einer unbekannten Zahl von »Schwarzbetten« Ferienziel Nummer eins unter den Friesischen Inseln. Genaue Statistiken fehlen, aber es wird geschätzt, dass an Spitzentagen bis zu 200 000 Menschen gleichzeitig auf der Insel sind. Wie man sich leicht denken kann, bringt der Strom der Gäste nicht nur Geld und gute Laune, sondern auch zahlreiche Probleme mit sich.

Besonders gravierend ist der Landschaftsverbrauch, der mit der Entwicklung Sylts zum exklusiven Urlaubsparadies einherging. Immer mehr Menschen wollen zur Ferienzeit das berühmte Seebad erleben. Besonders seit den prominent schillernden 1960er-Jahren wurde es immer schicker und für Spekulanten lukrativer, ein schmuckes Haus unter Reet oder zumindest ein Appartement in den Dünen zu erwerben. Bis in die »wilden Sechziger« durfte auch noch ziemlich wild in die Landschaft gebaut werden. Sichtbare Beispiele dafür sind die Kersig-Siedlung in Hörnum oder die Reetdachkolonie Sonnenland an der Blidselbucht bei List (heute: Süder- und Westerheidetal). Die Siedlung konnte in abgelegener Dünenheide angelegt werden, nachdem durch gezielten politischen Druck von Spekulanten der Status des damals bestehenden Naturschutzgebietes seitens der Landesnaturschutzbehörde für die benötigte Dünenfläche aufgehoben wurde.

Mit GRIPS die Insel Sylt entwickeln

Ein neuer Lichtblick zur »Rettung Sylts« war ein vom Landesinnenministerium angeregtes und in 2009 von den Inselgemeinden beschlossenes insulares Entwicklungskonzept. Die Abkürzung GRIPS (Geografisches Informations- und Planungssystem Sylt) »möchte die Bürger und Gäste der Inselorte sowie die kommunalpolitisch und in der Verwaltung Engagierten auffordern, sich mit ›Herz und Verstand‹ für eine positive Entwicklung der lebens- und liebenswerten, aber auch großen Begehrlichkeiten ausgesetzten Insel Sylt einzusetzen.« Anliegen und Ziel von GRIPS ist die Erarbeitung einer ortsübergreifenden, insularen Planungsstrategie für alle wesentlichen Handlungsfelder wie die
• Bewahrung der naturräumlichen Qualitäten

- Sicherung und Erweiterung des Dauerwohnraums
- Entwicklung/Begrenzung des Tourismus
- Zukunftsorientierte Planung der Infrastruktur
- Erhaltung der historischen Bausubstanz/Verbesserung des Ortsbildes
- Steuerung/Einschränkung des Verkehrs und darüber hinaus die
- Einschätzung der Belastungsgrenzen
- Bestimmung und planerische Absicherung einer verträglichen Entwicklung, mit dem Ziel, Qualität vor Quantität walten zu lassen.

Leider tut sich die Insel schwer damit. Es bestimmen überwiegend noch Streitigkeiten und Egoismen einzelner Gemeinden und Verbände viele Themen der Inselpolitik. Von einem gemeinsamen insularen Leitbild ist Sylt weit entfernt.

Aber auch die durchgehende Besiedlung zwischen Westerland und Wenningstedt und die Bettenburgen am Hauptstrand von Westerland sind Beispiele für Bausünden der Vergangenheit. An Stelle des heutigen Syltness Centers war 1969 noch das »Projekt Atlantis« geplant – ein 100 Meter hoher Hotelblock mit insgesamt 751 Appartements! Dank einer zornigen Sylter Bürgerinitiative machte das Megavorhaben seinem Namen alle Ehre und ging im Proteststurm unter, obwohl der Stadtrat bereits für das Bauprojekt und damit gegen den Wunsch vieler Bürger gestimmt hatte.

Der »Schock Atlantis« ließ offenbar viele Sylter und die Behörden über Kapazitätsgrenzen nachdenken. Heiße Diskussionen und Strukturgutachten mündeten Mitte der 1970er-Jahre in einen rechtskräftigen Flächennutzungsplan, der den Bauboom bremsen sollte: Die damaligen Siedlungsgrenzen dürfen seitdem nicht mehr erweitert werden. Außerdem, so die Planer, sollte die vorhandene Bau- und Bettendichte beibehalten und statt mehr Quantität auf mehr Qualität in der Planung gesetzt werden. Selbst der Errichtung von Ferien- und Zweitwohnungen sollten scharfe Grenzen gesetzt werden. Wie stark heute Anspruch und Wirklichkeit auseinanderklaffen, kann keiner ganz genau sagen, denn es hat nie eine umfassende Bilanzierung gegeben. Offenkundig ist jedoch, dass allenfalls die vehemente Ausuferung der Siedlungsgrenzen weitgehend gebremst wurde. Innerhalb der Bebauungsgebiete wird jedoch bis heute weiter die Zahl von Übernachtungsmöglichkeiten massiv gesteigert. Bei ständiger Wertsteigerung können die Insulaner den verlockenden finanziellen Angeboten vom Festland meist nicht widerstehen: Alte Friesenhäuser weichen auf legalem Wege oder durch »heiße Renovierung« (»zufälliges« Abbrennen) ebenso wie schützenswerte Arnikawiesen, lukrativen Appartementkaten unter Reet. Vielen Sylter Erben bleibt auch gar nichts anderes übrig, als ihr Haus nach dem Tod der Eltern zu verkaufen. Wenn mehrere Geschwister da sind, kann der Haupterbe die anderen meist nicht auszahlen. So bleibt nur die Lösung, das Haus gleich zu versilbern und den Erlös zu teilen. Die Folge ist oft ein Abwandern der ganzen Familie von der Insel und die Umwandlung des Familienbesitzes in eine Appartementburg. Seit dem heißen Protest gegen »Atlantis« entstanden so auf »kaltem Weg« Tausende von weiteren Übernachtungskapazitäten. Das hat auch soziale Folgen: Die Grundstücks- und Immobilienpreise sind inzwischen so exorbitant hoch, dass viele Sylter aus Wohnungsnot oder aus finanziellen Erwägungen die Insel verlassen. Auf Sylt sind bescheidene Wohnungen für Familien nicht unter 1400 Euro Monatsmiete zu haben. Ein Lichtblick ist der seit einigen Jahren von der Gemeinde Sylt angeschobene soziale Wohnungsbau. Ein Eigenheim ist bei den höchsten Immobilienpreisen der Republik für Normalverdiener kaum denkbar. Der durchschnittliche Quadratmeterpreis liegt in Westerland bei 10 000 Euro – Tendenz steigend.In teuersten Kampener Wattblicklagen liegen die Grundstückspreise bei mehr als 35 000 Euro pro Quadratmeter.

Deshalb denken viele Sylter an Verkaufen, wenn Familienbesitz vorhanden ist: Schließlich kann man auf Sylt eine »Bruchbude« aus den 1930er-Jahren leicht für über 800 000 Euro verscherbeln und sich von dem Geld ein größeres und modernes Haus auf dem Festland zulegen. So gibt es eine zunehmende Inselflucht in Richtung Klanxbüll und Niebüll. Nur zum Arbeiten fährt man zurück auf die Heimatinsel. Obwohl Klanxbüll nur eine knappe halbe Stunde von der Insel entfernt ist, liegen vom Lebensgefühl Welten zwischen dem Haus am Meer und einer Kate auf dem platten Land. Inzwischen versucht die Gemeinde Sylt, mit dem Ausweisen von vergünstigtem Dauerwohnraum und dem Verkauf von Grundstücken auf Erbpacht gegenzusteuern.

Dabei stehen Hunderte von Häusern und Appartements einen großen Teil des Jahres leer, da sie nur wenige Wochen im Jahr als Urlaubsdomizil genutzt werden. In der erwähnten Luxussiedlung Sonnenland in der Lister Blidselbucht sind weniger als fünf von 90 Häusern ständig bewohnt.

Die Jahre der Finanzkrise ab 2008 fachten das Preisfeuerwerk für Sylter Immobilien sogar noch weiter an. Gut betuchte Unternehmer »retteten« ihr Kapital, das sie eilig aus abstürzenden Aktien, Fonds und Anleihen abgezogen hatten, indem sie es in »Betongold« – also renditesichere Grundstücke, Häuser oder Villen auf Sylt – investierten. Die Folgen werden an einem kuriosen Tatbestand deutlich: Auf Sylt ist ja fast alles etwas teurer, außer »Brechsand«! Brechsand ist das Endprodukt abgerissener und zu Kies zermahlener Häuser. Er wird für den Bau von Straßen und Fundamenten benötigt. Dieses Sylter Produkt ist wegen des Überangebotes auf der Insel um etwa die Hälfte billiger als auf dem Festland und wird daher über den Damm exportiert. Kein Wunder, wenn man weiß, dass hier oft sogar Häuser die keine 15 Jahre alt sind von wohlhabenden Investoren abgerissen werden, um die Grundstücke mit Neubauten effektiver zu nutzen.

Eine zunehmende Versiegelung der Landschaft erfolgte auf Sylt bereits seit den 1970er-Jahren in Folge des immer dichteren Autoverkehrs, der mit den Badegästen auf die Insel kam. Heute sind es etwa 500 000 Autoverladungen, die von der Deutsche Bahn und dem »Blauen Autozug«, einer amerikanischen Konkurrenzfirma pro Jahr über den Damm nach Sylt »geshuttlet« werden. Dazu kommen rund 70 000 jährliche Autotransporte mit der »Syltfähre« und die rund 14 000 Fahrzeuge der Einheimischen. Diese Blechflut fordert bis heute immer breitere Straßen und Parkmöglichkeiten in Strandnähe. So wurde die in den 1960er-Jahren noch als »Straße der Höflichkeit« bekannte, einspurige Holperstrecke nach Hörnum längst zur Landesstraße ausgebaut. Etliche Dünentäler verschwanden unter der Asphaltdecke von Großparkplätzen. Umgehungsstraßen wurden in die Wiesen um Westerland gebaut, in der Hoffnung, das Seeheilbad vom ärgsten Verkehr freizubekommen. Auch um den kleinen Ort Keitum legte man eine Umgehungsstraße in die bäuerliche Landschaft, leider flankiert von großen, städtisch anmutenden Verkehrsschildern, um den malerischen Dorfkern vom Autoverkehr zu befreien und Kurgäste vor Lärm abzuschirmen. Das Verkehrsproblem ist zum Großteil hausgemacht, denn in die Attraktivität des öffentlichen Nah- und Radverkehrs investierte man jahrzehntelang nur wenig. Im Gegenteil: Die alte Inselbahn, die seit der Jahrhundertwende von Hörnum nach List verkehrte, wurde 1970 abgeschafft. Inzwischen gibt es jedoch moderne Busse, Busanhänger für Fahrräder und eine Vertaktung des Fahrplans (auf einen ungefähren 20-Minuten-Takt). Einige fahren mit Elektroantrieb. Statt in den öffentlichen Nahverkehr subventionierte man hier bislang lieber Fluggesellschaften, die über den »Airport Westerland« per Linie oder Charter zusätzlich zu Privatflugzeugen die Insel anfliegen. Zum »Wohle des Tourismus« schießen einige Sylter Gemeinden dem Flughafen jährlich mindestens bis zu eine Million zu. Ein fahrscheinloses Busfahren auf »Urlaubs-Card«, wie es in vielen Regionen angeboten wird und zum Stehenlassen des eigenen Autos anregt, wurde bislang nicht realisiert. Immerhin nimmt die Flotte der E-mobilen Leihfahrzeuge zu.

Inzwischen wird Sylt durch mehrere Fluggesellschaften von zahlreichen Großflughäfen angeflogen. Über den Luftweg fallen mittlerweile rund 200 000 Menschen auf das Eiland ein. Das geht jedoch aufs Klima und manchmal auf Kosten ruheliebender Einwohner und Kurgäste, die sich in

Collage im Zentrum für Naturgewalten

Häusern erholen wollen, die in der Einflugschneise liegen. Nach wie vor beherrschen Profitstreben und ein mangelndes Feingefühl gegenüber der insularen Landschaftsästhetik die Entwicklung der Insel. Wie wäre es sonst zu erklären, dass es hier immer wieder zu Bauwerken kommt (Hotels, Häuser, Schilder, Masten, Parkplätze) die sich nicht der herben Schönheit der Insel oder dem Dorfidyll architektonisch anpassen? Auf Sylt fehlt es leider an Genies wie César Manrique, dem legendären Architekten der Kanareninsel Lanzarote, der dafür sorgte, dass sich dort Gebäude der Landschaftsästhetik unterordnen. Selbst angesichts der bereits hinlänglich begangenen Bausünden gibt es immer noch Beschlüsse von Sylter Gemeinden, die rücksichtslos sogar die eigene »Schokoladenseite« verschandeln. Ohne Sensibilität für Natur und Landschaft werden Bauwerke oder Gerätschaften in die natürliche Umgebung geplant.

Trotz langjähriger Erfahrung passiert es immer wieder: Gerissene Investoren vom Festland ziehen überforderte Gemeinderäte über den Tisch und verursachen am Ende ein hässliches Bauwerk oder noch schlimmer, eine Bauruine mit Millionenschaden. So erst 2010 geschehen, ausgerechnet an der Schokoladenseite des pittoresken Inseldorfes Keitum. Hier sollte eine »Wellness Therme« direkt am Wattenmeer entstehen. Die ehemalige Dorfgemeinde Keitum ließ sich 2006 auf einen Vertrag ein, nach dem sie den Löwenanteil des unternehmerischen Risikos zu tragen hatte. Es ging schon während der Bauphase schief: Die Gemeinde wurde zahlungsunfähig und von der Baufirma wegen Bauausfallzeit verklagt, schließlich wurde ein Baustopp verhängt. Die Nachfolge-Gemeinde Sylt starrte seitdem fassungslos in ein von ihr zu füllendes Finanzierungsloch von 13,5 Millionen Euro und der Besucher über zwölf Jahre auf einen Bauzaun, der das marode Prestigeobjekt verdeckte. Die Rechtsstreitigkeiten dauern auf unbestimmte Zeit an. Der Keitumer Ortsbeirat hatte das Areal vorübergehend zum Mahnmal erklärt. Auf einer offiziell am Bauzaun befestigten Tafel hieß es jahrelang plakativ warnend: »Gebaut am untersten Flutsaum von Intelligenz und Verantwortung. Lernort PPP (Public Private Partnership) oder wie der Traum vom Thermalbad zum finanziellen Alptraum wurde.« 2018 machte die Gemeinde dann einen Schnitt. Sie ließ die Betonruine abräumen, ohne eine Planung für das freigewordene Grundstück in Erwägung zu ziehen. »Muss auch nicht«, sagen die Keitumer. »Der wundervolle Wattblick am Hellhog ist das Schönste, was uns hier passieren kann.«

Klifftreppe nach dem Sturm

Politik, Wirtschaft und Behörden haben die Schönheit der Insel bei ihren Planungen oft zu wenig im Blick. Das gilt nicht nur für die großen Projekte, sondern auch für viele »Kleinigkeiten«. Installationen von Stromkästen, Werbetafeln und Sendemasten mitten in der Naturlandschaft sind für Jedermann sichtbare Beispiele, die Naturgenuss und -empfinden erheblich stören können. Leider gab es auch immer wieder Events, die mit dem Naturimage Sylts nicht in Einklang zu bringen sind, wie beispielsweise Massenpartys an abgelegenen Naturstränden. Die Durchführung von Speedboat-Rennen und die Planung einer großen Seebrücke im Bereich des Walschutzgebietes am Weststrand wurden in den vergangenen Jahren nur durch den Druck von Natur- und Umweltverbänden in letzter Minute ausgebremst. Die Sylt Marketing GmbH (SMG), ein gemeinsames Unternehmen Sylter Gemeinden und Institutionen, gelobt Besserung. In deren Marketingplan wird die Notwendigkeit einer verbesserten Glaubwürdigkeit in Sachen Natur- und Umweltästhetik als besonderer Schwerpunkt hervorgehoben. Die Sylter Naturschutzverbände legten 2020 einen »Sylt-Check« vor, mit dem Touristiker, Planer und Investoren im Vorwege abklopfen können, ob ihr Projekt als »syltverträglich« gelten kann.

Nicht nur die Autofahrer und Flugzeuge, auch Fußgänger und Radfahrer schaffen im sensiblen Naturhaushalt Probleme, wenn sie in Scharen kommen und die Spielregeln nicht einhalten. Ein Fachgutachten errechnete in den 1990er-Jahren für die Sylter Dünen insgesamt bis zu 700 Kilometer

Trampelpfade. Sie zerteilten die Pflanzendecke der Dünen in immer kleinere Areale; auch in den Naturschutzgebieten. Seevögel brüten dort wegen der ständigen Störungen durch Querfeldein-Touristen, freilaufende Hunde und über den Eisenbahndamm einwandernde Füchse kaum noch. Sie haben sich zur Brut mittlerweile weitgehend auf wenige, von Naturschutzorganisationen betreute Gebiete zurückgezogen, die zumeist mit Schildern, Pfählen oder Zäunen gesichert werden müssen, um nicht auch noch in der Urlauberflut zu versinken. Zum Glück konnten die Trampelpfade durch Information und gezielte »Besucherlenkungsmaßnahmen« inzwischen erheblich reduziert werden. Wenn es in Zukunft gelänge, die eingewanderten Bodenfeinde der Seevögel zurückzudrängen und in ausgewählten Bereichen mehr Sandflugdynamik zu erlauben, könnte die Sylter Dünenlandschaft wieder ein lebendiges Brutbiotop für Seevögel werden.

Das offene Meer: Endlager für Schadstoffe

Pfähle, Schilder, Zäune und auch die Grenzen des Nationalparks Wattenmeer können nichts gegen die internationale Nordseeverschmutzung ausrichten, die sich – gottlob immer seltener – auch am Sylter Strand niederschlägt.

Eines sei ganz klar vorausgeschickt: Für uns Menschen gibt es nach wie vor nichts Gesünderes, als ein erfrischendes Bad in den Sylter Wellen zu nehmen. Im Gegensatz zur sehr guten Badewasserqualität gibt die für Tiere entscheidende, ökologische Wassergüte unseres Meeres jedoch immer wieder Anlass zur Sorge.

Kein Wunder! Die Nordsee mit Ärmelkanal ist von acht Industriestaaten umgeben und eine der am meisten befahrenen Schifffahrtswege der Welt. Das Meer wird in vielerlei Hinsicht genutzt: zum Kies- und Sandabbau, zur Fischerei, als militärisches Übungsgebiet, als Schifffahrtsweg, zur Öl- und Gasgewinnung und als Kühlwasser und Vorfluter für Kernkraftwerke und andere Industrieanlagen und für den Ausbau der Offshore-Windenergie. Schadstoffe kommen auch, eingeleitet durch Flüsse und die Atmosphäre, von weit her aus dem Binnenland. Kein Wunder, dass die Organismen des Meeres unter den Nebeneffekten der Industrialisierung leiden.

Robben, Wale und Vögel gehören zu den Endgliedern der Nahrungskette im Meer und reichern ihr Leben lang die Stoffe an, die als im Wasser gelöste Salze für Badende völlig ungefährlich sind. Erst durch die direkte Aufnahme und eine dadurch bedingte Anreicherung einer erhöhten Konzentration in Organen der Tiere werden sie zu Schadstoffen, die wichtige biologische Funktionen des Körpers, wie beispielsweise das Immunsystem, beeinträchtigen können. Drastische Auswirkungen dieses Teufelskreises waren an der Seehundpopulation des Wattenmeeres zu erleben. Seit 1988 grassierte wiederholt das sogenannte Seehundsterben, bei dem

Tausende von Robben an einem Hundestaupe-Virus verendeten, der sich aufgrund einer eingeschränkten Immunabwehr der gestressten Seehunde in der Population durchsetzen konnte.

Ähnlich ist es mit den Millionen Tonnen von Nährstoffen (Stickstoff, Phosphate, Treibhausgase), die über landwirtschaftliche Güllegaben über Flüsse und aus Abgasen des Autoverkehrs und der Schifffahrt über den Luftweg in die Nordsee gelangen.

Von allem zu viel! Zu viel Plastik, intensive Massen-Fleischproduktion, zu viel Gülle, zu viele Monokulturen, zu viel Kunstdünger, zu viel Fischerei, zu viel Verkehr und Abgase, zu viel Abwasser. Die Dosis macht eben das Gift.

Ölpestopfer Trottellumme

Abhilfe kann hier wohl nur ein genereller ökologischer Umbau in Europa schaffen. Diese Erkenntnis soll aber niemanden davon abhalten, gleich heute im Urlaub auf Sylt mit gutem Beispiel voranzugehen! Jeder Einzelne kann durch achtsames (Konsum-)Verhalten etwas verändern.

Das belegen auch die Fortschritte, die langsam, über Jahrzehnte hinweg, erzielt wurden. Durch die Nordseeschutzaktionen seit den 1970er-Jahren, die küstenweit und auch auf Sylt mit großen Menschenketten und Protesten gegen die Nutzung der Nordsee als Industriekloake stattfanden, hat sich in Bezug auf die Nordseewasserqualität vieles verbessert. Greenpeace alarmierte mit spektakulären Aktionen gegen Dünnsäureverklappung bei Helgoland und die schmutzigen Praktiken der Ölbohrgesellschaften in der nördlichen Nordsee. 1984 wurde die erste internationale Nordseeschutzkonferenz abgehalten, zahlreiche weitere folgten und brachten verbindliche Schutzmechanismen. Der Bau biologischer Kläranlagen in allen Küstengemeinden, die Sanierung der DDR-Industriedreckschleudern in den neuen Bundesländern, die Einführung bleifreien Benzins, der Ersatz phosphathaltiger Waschmittel, die Erklärung der Nordsee zum Sondergebiet

gegen Festmüll und Ölverklappung seitens der Internationalen Schiff-
fahrtsorganisation (IMO) und vieles andere mehr hat sich positiv auf die
Meerwasserqualität und die Sauberkeit der Strände an den Nordseeküsten ausgewirkt.

Die Nordsee: Spielwiese vielfältiger Nutzungsinteressen

Die Nordseeschutzthemen des vergangenen Jahrhunderts sind heute anderen Schwerpunkten gewichen: Statt Dünnsäure-, Müll- und Ölverklappung drohen neue Problemfelder:
So befürchten Wissenschaftler der Sylter Wattenmeer-Forschungsstation
des Alfred-Wegener-Instituts in List, dass es mit dem Klimawandel zu einer fortschreitenden »Faunenverfälschung« kommt, die bereits massiv im
Gange ist. Darunter versteht man das Einwandern von Arten aus fremden
Ökosystemen. Das geschieht vor allem durch die globale Meerwasser-
erwärmung und den Transport von Ballastwasser durch die internationale
Schifffahrt. Tanker bunkern häufig Meerwasser zur Stabilisierung, in dem
sich Millionen von Larven jener Meeresorganismen befinden, die im Auf-
nahmegebiet vorhanden sind, beispielsweise in Asien. Werden die Tanks
dann im Atlantik oder in der Nordsee wieder geleert, gelangen die Larven
zu uns ins Watt. Sind die Bedingungen günstig, entwickeln sie sich
hier weiter. Oft haben die exotischen Einwanderer keine Fressfeinde
und können sich daher massenhaft vermehren. Dadurch gerät dann im

Austernernte in der Blidselbucht.

schlimmsten Fall der Bestand der hiesigen Tierwelt in Gefahr. Bekannte Beispiele für Einwanderer aus fernen Meeren sind: Schwertförmige Scheidenmuschel, Pantoffelschnecke, Wollhandkrabbe und die japanische Felsenkrabbe. Auch der massive Ausbau der Offshore-Windkraft fördert die Ansiedlung fremder Arten, da die Beton- und Stahlfundamente tausender von Anlagen ganz neue Besiedlungsräume für Meeresorganismen bilden, die auf den bewegten Sanden sonst keinen Halt fänden.

Gezielt von Menschenhand wurde 1986 im Lister Watt mit der Kultivierung der pazifischen Auster »Sylter Royal« begonnen. Heute hat sie sich, entgegen der damaligen Beteuerungen des Züchters, sie würde im winterlich zu kalten Freiland absterben, in allen deutschen Wattenmeer-Nationalparken ausgebreitet. Die Sorge, sie könnte im Zuge des Klimawandels zunehmend die heimische Miesmuschel verdrängen, hat sich gottlob nicht bestätigt. Auf diese im Watt angestammte Art haben es vorwiegend deutsch-holländische Hochleistungskutter abgesehen: Tausende von Tonnen Miesmuscheln fischen sie jedes Jahr aus dem Nationalpark Schleswig-Holsteinisches Wattenmeer. Allerdings legen sie dafür Muschelkulturflächen im Naturgebiet an, die jedoch nicht die hohe Artenvielfalt und ökologische Bedeutung haben, wie die aussterbenden, ursprünglichen Wildmuschelbänke. Zudem werden durch die von der Muschelindustrie eingesetzten »Saatmuscheln« aus fernen Ländern quasi Huckepack »Aliens«, also Fremdarten, in den Nationalpark eingeschleppt.

Ein weiteres Schwerpunktthema ist die Nutzung der offenen See: Sorgenkind ist nach wie vor die Fischerei. Aus Sicht des Sachverständigenrates der Bundesregierung für Umweltfragen können nur drastische Maßnahmen helfen, dass sich die Fischbestände wieder erholen können. Die zuständige EU-Kommission erklärt, dass 63 Prozent der Fischbestände des Nordostatlantiks überfischt sind und für 20 Prozent der Bestände Totalzusammenbrüche drohen. Das liegt auch daran, dass die europäische Fangflotte im Verhältnis zum Fischbestand deutlich überdimensioniert ist. Eigentlich müsste rund die Hälfte aller europäischen Fischereifahrzeuge stillgelegt werden, um das Angebot an Fisch nachhaltig bewirtschaften zu können. Die EU-Hochleistungs-Industriefischereifahrzeuge, die auf Hoher See agieren, haben längst die romantisch anmutenden Fischkutter verdrängt, die Familienbetrieben gehörten und zum friesischen Heimatgefühl beitrugen.

Studien zufolge wird ab dem Jahr 2050 keine kommerzielle Meeresfischerei mehr möglich sein, weil sie sich dann nicht mehr lohnen wird. Es gibt sogar wissenschaftliche Hochrechnungen, die besagen, dass dann mehr

(Micro-) Plastik im Meer sein soll als Fische. Es wird einfach viel mehr gefangen, als nachwächst – beispielsweise wird mehr als 90 Prozent des Nordsee-Kabeljaus gefischt, bevor er sich fortpflanzen kann.

Der Aufwand für eine bestimmte Fangmenge ist heute im Durchschnitt 17 Mal höher als gegen Ende des 19. Jahrhunderts. Die Fischerei macht sich selbst und die Meeresumwelt kaputt, auch weil unsinnig mit der Ressource Fisch umgegangen wird: Allein für die Nordsee wird geschätzt, dass jährlich ein Drittel des Fangs, also mehrere hunderttausend Tonnen Meerestiere, als Beifang tot wieder über Bord gehen. Bei der Krabbenfischerei fallen bei jedem Kilo Garnelen im Schnitt fünf Kilo Beifang an, der leblos wieder verklappt wird. Bei der Seezungenfischerei kann der Beifanganteil bei 90 Prozent liegen! Statistisch wird jeder Quadratmeter Nordsee dreimal pro Jahr von der Baumkurre (einem beutelartigen Grundschleppnetz) eines Fischereifahrzeuges umgepflügt. Wollen Sie daran etwas ändern? Informieren Sie sich bei Greenpeace, beim WWF oder auf der Verbraucherseite der EU-Kommission über nachhaltigen Fischkonsum. Zusätzlich werden Tausende von Quadratmetern des Nordseebodens für den Kies- und Sandabbau genutzt. Diese biotopzerstörende wirtschaftliche Nutzung wird nach wie vor von Bundesämtern sogar in ausgewiesenen Meeresschutzgebieten der Deutschen Bucht genehmigt.

Um die sensible Flora und Fauna des durch das EU-Natura 2000 Programms unter Schutz gestellten Sylter Außenriffes rund 50 Kilometer westlich Nordfrieslands vor Biotopzerstörung zu bewahren, versenkte Greenpeace in den Jahren 2008 und 2011 dort etwa 350 große Felsblöcke. Die Wackersteine verhindern dort seitdem stellenweise intensive Fischerei mit Baumkurren und eine ungebremste Bodenschatzgewinnung. Das kommt der dort siedelnden Meeresfauna zu Gute. In der überwiegend sandigen Deutschen Bucht sind Steinriffe wie vor Sylt wahre Oasen für Lebensvielfalt unter Wasser.

Dass die Nordsee auch militärisch genutzt wird, erlebte ausgerechnet die Besatzung des Greenpeace-Schiffes Beluga II ganz hautnah: Weniger als 500 Meter entfernt von ihren Tauchern auf dem Sylter Außenriff versenkte mit ohrenbetäubendem Lärm im Sommer 2011 ein F4-Phantomjet der Bundeswehr versehentlich eine Rakete.

Inzwischen gibt es jedoch aus ganz anderen Gründen eine Menge Lärm in deutschen Nordseegewässern: der Ausbau der Offshore-Windkraft wird massiv vorangetrieben. Seit Ende des 20. Jahrhunderts erlebt die Windenergie-Branche erfreulicherweise einen Boom an der Küste. Umweltschützer feiern die sanfte Technik, weil sie die gefährlichen

Greenpeace kartiert das Sylter Außenriff

Atomkraftwerke ersetzen soll und zur Minderung der nationalen CO_2-Bilanz beiträgt.

Immer mehr Bewohner fühlen sich jedoch aus unterschiedlichsten Gründen von den »Windspargeln« in der Landschaft gestört. Auf Sylt und den meisten anderen Inseln dürfen schon aus Vogel- und Landschaftsschutzgründen keine Mühlen errichtet werden. Was liegt näher, als mit der Planung von Windparks auf die hohe See auszuweichen, zumal dort die Windausbeute noch besser ist? Die technologische Entwicklung ist seit der Jahrtausendwende schnell vorangeschritten und hat den schwierigen Bau von riesigen Windmühlen in tieferen Gewässern möglich gemacht. Die Deutsche Bucht verwandelt sich gerade zu einem Industriegebiet, in dem in Zukunft über 1000 Menschen ständig arbeiten werden. Mit ohrenbetäubendem Lärm, werden die Fundamente der Offshore-Anlagen in den Boden gerammt. Die ersten Windparks entstanden bereits 2009 bei Borkum. Bis 2030 sollen allein in der deutschen Nordsee mindestens 30 Windparks installiert sein. Die Zielvorgabe der Windkraftbranche ist es, bis 2040 mindestens 7000 Anlagen auf dem deutschen Festlandssockel der Nordsee zu errichten, die 40 Gigawatt Strom liefern können. Jede einzelne Anlage ragt mit bis zu 200 Metern höher als der Kölner Dom aus dem Wasser. Der Super-GAU im japanischen Atomkraftwerk Fukushima und die damit verbundene »Energiewende« in Deutschland beschleunigten den Bauboom von Windkraftanlagen. Inzwischen haben zahlreiche Firmen schon Bauanträge für 12 000 Einzelanlagen gestellt. Die kleinen Pionierfirmen der 1990er-Jahre sind längst von Großkonzernen wie E.ON, EnBW und RWE aufgekauft worden. Aber auch solvente Partner wie die Münchner Stadtwerke mischen beim Milliardengeschäft auf der Nordsee mit. Der Blick auf eine Nutzungskarte der Deutschen Bucht erinnert an das Wirrwarr eines Großstadtplans mit eingezeichneten Autobahnen und U-Bahnlinien. Praktisch jeder Quadratkilometer ist belegt und die gefärbten Nutzungsflächen werden nur von den großen Schifffahrtswegen durchschnitten.

Im Nachhinein kann es als Glücksfall für Sylt und Amrum bezeichnet wer-

Offshore-Windpark in der Nordsee

den, dass es den Umweltverbänden und Ämtern 1999 gerade noch rechtzeitig vor dem Windkraft-Boom gelang, den Nationalpark Wattenmeer durch ein Walschutzgebiet seewärts bis zur Zwölfmeilenzone zu erweitern. Nur so ist garantiert, dass alle Planungen von Offshore-Anlagen relativ weiten Abstand zu den Inseln einhalten. Einer davon ist der Windpark Butendiek, dessen 80 Anlagen in 34 Kilometer Entfernung von Sylt aus bei guten Wetterbedingungen deutlich am Horizont zu sehen sind. Leider wurde er in einem inzwischen ausgewiesenen FFH-Vogelschutzgebiet gebaut. Negative Folgen für Schweinswale und Hochseevögel wurden bereits nachgewiesen. Es bleiben trotz vieler Auflagen erhebliche Risiken:

Bislang bot die deutsche Nordsee kaum gefährliche Hindernisse für die Schifffahrt. Wie hoch ist die Wahrscheinlichkeit von Schiffs- und Tankerkollisionen mit den Betonfundamenten der Mühlen? Sind die Rettungskapazitäten des deutschen Havariekommandos ausreichend? Eine Ölkatastrophe wäre der GAU für die Urlaubsinseln.

Wie stark belastet der lärmende Bau und Betrieb die Unterwasserwelt, besonders so geräuschempfindliche Tiere wie Kleinwale und Robben?

Wie gefährlich sind die Rotoren für die Millionen von See- und Zugvögeln, die das Gebiet nutzen?

Wie schwerwiegend ist der Eingriff durch die Verlegung von Seekabeln, die zum Abtransport des erzeugten Stroms notwendig sind?

Wie stark werden die Insel- und Tourismusgemeinden durch Versorgungs-fahrten und -flüge belastet? Der Schiffs- und Hubschrauberverkehr ins Offshore-Gebiet wird dramatisch zunehmen.

Inwieweit führt der Ausschluss der Schleppnetzfischerei innerhalb der Windparkflächen zu höherem Fischereidruck auf die Nationalparks?

Das ist nur eine kleine Auswahl von Themen, die im Rahmen von langwierigen Genehmigungsverfahren seitens des Bundesamtes für Seeschifffahrt und Hydrographie (BSH) überprüft werden. Wie sich der Bau von Kraftwerken auf offener See tatsächlich auf die Ökologie und den Urlaubsgenuss in unserer Ferienregion auswirken wird, kann am Ende nur der mehrjährige Betrieb von Offshore-Anlagen zeigen. Das BSH bemüht sich in Zusammenarbeit mit Expertengruppen darum, möglichst naturverträgliche Eignungsflächen auf der ohnehin schon von zahlreichen Begehrlichkeiten (Fischerei, Militär, Bodenschatzabbau, Schifffahrt, Naturschutz) überplanten Nordsee zu finden.

Die Meinung zu diesem Thema ist bei Syltern durchaus gespalten. Viele begrüßen die neue Technologie als Alternative zum Atomstrom und Initiative gegen den Meeresspiegelanstieg durch CO_2-Verschmutzung mit Kohlekraftwerken. Andere, denen das Risiko zu hoch scheint, schlossen sich in der Bürgerinitiative »Gegenwind« zusammen und versuchten vehement, Genehmigungen von Windparks zu verhindern. Dies war jedoch ähnlich dem vergeblichen Kampf Don Quichotes gegen Windmühlen.

Die Havarie der Pallas: Ein Warnschuss vor den Bug

Generell fehlt es nach wie vor an einer optimalen Überwachung der Umweltgesetze und -standards auf See. Der nächste Hochseeschlepper, der im Gefahrenfall einen havarierten Tanker an den Haken nehmen könnte, liegt weit weg von Sylt, im Hafen von Borkum.

1998 mussten die Bewohner von Sylt und Amrum eine schmerzliche Erfahrung machen. Westlich der Inseln hatte ein großer Holzfrachter Feuer gefangen. Die Besatzung wurde, bis auf einen Mann, gerettet. Dann trieb das brennende Schiff einige Tage führerlos vor der Küste. Die Bergungsversuche mit einem zu kleinen Schlepper misslangen. Schließlich lief das Schiff wenige Seemeilen vor Amrum auf Grund und ergoss mehr als 90 000 Liter Bunkeröl in die Nordsee und den Nationalpark Wattenmeer. 12 000 Seevögel verendeten qualvoll, Strände wurden verschmutzt. Das Wrack wurde erst Wochen später ausgepumpt und versiegelt. Noch heute ragt es wie ein Mahnmal aus dem Wasser und ist bei einer Fahrt von Hörnum nach Amrum am Horizont sichtbar. Nicht auszudenken, wenn das mit einem Öltanker passiert wäre, der mehrere 100 000 Tonnen Öl transportiert!

Die langjährigen Forderungen der Küstengemeinden und -verbände nach einer effektiven, einheitlichen Küstenwache scheiterte bislang am Festhalten unterschiedlicher Kompetenzbereiche bei Bund (Zollbehörde) und Land (Wasserschutzpolizei). An so viel Platzhirschmentalität von Behörden, bis hin zum Bundesinnenministerium, kapitulieren offenbar auch die besten Umweltschutz- und Steuersparargumente der Verbände.

Brennendes Geisterschiff: die Pallas

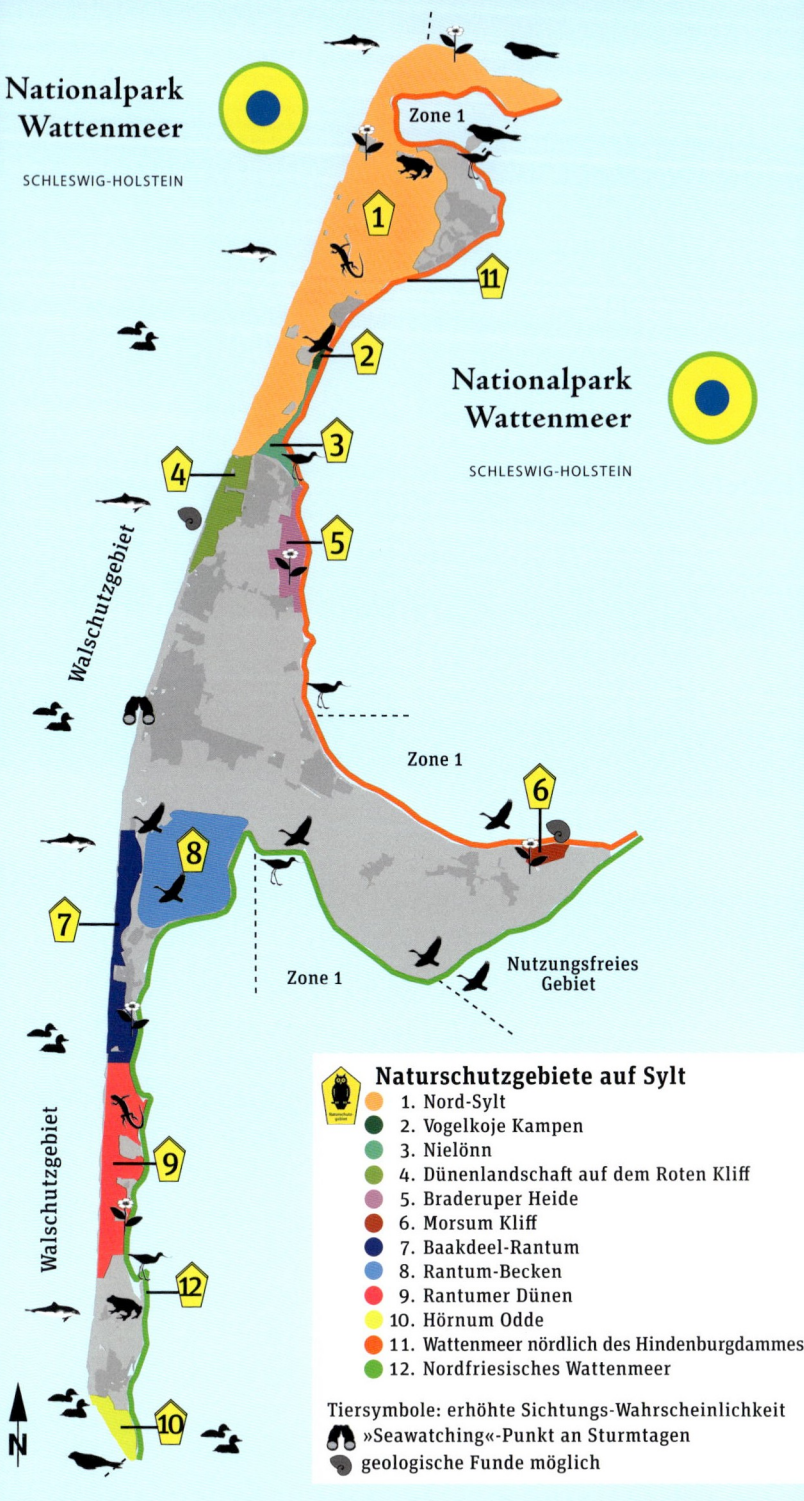

Nationalpark Wattenmeer

SCHLESWIG-HOLSTEIN

Zone 1

Nationalpark Wattenmeer

SCHLESWIG-HOLSTEIN

Walschutzgebiet

Zone 1

Zone 1

Nutzungsfreies Gebiet

Walschutzgebiet

N

Naturschutzgebiete auf Sylt

1. Nord-Sylt
2. Vogelkoje Kampen
3. Nielönn
4. Dünenlandschaft auf dem Roten Kliff
5. Braderuper Heide
6. Morsum Kliff
7. Baakdeel-Rantum
8. Rantum-Becken
9. Rantumer Dünen
10. Hörnum Odde
11. Wattenmeer nördlich des Hindenburgdammes
12. Nordfriesisches Wattenmeer

Tiersymbole: erhöhte Sichtungs-Wahrscheinlichkeit

»Seawatching«-Punkt an Sturmtagen

geologische Funde möglich

› Rettet Sylt!

Vor allem dem modernen Küstenschutz und dem langjährigen Naturschutz ist es zu verdanken, dass Sylt in seiner jetzigen Form noch existiert.

Natur- und Umweltschutz

1906 machte Sylt noch damit Werbung, man könne auf der Insel 211 verschiedene Vogelarten schießen und zur Seehundjagd aufbrechen. 1910 wurde dank des privaten Engagements des Vereins Jordsand am Ellenbogen das erste Vogelschutzgebiet auf Sylt eingerichtet. Der von einem Polizisten während der Brutzeit von Mai bis Juni gesicherte Schutz der Nistplätze bei List diente jedoch vor allem dazu, den rechtmäßigen Pächtern das Absammeln der Eier zu sichern, denn Konkurrenten wollten am lukrativen Vogeleiergeschäft teilhaben. Immerhin sammelte der »Lister Eierkönig« in Spitzenzeiten bis zu 70 000 Möweneier pro Saison ab. Dennoch mag diese Initiative der Einheimischen die ersten »Samen« des Naturschutzes auf Sylt gelegt haben. Endlich 1923 gelang es bekannten Malern und Schriftstellern, den Naturschutz auf Sylt – vor allem aus landschaftsästhetischen Gründen – ganz offiziell durchzusetzen. Das Listland mit Ellenbogen und das Morsum Kliff wurden zu den ersten Naturschutzgebieten Deutschlands erklärt. 1924 gründeten Sie den Verein Naturschutz Insel Sylt, Vorläufer der heutigen Naturschutzgemeinschaft Sylt e. V., die sich wegen der Fusion mit der Bürgerinitiaive gegen den Atlantis-Hotelbau ab 1977 so nannte. Seitdem wurden zehn Naturschutzgebiete und sieben Landschaftsschutzgebiete und einige Flora-Fauna-Habitate (FFH) auf der Insel ausgewiesen. Zusätzlich unterliegen ausgewählte Landschaftsformen und Pflanzengesellschaften per Landesverordnung einem strengen Biotopschutz. Damit stehen etwa zwei Drittel der Inselfläche unter Natur-, Landschafts- und Biotopschutz.
Für die im Osten liegenden Wattgewässer wurden südlich (1976) und nördlich (1980) des Eisenbahndamms Naturschutzgebiete ausgewiesen, die 1985 Teil des Nationalparks Schleswig-Holsteinisches Wattenmeer wurden. Im Jahre 1999 erhielt dieses Großschutzgebiet westlich der Insel noch die Erweiterung durch die Einrichtung eines Walschutzgebietes im Bereich des Hoheitsgebietes des Landes Schleswig Holstein (Zwölfmeilenzone). Dafür hatten sich Naturschutzverbände, insbesondere der Autor als Sprecher der die Naturschutzgesellschaft Schutzstation Wattenmeer e. V., über viele Jahre eingesetzt. Die Insel selbst ist, inklusive einer ringsherum verlaufenden 150 Meter breiten Pufferzone, nicht Teil des Nationalparks. Die Pufferzone an der

Wattseite unterliegt jedoch dem Schutz der beiden Naturschutzgebiete, die bereits 1976 und 1980 ausgewiesen wurden.

2009 wurde der Nationalpark Wattenmeer sogar von der UNESCO mit dem Titel »Weltnaturerbe« geehrt. Das hat neben viel touristischem Prestige auch für den Naturschutz etwas gebracht: Für Weltnaturerbestätten besteht ein Veränderungsverbot. Sollten hier neue, verändernde Eingriffe genehmigt werden, könnte der wertvolle und werbeträchtige »Oscar für das Wattenmeer« jederzeit aberkannt werden.

Weitere bewahrende Schutzinstrumente sind die weltweite Ramsar-Konvention zum Schutz wandernder Vogelarten und die europäische Flora-Fauna-Habitat-Richtlinie (FFH), die für große Teile von Watt und Insel Anwendung finden, sowie die Prädikate »Nationales Naturerbe« und »Naturdenkmal« des Bundes.

Die Auflistung macht deutlich, wie kompliziert das Geflecht unterschiedlicher staatlicher Instrumente zum Schutz der Natur ist. Aber Papier ist bekanntlich geduldig. Wie sieht es mit der Umsetzung aus?

Natur und Landschaft auf und um Sylt werden im Auftrag des Landes Schleswig-Holstein von den ehrenamtlichen Naturschutz- und Heimatverbänden und vom Kreis Nordfriesland eingesetzten, ehrenamtlichen Mitarbeitern des Naturschutzdienstes betreut. Zusätzlich gibt es eine Vertreterin des Nationalparkdienstes auf Sylt. Diese Organisationen sorgen vor Ort für die richtige Beschilderung, die Abzäunung von Brut- und Rastgebieten, eine naturkundliche Datenerfassung sowie die Information von Besuchern. Die Naturschutzarbeit wird in enger Kooperation mit dem Sylter Landschaftszweckverband geleistet, der sich im Auftrag der Gemeinden um ein koordiniertes, insulares Vorgehen beim Küsten- und Landschaftsschutz der Insel bemüht und mit hauptamtlichen Mitarbeitern wie dem Naturschutzbeauftragten der Insel arbeitet.

Bausteine des insularen Naturschutzes sind die Natur- und Landschaftsschutzgebiete, der Nationalpark Wattenmeer, die verschiedenen interessanten naturkundlichen Informationszentren und ein inselweit einheitliches Besucherlenkungssystem, das die Zerstörung der für den Küstenschutz so wichtigen Dünen verhindern soll.

Die Naturschutzverbände und Bürgerinitiativen sind gleichzeitig Landschaftspfleger, Mahner und konstruktive Kritiker der Kommunal- und Landespolitik, um nicht nur einer Beeinträchtigung der Inselnatur entgegenzuwirken, sondern möglichst deren Zustand weiter zu verbessern. Leider

Ehrenamtliche Sisyphusarbeit: Naturschutz auf Sylt ›

scheitern viele gute Ansätze an festländischer Bürokratie, überzogenem Profitdenken auf der Insel und nicht zuletzt auch an einem fehlenden gemeinsamen »Inselgeist« der einzelnen Sylter Gemeinden. Immer wieder werden Versuche unternommen, eine sinnvolle insulare Gesamtplanung auf die Beine zu stellen. Es gab Bürgerinitiativen mit verheißungsvollen Namen wie »Rettet Sylt«, »Sylter Ratschlag-Runden«, »Zukunftswerkstätten«, offene Tourismusforen und zahlreiche, mit EU-Geldern geförderte Versuche, »Runde Tische« zu erzeugen, bei denen die verschiedenen Interessengruppen ihre Gedanken und Ideen einfließen lassen sollten.

Viel sichtbares Plus für den Natur- und Umweltschutz auf Sylt kam dabei leider nicht heraus. Bis zum Jahre 2009 verfolgten die neun Inselgemeinden zumeist ihre eigenen Interessen mit Investoren von auswärts und stürzten nicht selten dabei finanziell oder geschmacklich abgrundtief ab. Beispiele aus der Zeit sind das »Thermendrama von Keitum«, ein gescheitertes Nordsee-Internat in List sowie einige entstandene Hotelbauten.

Immer mehr Menschen auf kleinem Raum können an die Belastungsgrenzen führen. Da kann Trinkwasser in trockenen Sommern schon einmal knapp werden. Das Sylter Wasser hat einen geringen Härtegrad und eine sehr gute Qualität. Es wird auf der Insel aus einer natürlichen Regenwasserblase gezapft, die von undurchlässigen Bodenschichten und dem spezifisch schwereren, die Insel umgebenden Salzwasserkissen gehalten wird.

Die Süsswasserlinse ist jedoch begrenzt. Eine weitere Erschliessung könnte das Aus fürbesonders gefährdete Tier-und Pflanzenarten in den Dünen bedeuten, die auf feuchte Senken angewiesen sind, z. B.: Kreuzkröten, Moorfrösche und Sonnentau.

Das Sylter Wasserwerk hat bereits angekündigt, dass bei gleichbleibenden Bau- und Urlaubszahlen-Steigerung in wenigen Jahren die bestehenden Brunnen für eine Wasserversorgung nicht mehr ausreichen würden.

Vorbildlich ist die Abwasserentsorgung: Der stetige Fluss aus den Sylter Abwasserkanälen wird in biologischen Kläranlagen aufbereitet, die für Besucherpeaks in der Hauptsaison ausgelegt sind. Am Ende kommen gereinigtes Wasser und Dünger heraus. Die Oberflächenentwässerung von Straßen und Plätzen Westerlands erfolgt in die Sielzüge der Tinnumer Wiesen. Kampen, Wenningstedt und Braderup sind der zentralen Wasserver- und -entsorgung nicht angeschlossen, sondern betreiben ihre eigene Entsorgungsfirma (V.E.N. Ver- und Entsorgung Norddörfer).

Das Müllaufkommen von Sylt entspricht zur Saison dem einer mittelgroßen Stadt. Über grüne (Altpapier), gelbe (Grüner Punkt), braune (organischer Abfall) und schwarze Tonnen (Restmüll) versucht man, sinnvoll zu trennen und Kosten zu sparen. Alles, was die Müllentsorgungsanlage der Firma Remondis am Rantum-Becken sammelt, wird gepresst und schließlich für teures Geld auf das Festland transportiert. Dort fällt es einer Verwertung oder Verbrennung anheim. Das sind mehr als 40 000 Tonnen pro Jahr, allein rund 600 Tonnen entfallen auf schwer kompostierbares Reet, weil wegen des ständigen Immobilienwechsels auf Sylt so viele Reetdächer erneuert werden. Zusätzlich müssen die Gemeinden die Kosten für die Entsorgung von Abfällen tragen, die über das Meer kommen. Mehr als 70 000 qm Müll landet nach Angaben des NABUs jährlich in der Nordsee. Durchschnittlich werden an der deutschen Nordseeküste auf 100 Metern Strand 700 Müllteile gefunden. Sie stammen aus der Schifffahrt, der Fischerei, Flüssen und von Touristenstränden. Urlauber bekommen wenig davon mit, denn alle Gemeindestrände werden täglich am frühen Morgen von Strandreinigern gesäubert. Beim Reinigen eines fast sieben Kilometer langen Sylter Badestrandes fallen jeden Tag bis zu zwei Tonnen Müll an. Das entspricht jährlich zirka 23 000 Müllsäcken und immensen Entsorgungskosten. Für die Strandmüll-Entsorgung schlugen allein in der Gemeinde Sylt 2018 rund 123 000 Euro inklusive der Personalkosten zu Buche. Dabei stammt ein Großteil aus den Strandmülltonnen für Gäste, aber etliche Tonnen Plastik werden auch von der Nordseeströmung an den Strand gespült. Dies sei nur ein Beispiel dafür, weshalb für die Vorhaltung einer touristischen Infrastruktur von jedem Urlauber eine Kurtaxe erhoben wird.

In Sachen Verkehr und Energie hat Sylt sein Potenzial als bundesweite Urlaubsdestination leider kaum wahrgenommen. Statt sich, wie schon Anfang der 1990er-Jahre von den insularen Naturschutzverbänden gefordert, als Vorreiter für intelligente Energie- und Transportkonzepte zu profilieren, hinkt die »Königin« dieser Entwicklung hinterher. Das mag auch daran liegen, dass der ÖPNV auf der Insel nicht von Gemeinde, Kreis oder Land durchgeführt und subventioniert wird, sondern von einem Sylter Privatunternehmen profitabel betrieben werden muss.

Immerhin gibt es mittlerweile zahlreiche E-Ladesäulen in Westerland und Elektroautos und -Busse werden, wie überall, zunehmend in Betrieb genommen. Gleichzeitig werden jedoch Squads und Roadies eingeführt und das jährliche Treffen der Harley-Davidson-Fans gefeiert, die mit über 1000 Maschinen ein Wochenende im Frühjahr die Insel beknattern. Versuche von Bürgerinitiativen, zumindest einzelne Orte, wenn nicht die ganze Insel, autofrei zu bekommen, scheiterten regelmäßig. Unter anderem auch daran, dass das »Nadelöhr«, an dem dosiert werden könnte, der Eisenbahndamm, in Händen der Deutschen Bahn ist, die hier mit dem »herbeishuttlen« von Autos eine ihrer lukrativsten Strecken betreibt. Der Skandal dabei ist auch, dass die Strecke zwischen Niebüll und Westerland mit Diesel- loks betrieben wird und so jährlich sechs bis sieben Millionen Liter Diesel die Luft über dem Nationalpark Wattenmeer und den Inseldörfern verpesten. Die Insel verbraucht pro Jahr rund 700 Gigawattstunden Energie und produ- ziert zusätzlich zum Autoverkehr etwa 250 000 Tonnen CO_2 (Stand 2011). Der Strom, den der örtliche Energieversorger EVS anbietet, kommt per Kabel vom Festland – seit 2011 als »syltstrom-natur« aus pseudo-umweltfreund- lichen Quellen wie »Wasserkraftwerken in der Schweiz«. Dabei werden im windigen Kreis Nordfriesland schon heute über 2500 Megawatt Strom aus regenerativen Energien produziert, der wegen fehlender Stromtrassen nach Süddeutschland, gar nicht vollständig ausgenutzt werden kann. Das ent- spricht fast zwei Kernkraftwerken und einer Strommenge für rund sechs Millionen Haushalte (in Nordfriesland leben 165 000 Menschen).

Die Gemeinden Sylts hängen zum Teil am Tropf der EVS: Die Gewinne der Ge- sellschaft fließen zu hohen Prozentsätzen in die Säckel der beteiligten Sylter Tourismus-Service GmbH und der Inselkommunen. Daher hat man bislang eher ein Interesse an Gewinnmaximierung als an nachhaltigem Ökostrom. Abgestimmte Ziele und Konzepte zur Ökoenergie- oder Nullemissionsinsel, wie sie beispielsweise von ostfriesischen Inselgemeinden angestrebt werden, existieren bislang nur im Diskussionsstadium. Ein erstes Gutachten aus dem Jahr 2011 bescheinigt der Insel eine grottenschlechte Energiebilanz und enor- men Nachholbedarf. Demnach fehlt es an einem kommunalen Energiema- nagement, an einer zentralen Beratungsstelle, dem Einsatz von Solartechnik und einem Konzept für E-Mobilität. Seit 2020 beschäftigen die Inselgemein- den nun eine Managerin für Nachhaltigkeit, die sich diesen Themen widmen soll. Der »Corona-Frühling« 2020, in dem die Insulaner ihre völlig leere Insel wieder neu schätzen lernten, führte zum Bürgernetzwerk »Merret reichts«. Dabei steht Merret für eine Ur-Sylterin in Friesentracht, die für ein Gesund- schrumpfen der Inselwirtschaft und gegen den Ausverkauf Sylts eintritt.

Den effektivsten Einfluss auf das Inselschicksal hat letztens Endes der Urlauber selbst. Denn der Kunde ist König und kann mit seinem Urlaubs- verhalten oder über direkte Einflussnahme auf den Tourismus-Service Trends setzen, denen auch die Sylter Entscheidungsträger langfristig zu folgen haben. Scheuen Sie sich nicht, Briefe und E-Mails mit Ihrer Mei- nung an Entscheidungsträger und Tourismuseinrichtungen zu senden. Zum Beispiel an info@sylt.de und lzv@gemeinde-sylt.de, bzw. ähnliche Adressen in den selbstständigen Gemeinden List, Kampen, Wenningstedt- Braderup und Hörnum. Am besten per E-Mail gleich auch in Kopie an die

Naturschutzgemeinschaft Sylt e. V. (info@naturschutzgemeinschaft.sylt.de) und an den Autor (info@natuerlich-sylt.com), damit eine gewisse Erfolgskontrolle möglich ist.

Dem Kirchturmdenken der Einzelorte ist 2009 mit der Fusion der Gemeinden Rantum und Sylt-Ost mit der Stadt Westerland zur Gemeinde Sylt etwas Einhalt geboten worden. Ob Hörnum, Wenningstedt-Braderup, Kampen und List sich in einem zweiten Schritt der Großgemeinde anschließen werden, bleibt jedoch fraglich.

Die halbherzige Fusion sorgte neben Überarbeitung in der Westerländer Gemeindeverwaltung auch für mancherlei sprachliche Verwirrung: Wenn Sie von Westerland nach List fahren, ist es nicht mehr falsch zu sagen »Ich fahre von Sylt nach List«. Während vor der Fusion der Ausspruch »Kommen Sie aus Sylt?« (es heißt richtig »von Sylt«) jeden sofort als Tourist oder Zugereisten entlarvte, muss die Formulierung nun durchaus toleriert werden.

Küstenschutz

Unter Küstenschutz versteht man die Abwehr von Substanzverlusten und Überflutungen der Insel durch das Meer. Dies ist, schon wegen der hohen Kosten, eine Aufgabe, die im Wesentlichen von staatlicher Seite geleistet wird. Zuständig sind auf Sylt das Landesamt für Küstenschutz und Nationalpark sowie der Landschaftszweckverband. Knapp sechs Millionen Euro werden alljährlich aufgewendet, um das Bröckeln der Insel zu bremsen. Auf Sylt sind fast alle weltweit bekannten Methoden des Küstenschutzes irgendwann einmal getestet worden. Nach einem Jahrhundert des Herumdokterns mit unterschiedlichen Wellenbrecher-Techniken (Buhnen), die bei einem Strandspaziergang noch an einigen Strandabschnitten zu bewundern sind, hat sich seit 1972 die Sandvorspülung in Verbindung mit »biotechnologischem Küstenschutz« am besten bewährt. Unter dem Bio-Fachbegriff versteht man das mühsame Anpflanzen von Strandhafer, das auch heute noch per Hand durchgeführt werden muss. Diese Charakterpflanze der Weißdünen ist ein effektiver Sandfänger, dessen Wurzelwerk freiwehenden Sand festlegt und wirksam vor Abtrag schützt. Unterstützt wird der lebendige Dünenbildner durch jährlich zu erneuernde Faschinengestecke (Reisigbündel), die den Wind am Dünenfuß abbremsen und damit anfliegende Sandkörner zum Ablagern zwingen.

Handarbeit: Setzen von Strandhaferbüscheln

Damit aber überhaupt Sand in größeren Mengen anfliegen kann, muss dieser künstlich vor oder auf die Insel gespült werden, denn umfangreiche Sanddepots sind in unmittelbarer Inselnähe nicht mehr vorhanden. Dazu wird mittels spezieller Saugbagger (Hopperbagger) eigens Sand im gut acht Kilometer entfernten Entnahmegebiet westlich der Insel vom Meeresboden abgebaut. Die schwere Fracht wird dann von einem Schwimmbagger zur Sylter Westküste transportiert und entweder direkt als Unterwassersandriff rund 100 Meter vor den Strand verklappt, oder per Pipeline direkt auf den Strand gespült. So entsteht ein Depot, das sich im Laufe der Jahre in Strömungsrichtung entlang der Inselküste verteilt und als willkommener Nebeneffekt zum Küstenschutz auch ausreichend Fläche zum Aufstellen von Strandkörben bietet.

Naturgewaltig: Brandung an den Tetrapoden

Alljährlich wiederholt sich das millionenschwere Unterfangen an den Strandabschnitten, die vom Landesbetrieb für Küstenschutz, Nationalpark und Meeresschutz (LKN) mittels aktueller Messungen ermittelt werden. Denn die gelegten Sandpuffer sind Spielball der Winterstürme und müssen immer wieder nachgeliefert werden. Da jedes Jahr an einer anderen Stelle des 40 Kilometer langen Sylter Strandes ein oder mehrere Sandvorspülungen durchgeführt werden, wird so praktisch ein künstliches Fließgleichgewicht zwischen Abtrag und Vorspülung eingestellt. Böse Zungen sagen: »Jeder Euro, der in List in den Sand gesetzt wird, läuft gleichzeitig bei Hörnum wieder heraus.« Immerhin sind es rund 6,5 Millionen Euro pro Jahr. Eine kostspielige Sisyphusarbeit, die aber sinnvoll ist. So heißt es im Fachplan Küstenschutz Sylt: »Der LKN belegt mit seinen wiederkehrenden Vermessungen der Westküste Sylts mit modernster Technik, dass mithilfe der seit 1984 regelmäßig vorgenommenen Sandaufspülungen der weitere Küstenrückgang an den Stränden, Dünen und Kliffs sowie die Zerstörung vorhandener Küstenschutzanlagen verhindert werden konnte.«

Das gilt jedoch nicht für die Südspitze der Insel. Das Naturschutzgebiet Hörnum Odde gehört zu den wildesten Stückchen Deutschlands, weil hier noch die Naturgewalten regieren. Das Land hat die Sicherung des Gebietes per Sandvorspülung aus Kostengründen weitgehend aufgegeben. Das Argument: Dort wohnt ja kein Mensch. Dabei war es der amtliche Küstenschutz selbst, der mit dem Bau des hier immer noch sichtbaren Tetrapodenquerwerkes den Abtrag des Gebietes deutlich beschleunigte. 1968 wurden hier die sechs Tonnen schweren Vierfüßer aus Beton als 270 Meter lange Querbuhne am Weststrand versenkt und 2006 weiter ergänzt. Der Eingriff in die Südströmung führt zu Strömungswirbeln, die eine Lee-Erosion verursachen und Sandanlagerung verhindern. Dadurch entsteht mehr Schaden als Nutzen für das Naturschutzgebiet. Es ist nur eine Frage der Zeit, bis die schon heute recht kümmerlich wirkenden Reste der einstmals großen Odde dem »Blanken Hans« endgültig zum Opfer fallen. Pläne darüber, wie schliesslich Hörnum mit seinem stolzen Leuchtturm endgültig abgesichert werden soll, liegen in verschlossenen Schubladen des LKN (Landesamt für Meeresschutz, Küstenschutz und Nationalpark). Weitere Problembereiche gibt es im Küstenvorfeld des Ellenbogens, bei Kampen und Westerland.

Die immer wieder versuchten »endgültigen« Küstenschutzlösungen mit Asphalt und Beton haben sich nicht bewährt. Zum einen hat das Meer solch starre Deckwerke und Tetrapodenbuhnen immer wieder unterspült oder übersandet und damit unwirksam gemacht und zum anderen würde Sylt wenig davon haben, wenn der Urlaubsstrand, von dem hier alle leben, mit hässlichen Uferschutzwerken verunstaltet würde.

Da ist das System der Sandvorspülungen ökologisch viel vertretbarer, da es sich der Inselnatur anpasst und der natürlichen Dynamik des Lebensraumes gerecht wird. Trotzdem birgt auch die Sandvorspülung Gefahren: Dort wo der Sand abgebaut wird, entstehen riesige Krater am Meeresboden. Die Löcher, aus denen jährlich ausgebaggert wird, sind so groß, dass rund 1000 Einfamilienhäuser hineinpassen würden. Da von Natur aus kein ausreichendes Material vor der Sylter Rückgangsküste liegt, um die Löcher wieder zu verfüllen, kommt es nicht zu einer Versandung der Krater. Wenn durch eine schwere Sturmflut aus Südwest eine Verbindung zwischen den in einer Reihe angeordneten Löchern entstünde, könnte auf die Küste eine unbere-

Orkan am Kliff bei der Sturmhaube Kampen

chenbare Gefahr zukommen. Experten rechnen damit, dass die Abstände zwischen den notwendigen Sandvorspülungen wegen des Klimawandels immer kürzer und damit teurer werden. Daher wird seit Jahren permanent von insularen Küstenschutzexperten und internationalen Wissenschaftlern nach neuen Lösungen gesucht. Das Landesamt für Küstenschutz hat einen »Fachplan Sylt« entworfen, in dem alles Aktuelle und Wissenswerte zum Thema Küstenschutz für Sylt nachzulesen ist.

Der Küstenschutz ist aber nicht nur an der Westseite notwendig. Auch die »grüne Küste« mit ihren Deichanlagen, vor allem rund um Sylt-Ost, gilt es zu pflegen. Da hier direkt am Nationalpark Wattenmeer operiert wird, kommt es an der Ostseite oft zu Interessenkonflikten zwischen Natur- und

Küstenschutz. So plädiert der renommierte Wissenschaftler der in List ansässigen Wattenmeerstation des Alfred-Wegener-Instituts, Professor Karsten Reise, dafür, auch die Ostseite der Insel flexibel mit ökologisch vertretbaren Sandvorspülungen vor dem kommenden Meeresspiegelanstieg zu schützen, statt Millionen Euro in starre, unnatürlich wirkende Deckwerke und Deicherhöhungen zu investieren.

Dünenschutz ist Inselschutz?

Der Küsten- und Siedlungsschutz hat sich auch massiv auf die Ökologie und das Aussehen der Inseldünen ausgewirkt. Die erste Verordnung zum Schutz der Sylter Dünenorte wurde bereits 1539 vom dänischen König Christian III. erlassen. Bereits seit 1790 wird in den Sylter Dünen systematisch Strandhafer zum Festlegen von Wanderdünen gepflanzt. In den Jahren zwischen 1825 und 1865 waren es über eine Million Halmbüschel pro Jahr, die auf Sylt in den Sand gesetzt wurden und im Dritten Reich besorgte das Militär den Rest. Heute ist die Landschaft bis auf das Naturdenkmal Wanderdüne in List fast komplett festgelegt worden, um Gärten, Gebäude und Straßen vor Übersandung zu schützen.

Eine frische Übersandung vom Meer her und die damit verbundene Neubildung von Wanderdünen werden nach wie vor künstlich unterbunden. Ein komplettes Betretungsverbot und das zügige Dichtpflanzen von Dünenanrissen tragen zusätzlich zur Festlegung der Braundünen bei. Das belegen »Kein Weg«-Schilder an ungenehmigten Trampelpfaden deutlich, auf denen oft steht: »Dünenschutz ist Inselschutz – bitte nicht betreten!«

Die Schattenseiten dieser Eingriffe in den Naturhaushalt liegen jedoch in einer Überalterung und Überstabilisierung der Dünenlandschaft. Das freie Spiel der Kräfte wird komplett unterbunden und eine ökologische Verarmung des Lebensraumes Düne ist die Folge. Die Dünen erstarren zur stillen Kulisse und bieten nur noch wenigen Tierarten Lebensraum. Die Insel erhält kein frisches Material mehr, das von West nach Ost hinüberwandert. Deshalb werden immer massivere Küstenschutzmaßnahmen an der Wattseite erforderlich.

Eine behutsame Öffnung ausgewählter, unbesiedelter Dünenbereiche, in denen das Kräftespiel von Wind, Wellen und Dünenvegetation wieder ungebremst erlaubt wird, wäre daher aus ökologischer Sicht durchaus wünschenswert.

Sylt im Klimawandel

Nach dem Ende der letzten Eiszeit vor rund 12 000 Jahren stieg der Meeresspiegel rapide meterweise wieder an, aber nachdem die großen Gletschermassen abgeschmolzen waren, waren es in den letzten 6 000 Jahren im Mittel nur noch etwa ein Millimeter pro Jahr weiterer Meeresspiegelanstieg, im letzten Jahrhundert dann um zwei Millimeter und in den letzten 25 Jahren im Mittel um drei Millimeter bei steigender Tendenz.

Dieser moderne, beschleunigte Meeresanstieg ist vorwiegend die Folge bisheriger Treibhausgasemissionen durch den Menschen. Die weitere Verbrennung fossiler Kohlenstoffe wird noch über Jahrtausende den Meeresanstieg antreiben. Nicht nur das Schmelzen von Landeis, sondern auch ein Abrutschen polarer Eismassen ins Meer ist in die Berechnungen einzubeziehen. Wann wie viel Eis ins Rutschen gerät, ist kaum berechenbar. »Langfristige Projektionen zum Meeresspiegel sind zwar sicher in Richtung und Höhe, aber nicht in Bezug darauf, wie langsam oder schnell der Anstieg kommt.«, sagt der Sylter Küstenexperte Prof. Dr. Karsten Reise in seinem Buch »Kurswechsel Küste«.

Klimaschutz-Bollwerk an der Promenade

Sylt muss bereits seit Jahrzehnten permanent Küstenschutz betreiben, um die Orte des Bädertourismus, die um 1900 nahe des Strandes angelegt wurden, vor dem Abtrag zu schützen.

Zwischen 1972 und 2020 wurden der Insel rund 60 Millionen qm Sand im Wert von rund 235 Millionen Euro vorgespült. Seit 2019 wird die Uferschutzmauer vor Westerland mit Beton für etliche Millionen Euro verstärkt.

Der Umweltminister des Landes Schleswig-Holstein stellte 2019 klar, dass man die Folgen des Klimawandels auf Sylt bedenken müsse. Je weiter dieser fortschreite, desto schwieriger werde es, Maßnahmen zu ergreifen, da die Kosten ins Unermessliche steigen könnten und möglicherweise seitens des Bundes und des Landes nicht mehr zu bewältigen seien.

Prof. Karen Wiltshire, die stellvertretende Direktorin des Alfred-Wegener-Instituts erklärt: »Kein Meer hat sich so verändert wie die Nordsee. Wir messen, dass sie sich doppelt so schnell erwärmt wie die globalen Ozeane«. Erwärmung bedeutet auch Ausdehnung des Wasserkörpers und damit Meeresspiegelanstieg. Wenn der Meeresspiegel weiter ansteigt »säuft« das Watt ab. Wenn bei Ebbe keine Flächen mehr trocken fallen, kollabiert das ganze Ökosystem des Welterbe Wattenmeers, wie wir es heute kennen, vor allem in seiner Funktion als Drehscheibe des Vogelzuges. Nach vorliegenden »Big-Data«-Computer-Modellen wird sich die Temperatur weiter deutlich erhöhen, und der Meeresspiegel bis zum Ende des Jahrhunderts um 1,20 Meter steigen. Die Insel Sylt wird dadurch sehr wahrscheinlich in mehrere Teile zerfallen. Fast eine halbe Million Menschen und 3000 Quadratkilometer Wattenmeer sind allein im Norden der Republik dadurch bedroht.

Um dem entgegenzuwirken, schlägt Prof. Reise neben unverzüglichen Anstrengungen im Klimaschutz vor, Anpassungen an die kommenden Überschwemmungen zu realisieren. Am Festland sollten Polderdeiche geöffnet werden, um dem Meer kontrolliert mehr Raum zu geben, vor den Inseln sollte deutlich mehr Sand als bisher vorgespielt werden, der sich gern mit der Strömung allmählich ins gesamte Wattgebiet verteilen darf, um hier den Meeresboden zu erhöhen.

Wesentlich früher als die Folgen des Meeresspiegelanstiegs wird Sylt die Zunahme von Wetterextremen zu spüren bekommen. Die letzten Jahre waren bereits mit Hitzerekorden gespickt. Tendenz: Stürme werden häufiger und länger verweilen. Hurricanes aus der Karibik wandern bereits heute wegen der Erwärmung des Atlantiks viel weiter nach Osten als früher. Auch kann es zu heißeren Sommern und verregneten Wintern kommen, sicher keine optimalen Rahmenbedingungen für eine ganzjährigen Urlaubsdestination. Eine großflächige »Verbrennung« von atlantischer Dünenheide durch Sonneneinstrahlung und Trockenheit gab es bereits im Sommer 2018.

Rastplatz und »Mutterbank« der Seehunde im Nationalpark bei Sylt ›

› Robben und Wale vor Sylt

Eine Begegnung mit Seehunden, Kegelrobben und Schweinswalen gehört immer noch zu den beeindruckendsten Naturerlebnissen auf Sylt. Deshalb sei den Meeressäugern der Inselgewässer ein eigenes Kapitel gewidmet.

Seehunde: Lieblinge der Nordseeurlauber

Der Seehund, das Charaktertier der Nordseeküste, ist häufig in den Gewässern rund um die Insel zu sehen. Die Art hat sich seit der Einstellung der Seehundsjagd im Jahre 1973 wieder gut erholt. Um 1906 wurden vor Sylt allein etwa 100 Robben pro Saison im Rahmen von Wattsafaris mit Kurgästen erlegt, wobei die Zahlen stark schwankten. Von dem Sylter Seehundsjäger Thiede wird berichtet, er habe es in seinem Leben allein auf 6000 Abschüsse gebracht! Gejagt wurde, um als Großwildjäger eine Trophäe aus dem Urlaub mitzubringen, aber vor allem auch wegen des Seehundpelzes, der sich zu extravaganten Mänteln, Taschen und Stiefeln verarbeiten ließ.

Fast hätte die Robbenjagd Seehunde im internationalen Wattenmeer ganz ausgerottet. Als nur noch 1500 von ihnen übrig waren, wurde mit der Aussetzung der Jagd die Notbremse gezogen. Auch einige Epidemien, die als Seehundsterben von 1988 und 2002 Schlagzeilen machten, hat die Wattenmeerpopulation verkraftet. Heute pendelt der Seehundbestand zwischen den friesischen Inseln von Texel in Holland bis Fanø in Dänemark wieder um die Marke von 40 000 Tieren. Experten gehen davon aus, dass vor der systematischen Bejagung im 19. Jahrhundert rund 39 000 Seehunde im gleichen Bereich existierten. Eine echte Konkurrenz zur Fischerei bildeten die Robbenbestände nie: Seehunde jagen nach viel kleineren Fischen als die Konsumfischerei.

Nur wenige Seemeilen südlich von Sylt befindet sich ein international bedeutender Rastplatz der Hundsrobben. Ab Hörnum kann man mit der Adler Reederei eine Fahrt zu den Seehundsbänken unternehmen. Spitzenzahlen findet man dort im März, wenn sich die Tiere nach dem Winter, den sie zumeist in tieferen Nordseegewässern verbringen, wieder im Wattenmeer sammeln. Ab Mitte Mai wandern trächtige Weibchen zum Werfen der Jungtiere auf die ruhigeren »Mutterbänke« im Nationalpark ab. Im Jahre 2019 ergab die Bestandszählung für den Nationalpark Schleswig-Holsteinisches Wattenmeer, die sich aus den Ergebnissen der jährlichen Flugzählung und berechneten Korrekturfaktoren ergibt, wieder einen Bestand von rund 13 000 Seehunden. Das sind mehr, als historische Quellen für den gleichen Bereich vor 100 Jahren, also vor der Bejagung mit Flinten, angeben.

Müder Seehund

Ab Ende Mai bringen die Seehunde ihren Nachwuchs auf Sandbänken des Wattenmeeres zur Welt. Im weiteren Verlauf des Sommers folgen Paarungszeit und Haarwechsel. Störungen durch Sportboote, Kite- und Windsurfer und Wattwanderer führen leider immer wieder zu Stresssituationen. Nicht selten sogar auch zur Trennung von Muttertieren und Seehundbabys. Die zur Aufzuchtzeit verlassenen Robben geben dann heulende Kontaktrufe ab, daher werden sie als Heuler bezeichnet. Ab August gibt es streng genommen keine Heuler mehr, da die Aufzuchtzeit vorbei ist. Gerade dann aber werden oft junge, verlassene Seehunde an Stränden angetroffen. Diese sind jedoch in der natürlichen Trennungsphase vom Muttertier und fortan auf sich allein gestellt. Eine »Rettung« dieser Vagabunden ist also gar nicht erforderlich, sondern wäre sogar als strafbarer Eingriff in den Naturhaushalt zu bewerten. Es genügt, sie einfach in Ruhe zu lassen!

Kegelrobben: Einwanderer aus Großbritannien

Im internationalen Wattenmeer gibt es nur wenige Wurfkolonien der massigen, über zwei Meter großen Kegelrobben. Die bedeutendsten liegen bei Terschelling in Holland, bei Juist in Niedersachsen und südlich von Sylt bei Amrum. Kein Wunder also, dass die recht seltenen Tiere, besonders im Bereich der Hörnum Odde, hin und wieder ihre Knopfaugen neugierig aus dem Wasser stecken. Zusätzlich existiert im Großraum des Wattenmeeres noch eine bedeutende Kolonie auf der Helgoländer Düne.

Insgesamt leben im internationalen Wattenmeer inzwischen rund 9000 Kegelrobben (gezählt 2019: 6538, plus ein Drittel Schätzung von Tieren die sich während der Robbenzählung im oder unter Wasser befinden), die meisten im niederländischen Bereich (noch Anfang der 1970er-Jahre wiesen die amtlichen Statistiken keine einzige Robbe dieser Art im Wattenmeer auf!). Im Mittelalter waren sie an unseren Küsten verbreitet, wurden aber schon frühzeitig durch Bejagung ausgerottet. Die an Land so behäbigen Tiere waren vor allem zur Wurfzeit leichte Beute für hungrige Jäger, da sie ihre Jungen auf höher gelegenen Stränden und Sandbänken großziehen, die leichter zugänglich waren als die bei Flut versinkenden Rastplätze der Seehunde.

Aufgeweckte Kegelrobbe

Vermutlich seit gut 40 Jahren wandern Kegelrobben von den Küsten Großbritanniens wieder stetig ein und vermehren sich inzwischen auch im Wattenmeer rapide. Dies wird als Erfolg des Naturschutzes gewertet. Besonders zur Wurfzeit, die bei Sylt kurioserweise im Winter von Mitte November bis Februar stattfindet, kann der Strandspaziergänger auch mal weißwollige Jungtiere rastend am Strand antreffen. In so einem Fall sollte man sich genauso zurückhaltend wie beim Antreffen junger Seehund-Heuler verhalten. Schließlich müssen die Tiere in der Kälte regelmäßig mit 50 Prozent fetthaltiger Muttermilch versorgt werden, um schnell eine schützende Fettschicht aufzubauen.

Bitte melden Sie echte Heuler, krank wirkende Seehunde und rastende Kegelrobben sofort der Schutzstation Wattenmeer in Hörnum (Telefon 04651 881093) oder einem amtlich bestellten Seehundjäger.

Die Seehundbeauftragten des Landesjagdverbandes bringen die Tiere jedoch nur dann in die Seehundaufzucht- und -forschungsstation ins ferne Friedrichskoog, wenn sie nicht vor Ort durch Zusammenführung von Mutter- und Jungtier zu retten sind. Dies wird seitens der Naturschutzgesellschaft Schutzstation Wattenmeer durch das Einrichten flexibler, also zeitlich befristeter Ruhezonen versucht. Denn nicht jeder Heuler, der im Watt oder am Strand gefunden wird, wurde von seiner Mutter endgültig verlassen. Viele Tiere werden nur vorübergehend abgelegt und erst durch vorschnelles Eingreifen besorgter Passanten endgültig vom Muttertier getrennt. Verwaiste Robbenkinder sollte man deshalb niemals anfassen oder beunruhigen. Halten Sie bitte über 100 Meter Abstand. Hunde gehören in dem Fall sofort an die Leine.

Schweinswale: Flippers Verwandtschaft am Sylter Strand

Wenn ein anhaltender Ostwind die Nordseewogen auf der sonst eher wilden Westseite der Insel glättet, ist Schweinswal- und Robbenwetter! Unter diesen Bedingungen kann man die drei um Sylt vorkommenden Meeressäugetiere mit größerer Wahrscheinlichkeit bei einem längeren Strandspaziergang entdecken.

Typische Schweinswalsichtung vom Sylter Strand

Die kleinen Tümmler heißen offiziell Schweinswale, denn schon die alten Griechen wunderten sich, dass die merkwürdigen »Fische« Innereien haben, die vielmehr Schweinen, also Säugetieren gleichen. Kurzerhand tauften sie die Lungenatmer »Schweine des Meeres«.

Schweinswale haben ausgerechnet vor Sylt ihre wahrscheinlich wichtigste Kinderstube in der gesamten Nordsee eingerichtet. Jedes Jahr im Juni kalben die nur knapp 1,80 Meter langen, dunkel gefärbten Zahnwale vor der Insel. Walforscher schätzen nach aufwendigen Zählflügen den Gesamtbestand der bedrohten Tiere im Seegebiet vor Amrum und Sylt auf den dichtesten der Nordsee. Statistisch liegt er bei 6000 Tieren für das Gesamtgebiet. Das hört sich viel an, pro Quadratkilometer sind das aber nur 1,8 Tiere. Diese Zahl macht wiederum deutlich, weshalb es immer noch ein seltenes und erhebendes Erlebnis ist, einen Schweinswal zu entdecken. Es gibt kaum einen anderen Ort in Europa, an dem das so einfach möglich ist, wie am Sylter Strand – und dazu noch kostenlos!

Um die Mitte des 20. Jahrhunderts waren die kleinen Tümmler eine regelmäßige Erscheinung im Wattenmeer. Wegen der Überfischung ihrer Beutetiere, vorwiegend Heringe, Makrelen und Sandaale, gelangten sie auf die »Rote Liste« gefährdeter Tier- und Pflanzenarten Deutschlands. Außerdem ertranken in den Netzen der Großstellnetzfischerei nordseeweit jährlich über 7000 der Lungenatmer. Erst seit Anfang der 1990er-Jahre tauchten Kleinwale wieder vermehrt bei uns auf. Der Grund ist wahrscheinlich eine Änderung von Wanderrouten und Aufenthaltsorten der Nahrungsfische, denen die Wale folgen.

Kleinwalsichtungen mit Ort, Datum, Uhrzeit und Anzahl der Tiere sind bei den Naturschützern der Schutzstation Wattenmeer (Telefon 04651 881093, www.beachexplorer.org) sehr willkommen.

Die Irrfahrt der Pottwale

Im März 1996 und Dezember 1997 strandeten insgesamt 26 Pottwale an den Stränden der Wattenmeerküsten Hollands, Deutschlands und Dänemarks. 2016, also nur zehn Jahre später, wiederholte sich die »Jahrhunderttragödie« erneut, bei der 30 Pottwale entlang der Nordseeküste verendeten. 1998 konnten immerhin drei der Meeresgiganten in einer dramatischen Rettungsaktion bei St. Peter-Ording mit Booten in tieferes Wasser abgedrängt werden – alle anderen verendeten kläglich.

Tod und Rettung der Riesen

Es war ein Bild, wie man es von Kupferstichen aus alten Walfangzeiten kennt. Dezember 1997: Zwei Pottwale liegen unbeweglich in den Brandungswellen am Sylter Strand »Samoa«. Im Hintergrund, über eine weite Seefläche verteilt, stoßen 13 der Meeresriesen unregelmäßig ihren typischen Blas schräg nach vorne aus.

Die noch schwimmenden Pottwale warten auf ihre festsitzenden »Brüder« und geben offensichtlich Lautsignale, nach denen sich die Gestrandeten immer wieder ausrichten. Endlich, nach Stunden des Wartens, kommt die Flut und beide Vierzigtonner können aus eigener Kraft wieder Fahrt aufnehmen. Die Walschule von 15 Tieren entschwindet am Horizont. Ein historischer Tag für die Inselchronik: Es war wohl seit Menschengedenken der erste Besuch einer ganzen Pottwalschule am Sylter Strand. Leider stranden alle 15 Pottwale am folgenden Tag erneut. Zwei an der Niedersächsischen Wattenmeerküste und 13 am Strand der dänischen Nachbarinsel Rømø.

Sieben Wochen später: Das Patrouillenboot der Küstenwache, die »Sylt«, meldet der Schutzstation Wattenmeer die Sichtung einer »desorientiert umherschwimmenden« sechsköpfigen Pottwalschule, etwa sieben Seemeilen westlich von Büsum. Dort hat die Nordsee noch rund 15 Meter Wassertiefe – zwar nur eine Pfütze für die sonst in Tausenden von Metern tiefen Gewässern vorkommenden Pottwale, aber im Vergleich zur nahegelegenen, flachen Wattenmeerküste noch halbwegs sicheres Terrain für die Kolosse. Die Schutzstation Wattenmeer drängt darauf, dass die Patrouille der Wasserschutzpolizei ihre geplante Route zunächst nicht fortsetzt, sondern die Walschule im Auge behält und das Schiff zwischen Wale und Wattenmeerküste manövriert, um eine Strandung zu verhindern. Außerdem mobilisiert die Naturschutzgesellschaft Kollegen von Greenpeace, die über das notwendige Equipment verfügen, um die Wasserschutzpolizei zu unterstützen.

Am nächsten Morgen kommt dann doch die Hiobsbotschaft: Mindestens ein Pottwal ist auf dem Rochelsand vor St. Peter-Ording gestrandet, die anderen Wale befinden sich noch schwimmend in unmittelbarer Nähe ihres sterbenden Gefährten.

Nach dieser Nachricht bewegen sich alle verfügbaren Schiffe sofort Richtung Strandungsort. Zuerst ist die »Sylt« vor Ort. Mittlerweile sind zwei weitere Wale auf den flachen Sand aufgelaufen. Nun muss alles sehr schnell gehen, um Schlimmeres zu verhindern. Inzwischen sind auch die Greenpeace-Zodiacs angekommen und zu Wasser gelassen, um die »Sylt« bei den Versuchen zu unterstützen, die Pottwale in tieferes Wasser abzudrängen. Langsam aber sicher gelingt das Unterfangen: Bei Sonnenuntergang sind drei der sechs Wale mit viel Fingerspitzengefühl und mehreren Booten auf acht Seemeilen in fast 20 Meter tiefes Wasser hinausgetrieben worden. Die anderen drei verenden leider auf der Sandbank am Leuchtturm Westerhever.

Warum wählten die Tiere den falschen Weg?

Die Pottwale verheddern sich am Wattenmeer im Labyrinth der Untiefen. Ihr sonst so präzises Sonarsystem versagt im sandigen Flachwasser. Das Echo auf die vom Pottwal ausgestoßen Schallsignale wird zu schwach und verwaschen vom feinen Nordseesand reflektiert, sodass kein klares Bild der Umgebung entsteht. Die Pottwale, sonst in Wassertiefen von über 3000 Metern zu Hause, tappen am flachen Wattenmeer also quasi im Dunkeln – und das mit leerem Magen, denn ihre Hauptnahrung, den Tiefseetintenfisch, finden die Wale in der durchschnittlich 80 Meter »flachen« Nordsee nicht.

Warum halten sich die Leviathane also überhaupt in unserem Flachmeer auf? Eine Frage, über die auch Wissenschaftler mangels klärender Forschungsprojekte nur spekulieren können.

So viel ist sicher: Die nördlich von Norwegen lebenden, männlichen Meeresriesen waren auf dem Weg zu ihren Weibchen, die sich ganzjährig bei Madeira und den Azoren aufhalten. Offenbar kamen sie jedoch von ihrem direkten Kurs zwischen Nordmeer und Atlantik ab und gerieten bei Schottland in die »Sackgasse Nordsee«.

Fest steht auch, dass solche Fehlentscheidungen in den vergangenen Jahrhunderten immer schon vorkamen, allerdings liegt das 20. Jahrhundert mit knapp 100 in der Nordsee gesichteten Pottwalen an der Spitze der Statistik. Spekulationen, die einer zunehmenden Industrialisierung durch Öl- und Gasplattformen und damit der Unterwasserverlärmung der nördlichen Nordseegewässer die Schuld für das zunehmende Ablenken der Wale geben, sind daher nicht von der Hand zu weisen. Vor allem vor dem Hintergrund, dass rund 80 der fast 100 registrierten Pottwalstrandungen an der internationalen Nordseeküste in den letzten sechs Jahren des vorigen Jahrhunderts passierten. Neben der Unterwasserverlärmung durch Öl- und Gasplattformen werden neuerdings auch militärische Eingriffe diskutiert. So betreibt die NATO unter Wasser ein tieffrequentes

Schallwellennetz, das für die Navigation von U-Booten gebraucht wird. Es ist ja allgemein bekannt, dass Wale über Schallwellen miteinander kommunizieren und zahlreiche Beobachtungen bezeugen, dass Pottwale durch ungewohnte Geräusche abgeschreckt werden können. So wird auch vermutet, dass der Lärm des dichten Schiffsverkehrs im Englischen Kanal den Pottwalen den südwestlichen »Notausgang« der Nordsee versperrt.

Diskutiert werden allerdings auch natürliche Ursachen: So wird immer wieder die Theorie britischer Forscher bemüht, die festgestellt haben, dass es weltweit eine Häufung von Walstrandungen an Küsten gibt, an denen die Erdmagnetfeldlinien eine besonders geringe Feldstärke aufweisen. Da Wale sich an Magnetfeldlinien orientieren können, wäre ein Zusammenhang möglich. Auch die Korrelation zu Sonnenfleckenaktivitäten wird diskutiert.

Nicht auszuschließen ist auch schlichtweg Missgeschick und Unerfahrenheit jüngerer Bullen in der Navigation. Es wäre beispielsweise möglich, dass die Pottwale, abgelenkt durch die Jagd auf nach Süden ziehende Tintenfische, in die falsche Richtung schwammen. Dagegen spricht jedoch, dass die Tintenfischarten, die von Pottwalen bevorzugt werden, noch nie in nennenswerten Mengen in der Nordsee nachgewiesen wurden.

Pottwal

Gestrandeter Finnwal bei Wenningstedt

Auch das Argument, es gäbe seit Aufgabe der Großwaljagd bereits wieder so viele Pottwale in den Weltmeeren, dass eine erhöhte Strandungsrate an Nordseeküsten natürlich wäre, steht auf tönernen Füßen: Erstens gibt es überhaupt keine verlässlichen Bestandszahlen und zweitens weisen die recht genauen Statistiken aus Jahrhunderten vor der intensiven Bejagung der Pottwale keine ähnlich hohen Strandungsraten auf wie zum Ende des 20. Jahrhunderts.

Das Walschutzgebiet: Refugium für Meeressäuger

Nationalpark
Wattenmeer
SCHLESWIG-HOLSTEIN

Vor allem wegen der Bedeutung für die kleinen Schweinswale wurde der Nationalpark Wattenmeer im Jahr 1999 um das Seegebiet westlich vor Sylt und Amrum, bis hin zur Zwölfmeilenzone erweitert und zum 1250 Quadratkilometer großen Walschutzgebiet erklärt. Zu diesem Zeitpunkt war es das erste Schutzgebiet für Wale in europäischen Gewässern.

Das Schutzgebiet hat vor allem vorsorglichen Charakter. Gas- und Ölbohrungen wird es hier ebenso wenig geben, wie Offshore-Windparks oder die gefürchtete Verpressung von CO_2 im Meeresboden. Hier dürfen keine Eingriffe mehr erfolgen, die das Gebiet deutlich verändern (außer der Sandentnahme für die Sylter Sandvorspülungen).

Insofern kommt das Schutzgebiet neben den Kleinwalen auch vielen anderen Seetieren zugute, wie Robben und Hochseevögeln. Besonders der große Bestand von Trauerenten, die sich im Winter vor der Insel aufhalten, profitiert. Leider bietet das Gebiet aufgrund internationalen Seerechtes keinen ausreichenden Schutz der Meeressäuger vor der gefährlichen Industrie- und Stellnetzfischerei. Fischereifahrzeuge anderer EU-Staaten dürfen bis zur Dreimeilenzone in den Nationalpark eindringen; holländische und dänische Fischer sogar bis unmittelbar vor den Strand. Deutschen Fischern ist es untersagt, Grundstellnetze von mehr als 1.30 m Höhe und mit Maschen größer als 150 mm aufzustellen. Ausländische können nicht reglementiert werden, da EU-Fischereirecht Landesrecht bricht. Allerdings finden solche kleinwalgefährdende Fischereiarten im Gebiet bislang kaum statt.

Damit das so bleibt und noch besser wird, bedarf es vor allem einer starken Lobbyarbeit für die kleinen Nordseewale auf EU-Ebene. Neben der Schutzstation Watten-

Der Schweinswal – Deutschlands einzige heimische Walart – setzt nur selten zum Sprung an

meer haben sich vor allem internationale Organisationen wie der WWF, der Internationale Tierschutz-Fonds (IFAW) und Whale and Dolphin Conservation (WDC), besonders für die Kleinwale in Nord- und Ostsee engagiert.

Whale-Watching vom Strand aus

Schweinswale sind Lungenatmer und müssen alle sechs Minuten auftauchen: Achten Sie auf die kleine schwarze, dreieckige Rückenfinne, die hin und wieder aus dem Wasser ragt. Sie kommen nicht selten bis auf wenige Meter an den Strand heran. Falls mal so ein kleiner Tümmler beim Baden aufkreuzt, besteht kein Grund zur Panik, die Tiere sind völlig harmlos. Eine gezielte Verfolgung oder Beunruhigung der Schweinswale ist verboten.

In seltenen Ausnahmefällen verirren sich auch mal andere Walarten an die Sylter Strände. So wurden neben Totfunden zahlreicher Arten auch schon vorbeiziehende Weißschnauzendelfine und Pottwale registriert.

Der Sylter Walpfad: Standorte und Schwerpunkte

Der »Sylter Walpfad« besteht aus 22 interaktiven Info-Punkten entlang des Walschutzgebietes. Die meisten stehen an Strandübergängen zur Westseite.

Besonders für Radler kann eine Tour zu allen Infotafeln ein interessanter und lehrreicher Ein- oder Zwei-Tages-ausflug über die ganze Insel werden. Wer alle Infostelen abklappert und durchliest, wird zum »Kleinwal-Experten«, da jede Tafel andere spannende Detailinformationen bringt. Neben den Schweinswal-Infos erfährt der Besucher viel über Seehunde, Kegelrobben, Hochseevögel, Klimaschutz und Küstenschutz. An beiden Enden des Walpfades, also in List und Hörnum, sind zusätzlich Geo-Caches versteckt. Findet man alle und löst kleine Rätsel, bekommt man ermäßigten Eintritt in das jeweilige Natur-Informationszentrum. Der Ausflug lässt sich von Westerland aus in eine Nord- und eine Südtour teilen.

Die Nordtour:

1 Westerland, Hauptübergang Friedrichstraße/ obere Promenade – Thema: Whale- und Seawatching auf Sylt

2 Westerland, Nordseeklinik – Thema: Gesundes Meer, gesundes Leben

3 Wenningstedt, Seestraße – Thema: Meeressäuger im Nationalpark: Robben und Wale

4 Wenningstedt, Hauptstrand-Treppe – Thema: Fischerei und Müllproblematik

5 Wenningstedt, Berthin Bleegstraße, Aussichtsplattform – Thema: Aus Sylter Walfängern werden Walschützer

6 Kampen, Strandübergang Campingplatz – Thema: Meeresschutzgebiete vor Sylt

7 Kampen, Plattform Rotes Kliff (am Parkplatz »Sturmhaube«) – Thema: Klimaschutz ist Meeresschutz

8 List, FKK-Strand – Thema: Meeresforschung

9 List, Weststrandübergang (direkt an der Strandtreppe) – Thema: Das erste Walschutzgebiet Europas

10 List, Ellenbogenberg (auf der Panorama-Plattform)
   – Thema: Freundliche Meeresbewohner – Kleine
   Wale ganz nah.
11 List, Mövenbergdeich (Höhe Uthörn) – Thema:
   Vögel und Seehunde
12 List, Mövenbergdeich (Höhe Lister Haken) – Thema:
   Königshafen
13 List, Hafen-Nordpromenade – Thema:
   Nationalpark Wattenmeer

Nordtour-Abschluss im »Erlebniszentrum Naturgewalten« im Lister Hafen. Dort erwartet Sie eine tolle Ausstellung mit spannenden Filmen zu allen Meeressäugern und einer Live-Cam, über die Seehunde in Echtzeit bei jedem Wetter ganz nah beobachtet werden können.

Die Südtour:

1 Westerland, Plattform Himmelsleiter – Thema:
   Meeressäuger und Meeresenten
2 Westerland, Strandübergang Robbenweg – Thema:
   Whalewatching im Nationalpark
3 Rantum, Hauptstrand – Thema: Schutz vor
   Unterwasserlärm
4 Rantum, Sansibar – Thema: Kinderstube der
   Kleinwale
5 Strandübergang K4 (Bunker Hill) – Thema:
   Unterwasser-Monitoring
6 Hörnum, Campingplatz – Thema: Großwal-
   strandungen
7 Hörnum, Plattform Hauptstrand – Thema: Sylter
   Schweinswalforschung führte zum Walschutzgebiet
8 Hörnum Odde, Südkap/Oststrand – Thema:
   Naturgewalten erleben
9 Hörnum Odde, Ende Odde-Wai (in Richtung Strand
   laufen) – Thema: Küstenschutz im Nationalpark.

Südtour-Abschluss in der »Arche Wattenmeer« in Hörnum/Ortseingang. Dort erwartet Sie eine tolle Ausstellung der Schutzstation Wattenmeer mit Aquarien und Infos zu allen Watt und Meeressäugern.

> **DIE TOUREN:**
> **WAS SIE SCHON IMMER AUF**
> **SYLT ENTDECKEN WOLLTEN ...**

Sylt ist mit dem Rad und zu Fuß am schönsten. Das haben auch die notorischsten Autofahrer erkannt. Es sind nicht nur die mangelnden Parkgelegenheiten, die Parkgebühren und die Staus zwischen Westerland, Wenningstedt und Kampen, die immer mehr Inselbesucher dazu bringen, auf das Autofahren zu verzichten. Auch die positiven Effekte für die eigene Gesundheit, wegen der ja viele überhaupt kommen, mögen zu einem bewussteren Reisen veranlassen. Wer (rad)wandert, sieht einfach mehr von der Insel und die bietet rund 200 Kilometer Radwege!

› Hinweise für Exkursionen per Fahrrad und per pedes: Rad(t)schläge für Sylt-Eroberer

Die vorgeschlagenen Touren führen zu den bedeutenden Sehenswürdigkeiten der Insel und lassen Sie die Sylter Natur auf den schönsten Pfaden erleben. Die Touren starten entweder vom Bahnhofsvorplatz in Westerland oder schließen an vorher beschriebene Strecken an. Viele Routen sind je nach Wind, Wetter, Lust, Zeit und Laune kombinierbar oder zu verkürzen. Im Text wird an passender Stelle auf die Anschlussmöglichkeit an andere Touren verwiesen. Bei manchen Strecken ist ganz bewusst auf einen Vorschlag für den Rückweg verzichtet worden, um dem eigenen Entdeckergeist mehr Raum zu geben. Ein Zeitbudget kann für die einzelnen Touren nur vage angegeben werden, da dies von Wind und Wetter sowie der eigenen Zielsetzung abhängt. Dank der verkehrenden Fahrradbusse und der Gleisstrecke ist es auch möglich, vor allem bei starkem Gegenwind, Strecken mit Bus oder Bahn abzukürzen. Wer keine eigenen Fahrräder mitbringt, findet auf Sylt ein dichtes Angebot von Fahrradverleihen, von denen sich einige direkt in Bahnhofsnähe befinden.

Wer lieber zu Fuß unterwegs ist, kann Langstrecken mit öffentlichen Verkehrsmitteln zurücklegen (Busse verkehren im 20-Minuten-Takt zwischen Westerland und den Inselenden) und dann vor Ort die Teilstrecken der Touren per pedes erwandern.

Bitte gehen Sie zur eigenen Sicherheit und zum Schutz der Natur nicht allein ins Watt, sondern schließen Sie sich einer organisierten Führung der Naturschutzverbände an.

Ein besonders gesundes Erlebnis ist eine Strandwanderung direkt am Meer im Sprüh der Meeresgischt. Schauen Sie vorher mal in einen Gezeitenkalender, den Sie bei jeder Tourist-Information bekommen. Es läuft sich wesentlich angenehmer am Strand in der Zeit von drei Stunden vor bis drei Stunden nach Niedrigwasser. Bei Ebbe ist der feste Teil des Strandes freigefallen und man muss nicht durch den weichen Sand stapfen.

Zum Sylter Ausflugsgepäck gehört, neben diesem Natur-Erlebnisführer, stets eine leichte, regenabweisende Windjacke, immer ein etwas wärmerer Pullover, als man denkt, und möglichst ein kleines Fernglas zum Beobachten der Vogelwelt. Ansonsten gilt: Wer sich obenrum warm anzieht kann am Strand auch barfuß laufen. Am besten gehen Sie mit mehreren Lagen von Kleidungsstücken nach dem Zwiebelprinzip vor, dann können

Sie bei den inseltypisch rasanten Wetterwechseln Ihre Thermoregulation immer genau dosieren.

Bitte beachten Sie auf allen Wegen den »Sylter Naturschutz-Knigge« und die Hinweistafeln des Sylter Besucherlenkungssystems in der Natur. An zahlreichen markanten Punkten der Insel sind Informationstafeln installiert, die nummerierte, offizielle Wege durch die Dünen ausweisen und die Wegeführung in den Naturschutzgebieten erläutern. Alle übrigen Trampelpfade in der Landschaft dürfen nicht betreten werden. Vom Strand aus kann man die erlaubten Aufgänge an auffälligen durchnummerierten »Sehzeichen« erkennen, die aus einem hohen Pfahl mit aufgestecktem Reisigbündel (Pricken) bestehen. Besonders sensible Gebiete sind zusätzlich mit speziellen Hinweistafeln versehen, oder sogar abgezäunt.

NÜTZLICHE ADRESSEN ZUM THEMA

Sylt TV: Sylter Wetter und Sylter TV-Beiträge
www.sylt-tv.com/sylt-wetter.html und www.sylt1.tv

Sylt Marketing · 04651 82020 · www.sylt.de

Orts-Führungen mit Silke von Bremen
04651 35574 · www.sylt-island.de

Natur-Infos und SyltNaturReporter-Blog des Autors Lothar Koch
www.natuerlichsylt.net

Sylt-Führungen aller Art · www.sylt.de

Kleiner Sylter Naturschutz-Knigge: So helfen Sie mit, Sylt zu bewahren!

Bitte

- Verhalten Sie sich besonders rücksichtsvoll in der Nähe feuchter Wiesen beiderseits der Deiche, an Salzwiesen, Sandnehrungen, Kieswällen, Dünen und Heideflächen, einsamen Strand- und freien Wattflächen.

- Lagern Sie nicht in den bewachsenen Dünen.

- Gehen Sie nur unter sachkundiger Führung ins Watt.

- Respektieren Sie ausgeschilderte Naturschutzgebiete und abgezäunte Brut- und Rastgebiete, sowie Schutzzonen des Nationalparks.

- Halten Sie Ihre Hunde in Naturschutzgebieten und auf Deichen sowie in der Nähe von Wildtieren an der Leine.

- Lassen Sie Ihren Drachen nur auf dafür freigegebenen Wiesen und Stränden steigen.

- Halten Sie großzügigen Abstand zu rastenden Robben und Seevögeln.

- Füttern Sie keine Möwen.

- Nehmen Sie Ihren Müll mit zurück und werfen Sie ihn in eine Mülltonne des Siedlungsbereiches.

- Informieren Sie sich vor Ort in den Naturschutz-Stationen über die aktuelle Situation in den Schutzgebieten.

- Lassen Sie Ihr Auto so oft wie möglich stehen.

Vielen Dank – auch im Namen der Inselnatur!

› Tour 1

Minimetropole am Meer:
Spaziergang durch Westerland

Start-/Zielpunkt   Tour   i Touristeninformation

1. Bahnhof
2. Wilhelmine-Brunnen
3. Congress-Centrum/
   Info
4. Fußgängerzone
   Friedrichstraße
5. Musikmuschel

6. Promenade
7. Himmelsleiter
8. Sylter Welle
9. Aquarium
10. Katholische Kirche
    mit Friedhof
    der Heimatlosen

11. Rathaus
12. Alte Post
13. Wochenmarkt
14. Post
15. Alt-Westerland
16. Polizei
17. ZOB

Westerland zählt etwa 9300 Einwohner. Die Inselmetropole musste 2009 ihre 1905 erhaltenen Stadtrechte abgeben, weil sie mit Sylt-Ost und Rantum zur Gemeinde Sylt fusionierte. Ob Westerland dem Anspruch gerecht wird, »Weltbad« zu sein, wie es zuweilen in der Werbung heißt, entscheiden Sie bitte selbst. Auf jeden Fall strahlt die Minimetropole am Meer ein unverwechselbares Flair aus. Vor allem, wenn man bei Starkwind und Sonnenschein von der Strandpromenade in die wilde Brandung schaut und das verwegene Können von Wellenreitern, Wind- und Kitesurfern bewundert, die hier, nicht nur zum herbstlichen Windsurf World Cup, aufkreuzen.

Westerland erkunden wir am besten zu Fuß – oder auch mit Fahrrad, das dann streckenweise geschoben werden muss. Vom Bahnhof aus erreichen wir den Strand über Wilhelm- und Friedrichstraße. Die bekannte Fußgängerzone strahlt Goldgräberstimmung aus: In jedem Winkel wird der vorbeiströmenden Menschenmasse grell und schillernd Kommerz und Genuss feilgeboten. An den wenigen windstillen und warmen Abenden des Jahres kann schon mal ein »endless summer feeling« in Westerlands Shoppingmeile aufkommen, wenn mit dem letzten Abendlicht die noch halbnackten Sonnenanbeter und Wellenreiter vom Strand durch die

Friedrichstraße im Shoppingfieber

Straße nach Hause ziehen, vorbei an Straßenkünstlern und reisenden Clochards, die sich gegenseitig im Werben um die Gunst des reichlich vorhandenen Publikums übertreffen. Dieses setzt sich aus der Masse von zahlenden Zaungästen zusammen, die hier nach getanem Strandtag nach sich selber suchen. Man schlendert die gerade mal 700 Meter lange Friedrichstraße immer wieder auf und ab, in der Hoffnung Bekannte oder Prominente zu treffen oder irgendwie unterhalten zu werden.
Über dem »Phänomen Friedrichstraße« thront die bronzene Wilhelmine. Die propere Brunnenfigur war lange das stille Wahrzeichen der Stadt Westerland, bis sie von den grellen »Grünen Riesen«, einer Gruppe giftgrüner Plastikfiguren auf dem Bahnhofsvorplatz, in der Wahrnehmung verdrängt wurde.

Kunst vor dem Bahnhof: Reisende im Wind

Kehrt der Herbst ein, verwandelt sich die »Westerländer Kö« kurzfristig in eine reizlose Kleinstadtmeile. Der Westwind bläst an manchen Tagen mit Orkanstärke hindurch und lässt Werbetafeln wie Spielkarten durch die Luft wirbeln. Im November schiebt sich der dichte, graue Seenebel nicht selten vom offenen Meer in die Stadt und treibt die wenigen Gäste in Cafés, die selbst zu dieser Jahreszeit dank Rauchverbot und gasbefeuerter Heizpilze ihre Veranden geöffnet haben und nicht selten eine Wolldecke zum heißen Tee servieren. Doch schon ab dem Zweiten Weihnachtstag bäumt sich erneut für etwa zehn Tage das brüllende Leben der Hochsaison in der Friedrichstraße auf, um gleich nach heftigen Sektkorken-Scharmützeln zu Silvester wieder in den Winterschlaf zu versacken. Die ruhige Zeit bis Ostern wird nur noch einmal kurzfristig von Gästescharen belebt, die beim traditionellen Biikebrennen am 21. Februar dabei sein wollen. So mancher Westerländer Unternehmer, munkelt man, unterbricht eigens seinen Winterurlaub auf den Bahamas, auf Bali oder in Bangkok, um dieses lukrative Wintervergnügen bei traditionellem Grünkohl und gewichtigen Brandreden am lodernden Friesenfeuer nicht zu versäumen. Sylter, die sich am 21. Februar fern der Heimat in subtropischen Urlaubsgefilden treffen, haben nicht selten eine Packung Grünkohl im Gepäck, um diesen Sylter Feiertag auch am anderen Ende der Welt würdig zelebrieren zu können.

Ganz anders als die quirlige Fußgängerzone wirken die ruhigen Straßen des alten Westerland: Übrig gebliebene Friesenhäuser unter Reet wechseln mit Jugendstilbauten der Jahrhundertwende ab, sogenannten Logierhäusern. Zum Teil noch stilecht mit alten Emailleschildern, die für »Fremdenbetten mit fließendem Kalt- und Warmwasser« werben und ein heimeliges Flair von Urgroßvaters Seebad vermitteln. So auch das schöne Rathausgebäude in der Stadtmitte, dessen Spielbankkomplex dem Seebadambiente wiederum einen »Spritzer Nizza und Monaco« hinzufügt.

Alt-Westerland

Im übrigen Westerland dann Kontrastprogramm: Bausünden der 1960er-Jahre: »Neue Heimat«-Blocks im Stil sozialistischer Plattenbauweise, abgehalfterte Miniwolkenkratzer direkt an der Promenade, schrille Architektur bei modernen Neubauten wie dem Freizeitbad Sylter Welle oder dem Syltness-Center und am Stadtrand Appartementsiedlungen im nachgemachten Friesenstil, geleckt und weit entfernt vom Reiz der Originale. Am besten machen Sie sich ein eigenes Bild bei einem knapp zweistündigen

Rundgang durch die Westerländer Innenstadt

Startpunkt ist der Bahnhofsvorplatz. Von hier aus laufen wir in die gegenüberliegende Fußgängerzone hinein und am Wilhelmine-Brunnen vorbei, die Friedrichstraße hoch bis ans Meer. Kurz vor dem Ende der Friedrichstraße liegt rechts das Congress- und Veranstaltungszentrum des Tourismus-Service. Dort befindet sich auch eine Urlauberinformation wo es für die meisten Veranstaltungen Karten gibt. Wenige Meter weiter lassen wir unseren Blick über Nordsee, Strand und Promenade gleiten. Rechterhand ist die »Muschel« zu sehen, in dem das Westerländer Kurkonzert mit dem Rauschen der Nordseewellen wetteifert. Ebenso kontrastreich wirken der schöne wilhelminische Bau des altehrwürdigen Hotels Miramar auf der linken Seite und rechts die dramatisch hässlichen Hochhausbauten aus den 1960er-Jahren. Wir passieren das Kurkartenkontrollhäuschen zum Strand (nur mit Gästekarte) und spazieren die Promenade nach links

hinunter. (Wer keine Treppen steigen will, nutzt parallel die kleine Dünenstraße entlang des Hotels Miramar.) Auf einer Säule mit elektronischer
Anzeigetafel wird neben Wetterdaten auch der aktuelle UV-Wert zur Ge-
sundheitsvorsorge für Sonnenhungrige angezeigt. Draußen auf See steht
ein gelber, hydrologischer Messpfahl: Es handelt sich um eine 70 Tonnen
schwere und 44 Meter lange Stahlnadel, die rund eine Meile westlich vor
Sylt 18,5 Meter tief im Meeresboden verankert wurde und 15 Meter aus
dem Wasser ragt. Mit einer Reihe von Spezialgeräten werden Wasser-
stand, Wellenhöhe- und -stärke, Wind, Strömung und Temperatur gemessen, um exakte Kenntnisse über die hydrodynamischen Belastungen
der Westküste und der Inselenden sowie den seegangs- und tidebedingten
Sedimenttransport zu gewinnen.

Windschutz am Hauptstrand: Hier kriegt jeder einen Korb

Kurz vor dem Ende der hölzernen Promenade steigen wir die Treppen der
»Himmelsleiter« links hoch. Von der höchsten Düne der Stadt haben wir
bei guter Sicht einen guten Überblick über ganz Westerland. Rechts am
Horizont ist gerade noch Rantum zu erkennen. Unmittelbar vor uns liegt
das Sportstadion, der Schützenplatz mit dem burgähnlichen Schützenhaus und dem Aquarium. Geradeaus grüßt in der Ferne der Keitumer
Kirchturm von St. Severin. Halb links ragt die Nicolaikirche von Westerland deutlich aus der Bebauung heraus. Wir steigen die 94 Stufen der
Himmelsleiter hinab und überlegen, ob wir dem Aquarium einen Besuch
abstatten. Es bietet unter dem Motto »Zwei Ozeane« in 25 Becken einen
lebendigen Vergleich zwischen der Tierwelt der Tropen und der Nordsee.

Über 2000 Tiere sind zu sehen, von der kleinen Nordseegarnele bis zum Hai, den man aus einem gläsernen Tunnel bestaunen kann, der unter den Großaquarien herführt.

Badespaß bei jedem Wetter: die »Sylter Welle«

Wenn das Wetter uns weiter zum Spazieren einlädt, wandern wir geradeaus den Gaadt (Gasse) entlang, um alsbald links in die Bismarckstraße einzubiegen. Zahlreiche Pensionen im viktorianischen Bäderstil um 1900 vermitteln hier Gründerzeit-Atmosphäre. Bei der Käpt'n-Christiansen-Straße biegen wir links ab und gelangen, vorbei am Bau der modernen katholischen Kirche, zum Friedhof der Heimatlosen. Dieser wurde 1855, noch vor dem Seebad-Boom Westerlands und weit entfernt der damaligen Ortsgrenze, als letzte Ruhestätte für nicht identifizierbare Strandleichen angelegt. Königin Elisabeth von Rumänien (Carmen Sylvia) stiftete anlässlich ihres Badeurlaubs im Jahre 1888 den dort aufgestellten Gedenkstein. Wegen Überfüllung wurde der Friedhof bereits 50 Jahre nach seiner Eröffnung wieder geschlossen. Der Königin zu Ehren wurde die Elisabethstraße nach ihr benannt. Wir folgen ihr kurz, um schon an der nächsten Ecke rechts in die Bötticherstraße einzubiegen. So gelangen wir wieder auf die Bismarckstraße, die zur Friedrichstraße zurückführt. Wir queren den Trubel der Fußgängerzone über die Neue Straße und biegen dann gleich rechts in die kurze Paulstraße ein. Hier finden wir neben einigen schönen alten Häusern der Jahrhundertwende auch eine internationale Restaurantzeile und einen Dance-Club. Bei der Sparkasse biegen wir links ein in die Maybachstraße. Am traditionsreichen Hotel Stadt Hamburg, Ecke Strandstraße, kreuzen wir bei der Fußgängerampel und schauen uns den Rathausbau mit dem ehrwürdigen Alten Kursaal am kleinen Stadtpark an.

Falls gerade Samstag oder Mittwoch ist, herrscht hier ein beschaulicher Markttrubel. Neben Angeboten Sylter Ökobauern bieten hier auch etliche Stände, die eigens vom Festland angereist sind, Obst, Blumen, Gemüse, Käse und Selbstgemachtes an. Rechter Hand in der Stephanstraße befindet sich die Sylt Bibliothek, das Sylter Archiv, die Stadtgalerie und das Informationszentrum Alte Post, in dem der Tourismus-Service untergebracht ist. Hier können Sie Prospekte und Informationen zu vielen insularen Angeboten bekommen. Schräg gegenüber, etwas versteckt, befindet sich das Reformhaus mit einem breiten Angebot an Naturkostartikeln und seinem Schwarzen Brett für alternative Veranstaltungen.

Mein Lieblingsspaziergang in Westerland

Bei Sonnenuntergang die Strandpromenade entlang schlendern und im Sommer nach Einbruch der Dunkelheit ein Nordseebad mit Meeresleuchten genießen. Sollte das nicht möglich sein, ein »Bad in der Menge« in Westerlands Shoppingmeile nehmen.

Wir setzen unseren Rundgang über die Andreas-Nielsen-Straße geradeaus fort, kreuzen schräg links den großen Parkplatz und lassen die Hauptpost links liegen. Gegenüber mündet die Deckerstraße ein, benannt nach einem der Gründer des Seebades Westerland, der wir nun, an der dänischen Hans-Meng-Skolen (Schule) vorbei, bis zur Straße Zwischen den Hedigen folgen. Dieser folgen wir nach rechts, bis zur Munkmarscher Chaussee. Der Name Hedigen deutet an, dass hier früher hochgelegene Heideflächen existierten. Nach dem Untergang des Ortes Eidum im Jahre 1436, der in der Marsch nahe der heutigen Eidum Vogelkoje lag, flüchtete ein Teil der Bevölkerung hierher auf den zwar sturmflutsicheren, jedoch relativ unfruchtbaren Geestkern und gründete die Streusiedlung Wester-Land. Ein anderer Teil siedelte im heutigen Süderende von Westerland. Es könnten hier auch schon Ausläufer des Ortes Eidum gelegen haben. Richtung Südhedig (Südheide) sehen wir schon St. Niels, die Dorfkirche aus dem Jahre 1635, zwischen den Bäumen hervorlugen. Sie bildete früher die Ortsmitte von Alt-Westerland. Bei ihrem Bau sollen noch Bruchstücke der alten Eidumer Kirche verwendet worden sein; auch Altar und Glocke stammen wohl noch aus dem Kirchlein des kleinen, untergegangenen Ortes. Ein Besuch der Kirche und des Friedhofs ist vor allem auch wegen des schönen Baumbestandes empfehlenswert. Der Kirchenweg führt uns nach Westen zur Keitumer Chaussee. Rechts liegt das alte Westerländer Amtsgericht, in dem heute das Hauptquartier der Polizei untergebracht ist. Von hier aus sind es nur noch ein paar Schritte zum Bahnhof, dem Ausgangspunkt unseres Rundganges.

NÜTZLICHE ADRESSEN ZUM THEMA

Infopavillion am Bahnhofsvorplatz

Buchungszentrum in der Alten Post · Stephanstraße 6

Info-Shop am Congresszentrum · obere Friedrichstraße rechts

Info im Haus des Tourismus-Services · obere Strandstraße gegenüber der Sylter Welle und im Syltness Center rechts der Sylter Welle

E-Mobility Center · bei der Sylter Welle zum Ausleihen von E-Fahrrädern und Scootern.

Ab durch die Mitte:
Die kleine Tour rund um den Inselkern

Westerland – Tinnum – St. Severin – Munkmarsch – Braderup

● Start-/Zielpunkt **▬** Tour **i** Touristeninformation

1. Bahnhof/ZOB
2. Tinnum Burg
3. Tinnumer Wiesen
4. Tierpark
5. Ziegenkäserei
6. Keitumer Bahnhof
7. Teekontor
8. Klöwenhoog
9. Deichkreuz
10. Ausstellung: Vogelwart und historisches Schöpfwerk
11. Schutzstation Wattenmeer
12. Große und Kleine Sandinsel
13. Tinnumer Landvogtei
14. Tierheim
15. St. Severin
16. Wijnshoog
17. Keitumer Kreisel
18. Gasthaus Zur Mühle
19. Marine-Golf-Club
20. Naturschutzgemeinschaft Sylt
21. Kampener Leuchtturm
22. Holzbrücke

Diese Route eignet sich besonders für halbe Tage. Sie führt ringförmig um das Sylter Flughafengelände und Gewerbegebiet im Kern der Insel. Von Westerland aus geht es über Tinnum, Keitum, Munkmarsch, Braderup und zurück. Ausgangspunkt ist der Westerländer Bahnhofsvorplatz. Radeln Sie von hier aus nach Süden am Busbahnhof (ZOB) und der Tankstelle vorbei bis zu dem Autoverleih an der Ecke Tinnumer Straße.

Tinnum

Dort biegen Sie links ab und folgen der Tinnumer Straße, an der Neuapostolischen Kirche vorbei bis zum Borrigwai (Burgweg), der rechts abbiegt. Er führt uns geradewegs zur Tinnum-Burg. Vorher halten wir aber nochmals kurz an der Ecke Deichweg, denn hier ist deutlich der alte Deich von 1826 zu sehen, der damals Westerland vor den östlichen Fluten schützte. Wenn wir in den unbefestigten Teil des Borrigwais hinunterrollen, vergegenwärtigen wir uns, dass wir hier über die Schwelle des über 120 000 Jahre alten Westerländer Geestkerns in die alte Marsch fahren, die seit 1937 durch den Bau des Nössedeichs vom Meer abgeschnitten ist.

Die Tinnum-Burg

Was muss das bis 1937 für ein Bild gewesen sein, wenn bei Sturmfluten die alte Ringwallanlage wie eine Trutzburg aus den Wellen schaute! Welchem Zweck das größte Bauwerk der Insel aus der Zeit um Christi Geburt gedient hat, ist nicht ganz geklärt. Vermutlich war es zu Beginn ein spätgermanischer Opferplatz. Sicher ist, dass auch diese letzte der drei auf Sylt ehemals vorhandenen Burgen seit ihrem Bestehen in unterschiedlichen Zeitaltern immer wieder genutzt wurde, beispielsweise zur Wikingerzeit um 1000 n. Chr. Die damaligen Sylter erhöhten den Ringwall und legten im Innern einfache Sodenhäuser und Herdstellen an. Auffällig ist, dass alle von Archäologen untersuchten Ringwallanlagen, wie die Archsum-Burg oder die Lembecks-Burg auf Föhr, schon damals in sicherer Entfernung vom Meer unmittelbar am erhöhten Geestkern lagen. Von dort aus waren sie über einen vermutlich schiffbaren Priel mit dem Wattenmeer verbunden. Der Wasserweg der Tinnum-Burg ist heute noch zu erahnen. Schieben Sie bitte Ihr Rad rechts um den grünen Ringwall und klettern Sie am Südeingang beim großen Findling einmal auf den Kamm des »Monumentes«. Von hier oben hat man einen guten Blick ins Land und kann rechts der Burg anhand des Schilfbestandes außerhalb der Ringwallanlage noch deutlich die Reste des alten Priels entdecken. Weiter südlich liegt ein Aschenplatz, hier brennt am 21. Februar die Tinnumer Biike.

Die Tinnum-Burg

War es eine Fluchtburg, ein strategischer Seestützpunkt, eine Salzgewinnungsanlage oder, zumindest im ersten Jahrhundert n. Chr., noch eine Kultstätte, in der Opferrituale durchgeführt wurden? Auf letztere Variante lassen Ausgrabungen an der Archsum- und der Tinnum-Burg schließen, die in den 1960er-Jahren erfolgten. Aber lassen Sie doch einfach hier oben Ihrer Phantasie freien Lauf und stellen Sie sich bildlich vor, was sich in grauer Vorzeit in dem nun verschilften Ringwall abgespielt haben mag. Um das Jahr 1350 soll hier der Ritter Lembeck unerbittlich die Steuern von der ärmlichen Bevölkerung abgepresst haben. Der Sage nach stand in der Burg ein längliches Gebäude mit zwölf Zimmern. Im ersten mussten die Tributpflichtigen ihre Zahlung auf einen Schild werfen. Wurde die klingende Münze von dem Steuereintreiber im letzten Zimmer nicht hörbar vernommen, galt die Zahlung als nicht anerkannt und musste erneut geleistet werden. Aus jener Zeit, als in der Burg noch »Schatt und Tinse« (Schatz und Zinsen) gezahlt werden musste, soll Tinnum seinen Namen haben.

Wir freuen uns über den heutzutage ganz kostenlosen Besuch in der Tinnum-Burg und schwingen uns dankend wieder aufs Rad. Nun folgen wir dem Lehmkiesweg südlich der Burg nach links in Richtung Osten bis zur nächsten Kreuzung.

Hier gibt es zwei unterschiedliche Routen nach Keitum. Die etwas kürzere, durch den besiedelten Bereich führende finden Sie auf Seite 118 (Variante B).

Mein Lieblingsspaziergang in Tinnum

Zur Tinnum Burg laufen und dort eine halbe Stunde auf dem Burgwall liegen, an alte Zeiten denken und in die Wolken schauen.

Variante A 1

Dieses ist die naturnahe Variante durch die Tinnumer Wiesen bzw. auch außendeichs am Watt entlang für Naturliebhaber und Vogelfreunde mit viel Muße. Wir radeln in Richtung Wiesen und Watt und folgen den Schildern zum Tierpark (besonders für Kinder ein tolles, liebevoll geführtes Wildgehege) und dann hinter dem Kinderzoo rechts ab und nach Osten in die Tinnumer Wiesen bis nach Keitum. Nehmen Sie hier die Fahrradstraße statt der vielbefahrenen Bäderstrasse!

Tinnumer Wiesen

In dem vom Nössedeich begrenzten, extensiv bewirtschafteten Marschland piept, pfeift und keckert es zur Brut- und Zugzeit in jedem Winkel. Vom Weg aus können Gänse, Kiebitze, Uferschnepfen, Austernfischer, Rotschenkel und andere Wat- und Wasservögel oft gut beobachtet werden. Wer der Hauptstraße bis zum Ende folgt, kommt schließlich beim Keitumer Bahnhof heraus. Wegweiser führen durch die ländliche Gegend zu einer Sylter Ziegenkäserei, gleich gegenüber des Teekontors. Hier kann man unter hunderten von Teesorten wählen und natürlich Kostproben zur Erfrischung einnehmen. Nahe des Teekontors liegt ein besonders stattlicher Grabhügel aus der Bronzezeit, der Klöwenhoog. Aufmerksame haben ihn eventuell schon bei der Anreise aus dem Zugfenster gesehen.

Variante A 2

Nehmen Sie nach dem Tierpark die Fahrradstraße (nicht die autoreiche Bäderstraße) durch die Tinnumer Wiesen in Richtung Keitum vorbei an der »Schlangenfarm«, deren Warnschilder sie nicht zu ernst nehmen sollten. An der Kreuzung dann zweimal rechts auf der Bäderstraße ein paar Hundert Meter wieder zurück in Richtung Westerland radeln. Dort biegt dann links ein Stichweg ein, der an den Punkt führt, wo sich der Deich des Rantum-Beckens mit dem Nössedeich im »Deichkreuz« trifft. An der

Muh!

Deichkreuzung steht eine Reihe von interessanten Informationstafeln zum Thema Küstenschutz (Anschluss Tour 4 und Tour 5: wer hier die schöne Strecke über den Becken-Damm nimmt, kommt später in Rantum heraus).

Mäh!

Wir wollen zunächst statt nach Rantum nun außendeichs über den Treibselabfuhrweg des Nössedeichs nach Osten weiterradeln und passieren die kleine Sandinsel, die grosse Sandinsel ist viel weiter östlich schon zu erahnen. Beide sind Produkte der ersten Sylter Sandvorspülung im Jahre 1972. Die kleine Sandinsel ist inzwischen ganz an den Deichfuss verweht worden und damit zu einem Strand mutiert. Damals wurde der Sand hier im Watt gewonnen und per Pipeline quer über die Insel zum Weststrand gepumpt. Grobes Material blieb im Watt liegen und bildet heute zwei streng geschützte Vogelschutzflächen im Nationalpark Wattenmeer, die von der Schutzstation Wattenmeer betreut werden. Die Vogelwartin sitzt zwischen April und November in dem kleinen Schöpfwerk, das über den Deich ragt, und gibt gern Informationen zum Naturschutz weiter. Die Nationalparkstation »Altes Schöpfwerk« birgt eine schöne kleine Ausstellung zum Vogelzug und eine weitere, die die historische Bedeutung des Siels erläutert. Planen Sie eine halbe Stunde Rast ein. Das Schöpfwerk ist auch der Treffpunkt für öffentliche Deich-, Watt- und vogelkundliche Führungen in das Gebiet. Hier wechseln wir unsere Radelroute hinter den Deich. Binnendeichs führt die Straße in den Ort Keitum. Kurz vor der Keitumer Verkehrsstraße führt sie an der großen Gärtnerei Harms vorbei. Wir queren die Umgehungsstraße und schieben das Rad durch die Gleisunterführung. Dann fahren wir geradeaus durch den Gaadt (Gasse) bis zur Tourist-Information, biegen nach links in den Gurtstig (Großer Weg) und treffen beim Keitumer Kreisel am Ortseingang auf die Route derjenigen, die sich bei der Tinnum-Burg nicht für den Weg durch die Wiesen, sondern durch die Siedlung entschieden hatten und der wie folgt verläuft.

Variante B

Ab Tinnum-Burg biegen wir nach links auf den Boy-Peter-Eben-Weg ein und kommen an der Verkehrsstraße Kampende genau gegenüber der alten Tinnumer Landvogtei heraus. Es handelt sich bei dem schönen Friesenhaus von 1649 um das zweitälteste Wohngebäude der Insel (nach der Friesenstube von 1648 im Westerländer Gaadt). Bis zum Ende der Dänenherrschaft im Jahre 1864 war hier das Amt Landschaft Sylt untergebracht.

Weiter geht es in Richtung Keitum. Nach Osten folgen wir nun der Dirks-straße an der alten Gemeindeverwaltung vorbei bis diese, ganz zum Schluss, auf den Oster-Tresker (Östliches Brachland) stößt. Der leitet nach links in den Eibenweg über. Bei den Bahnschranken kreuzen wir mit dem Ingewai (Wiesenweg) die Schienen und biegen nach kurzer Strecke rechts in die Alte Dorfstraße ein (das Schild »Sackgasse« gilt nur für Autos). An der Keitumer Landstraße wechseln wir auf die linke Seite, an der das Tier-heim des Deutschen Tierschutzbundes liegt. Nachdem wir das kleine Wäldchen linker Hand passiert haben, wird ein fotogener Blick über die Äcker auf die Keitumer Kirche St. Severin frei. Links gegenüber der Kirche auf dem Acker können wir von hier aus auch gut das heidnische Gegen-stück zur ältesten Sylter Kirche entdecken: den Wijnshoog, einen Grab-hügel, der als Kult- und Opferstätte zu Ehren Wotans diente. Die Kirche selbst wurde angeblich direkt auf dem Freyaheiligtum gebaut, einem Megalithgrab, das Wotans Frau Freya gewidmet war. Einen wissenschaft-lichen Nachweis dafür gibt es bislang nicht.

Die merkwürdigen Lampen, die hier auf dem Feld stehen, markieren eine Einflugschneise des Sylter Flughafens.

St. Severin

Am Verkehrskreisel folgen wir – *die Radler der Varianten A und B nun wieder gemeinsam* – dem Radweg nach links und lassen das schöne Dorf Keitum rechts liegen (Anschluss Tour 3). Wir biegen so in die Munk-marscher Chaussee ein, um zur Keitumer Kirche zu gelangen. Der rechts liegende Hopfenacker, angelegt zum Brauen einer Sylter Biersorte, gehört nicht zu den kirchlichen Ländereien St. Severins. Ebensowenig der Wein-»Berg« daneben. Hier wird mittels einer angelsächsischen Traubensorte erfolgreich der nördlichste Wein Deutschlands angebaut. Rund 1700 Sonnenstunden pro Jahr und eine windgeschütze Ecke machen es möglich.

Die nach einem Kölner Bischof aus dem 4. Jahrhundert be-nannte evangelisch-lutherische Kirche St. Severin ist ein wei-teres Wahrzeichen der Insel und unbedingt einen Besuch

St. Severin in Keitum

wert. Die Atmosphäre des alten Gemäuers erlebt man am beeindruckendsten anlässlich eines der traditionellen Mittwochskonzerte oder eines Feiertagsgottesdienstes. Erst im Jahre 2010, im Rahmen einer Glockenturmrenovierung, konnte anhand von Holzproben das genaue Alter der Kirche bestimmt werden: Zum allgemeinen Erstaunen stellte sich heraus, dass St. Severin 1216 gebaut wurde und damit der älteste erhaltene, christliche Sakralbau Schleswig-Holsteins ist. Seitdem diente das Gotteshaus zusätzlich als Seezeichen und später auch als Gefängnis. An der Westseite des Turmes sind in Augenhöhe zwei auffällig geformte Findlinge eingemauert. Sie stehen für zwei Nonnen, die der Sage nach den Turm stifteten. Die läutenden Glocken von St. Severin tragen daher zum Dank mit jeder Schlagfolge deren Namen über das Eiland: »Ing und Dung«. Leider war gleich mit der Einweihung des Glockenturms ein zweifacher Fluch verbunden. So hieß es, dass eines Tages ein Jüngling von einer herabstürzenden Glocke erschlagen würde. So geschah es dann auch 299 Jahre später, am Weihnachtsabend 1739, als nach übermütigem Läuten der Keitumer Jung Sören Sörensen vom hinuntersausenden Metall niedergestreckt wurde. Die zweite Prophezeiung ist noch nicht eingetreten: Eines Tages soll der Turm zusammenstürzen und eine eitle Jungfrau unter sich begraben. Entscheiden Sie also bitte am besten selbst, ob ein Besuch des erst 2011 völlig restaurierten Glockenturmes für Sie ungefährlich ist …

Nach dem Kirchbesuch lohnt sich auch ein Spaziergang über den Keitumer Friedhof. Hier sind zahlreiche Persönlichkeiten aus der Sylter Heimatgeschichte begraben, wie z. B. der friesische Dichter Jens Emil Mungard, der im KZ Sachsenhausen ermordet wurde und die ersten Sylter Naturschützer, Ferdinand Avenarius (Herausgeber der Zeitschrift »Der Kunstwart«) und Knud Ahlborn (Gründer des Bildungswerkes Klappholttal und der Naturschutzgemeinschaft Sylt). Aber hier wird auch Menschen gedacht, die in neuerer Zeit Sylt weit über seine Grenzen hinaus bekannt machten, wie die Verleger Peter Suhrkamp und Rudolf Augstein oder der Sylter Schriftsteller Boy Lornsen.

Munkmarsch

Wir verlassen St. Severin und erkunden entweder Keitum, das schönste Dorf und »grüne Herz« der Insel, oder setzen die Radrundfahrt über Munkmarsch nach Braderup bzw. Westerland fort. Dazu fahren wir weiter in Richtung Norden.

Mein Lieblingsspaziergang in Munkmarsch

Beim Gasthaus »Zur Mühle« nahe des Hafens beginnt ein schmaler Wattweg, der durch die Jükersmarsch bis nach Keitum führt. Man überquert eine schöne Holzbrücke, von der aus man wunderbare Einblicke in eine natürliche Salzwiese und ins Watt hat.

Wir sausen hinter dem Ortsausgang bergab in die Jückersmarsch, einem malerischen Einschnitt in den alten Geestkern, der durch abfließendes Gletscherwasser der Eiszeit entstand. Flankiert von Rinderwiesen, Pferdekoppeln und mehreren vorchristlichen Hügelgräbern ackern wir auf der anderen Seite des Tals den Radweg wieder bergauf und erreichen hinter einer Rechtskurve den kleinen Ort Munkmarsch. Lassen Sie uns eine kleine Rast am malerischen Wattenmeerhafen einlegen. Es ist kaum zu glauben, dass über den winzigen Hafen, in dem heute Segelyachten liegen, zwischen 1859 und 1927 der größte Teil des Besucherverkehrs nach Sylt abgewickelt wurde.

Das Fährhaus in Munkmarsch

Seit 1888 holte hier die Sylter Ostbahn Passagiere ab, die mit auflaufendem Wasser per Fähre von Hoyer-Schleuse herübergekommen waren, einem Festlandshafen nahe Tondern, der heute zu Dänemark gehört. Wenn es zu Wartezeiten kam, kehrte man gern im Munkmarscher Fährhaus ein. Das historische Gebäude ist nach Jahrzehnten des Verfalls erst 1997 wunderschön restauriert worden und befindet sich gleich gegenüber des Hafens. Es gehört nun zu den Sylter Top-Hotels mit Spitzenküche.

Die Fahrt mit der Inselbahn nach Westerland dauerte damals nur zwölf Minuten. Die Gleisstrecke verlief quer über das heutige Flughafengelände. Ab 1901, mit der Anbindung Sylts an die Schifffahrtsroute der HAPAG nach Hamburg über den tideunabhängigen Hörnumer Hafen, verlor Munkmarsch bereits an Bedeutung als Tor zur Insel Sylt. Mit der Fertigstellung des Eisenbahndamms im Jahre 1927 wurde der Fährbetrieb endgültig eingestellt. Wer an dieser Stelle schon genug vom Radeln hat, kann gegenüber der Strasse, die zum Hafen führt in den Pan'er Weg hineinfahren. Der führt durch die Kiesgrube und ein naturnahes Gebiet auf direktem Wege bis zum Bahnhof Westerland zurück. Diese Route war jahrzehntelang wegen der Nutzung des Fliegerhorstes durch die Bundeswehr gesperrt und wurde nach langer Renaturierung erst 2018 wieder geöffnet. Alle anderen fahren den Mälenbärig (Mühlenberg) hoch. Dort, wo links das gleichnamige Haus steht, drehten sich vor über 100 Jahren noch behäbig die Flügel der schönen Munkmarscher Windmühle. Der Müller war wohl zu seiner Zeit einer der reichsten Keitumer. In St. Severin ließ er sich für viel Geld eine Privatloge zur Teilnahme am Gottesdienst einbauen. Der »Müllerstuhl« ist noch in St. Severin zu sehen und wird gern mit einem Beichtstuhl verwechselt, den es in evangelischen Kirchen aber gar nicht gibt.

Gleich danach passieren wir das, was früher einmal die Keitumer Heide genannt wurde und heute eher die Bezeichnung Munkmarscher Canyon verdient: Ein riesiges Erdloch, aus dem der Kies- und Sandbedarf für den Bauboom auf Sylt entnommen wurde. Auf der rechten Straßenseite sind große Bereiche der Munkmarscher Kiesgrube bereits wieder mit dem aufgefüllt worden, was in den letzten Jahrzehnten immer mehr auf der Insel zurückgelassen wird: Müll und Bauschutt. Seit einigen Jahren ist die Mülldeponie jedoch geschlossen und der gesamte Abfall der Insel muss zur Entsorgung aufs Festland transportiert werden.

Wenningstedt-Braderup

Nun bewegen wir uns schon in der Gemeinde Wenningstedt-Braderup. Diejenigen, die es mit der kleinen Osttour für heute bewenden lassen möchten, nehmen gleich den Radweg in Richtung Westerland, der linker Hand hinter dem Zaun des Marine-Golf-Clubs beginnt und fahren hier weiter. Alle anderen radeln zum Naturzentrum, das sich am rechten Straßenrand befindet. Das Klara-Enss-Haus ist nach der bekannten Sylter Naturschützerin (1922–2001) benannt, die sich als langjährige Vorsitzende der Naturschutzgemeinschaft Sylt für die Insel engagierte. Nach einem

Besuch der sehenswerten Ausstellung radeln wir den M.-T.-Buchholz-Stich an der ersten Linksabzweigung vorbei weiter nach Norden, folgen dieser Hauptstraße am Ende nach links an der tollen Ledermanufaktur vorbei. Nun geht es weiter durch das offene Gelände der Braderuper Heide in Richtung Kampener Leuchtturm (Anschluss an Tour 8).

FFH-Gebiet Dünen und Heidelandschaft Nord- und Mittel-Sylt

FFH bedeutet »Fauna, Flora, Habitat« und ist eine wichtige europäische Schutzkategorie für Natur und Landschaft. Hier dürfen keine stark verändernden Eingriffe mehr erfolgen. Das Gebiet umfasst die 642 Hektar großen Dünen- und Heidebereiche zwischen Keitum und Kampen, inklusive jener auf dem Flughafengelände.

Der über viele Jahrzehnte weitgehend ungenutzte militärische Bereich des Flughafens liegt am Rande der Landebahnen und des Marine-Golf-Clubs. Es handelt sich dabei um die »Keitumer Heide« – überwiegend sich selbst überlassene Flächen, zusammengesetzt aus trockener Heide, Trockenrasen, Grünland und Staudenfluren.

Seit die Bundeswehr vor Jahren abzog, fiel das Gelände zurück an die Gemeinde Sylt, mit der Maßgabe, die Flächen überwiegend zu renaturieren. Immerhin liegt das wichtigste Trinkwasserareal hier unter dem zentralen Inselkern. Die stattlichen Eichen auf dem Land sind wohl um 1840 auf Anweisung von Uwe-Jens Lornsen gepflanzt worden und bilden eines der ältesten Wäldchen der Insel. Seit dem Abreiss zahlreicher Gebäude aus der Militärzeit wird das Gebiet zu einem naturgeschützten Naherholungsbereich entwickelt, den man zu Fuss am besten erleben kann.

NÜTZLICHE ADRESSE ZUM THEMA

Naturschutzgemeinschaft Sylt e.V. im Naturzentrum Braderup
M.-T.-Buchholz-Stich 10a · 04651 44421 · www.naturschutz-sylt.de
April bis Oktober, täglich außer Sonntag 10 bis 18 Uhr

Braderup
Weißes Kliff

Munkmarsch

Jückers-
marsch

Anschluss
Tour 2

1

4

2

3

Grünes Kliff

i

5

Keitum

6

7

8

Nössedeich

12

Anschluss
Tour 2 und 4

Tipils-Wehle

9

Archsum

10

17

15

Morsum

Morsum
Kliff

16

i

11

Archsumer Wiesen

Kleientnahme
stellen

14

Morsum Odde
(Arhörn)

13

Kartengrundlage
© 2012 INSELGRÜN-Verlag

0   1 km   2 km

› **Tour 3**

**Dörfer, Friesen, Vogelschwärme:
Die große Osttour durch
den ruhigen Teil der Insel**

Keitum – Archsum – Morsum

● **Start-/Zielpunkt** ━ **Tour** i **Touristeninformation**

1. Keitumer Kreisel
2. Altfriesisches Haus
3. Heimatmuseum
4. Nielsens Kaffeegarten
5. Tipkenhoog
6. Harhoog
7. Grabhügel Dans- und Ingehoog
8. Abbieger mit Infotafel
9. Archsum-Burg
10. Merelmerskhoog

11. Riesenbett
12. Schöpfwerk
    Schutzstation Wattenmeer
13. Bauwagen
    Schutzstation Wattenmeer
14. St. Martin
15. Muasem Hus
16. Markmannshooger
17. Bahnhof Morsum

Keitum

Keine Frage, Keitum ist das schönste Dorf auf Sylt. Um die Friesenkaten, Hausgärten, Pflasterwege, Kunst- und Kunsthandwerks-Ateliers gebührend zu würdigen, bedarf es Zeit, Muße und Lust auf einen geruhsamen Ortsrundgang, bei dem es vieles en Detail zu entdecken gibt.

Als Radler wollen wir uns auf dem Weg in den Sylter Osten zunächst nur einen kurzen Eindruck verschaffen.

Unsere Fahrt beginnt gleich hinter dem Ortseingang am Verkehrskreisel. Wir biegen nach wenigen Metern rechts in den Pröstwai (Pastorenweg) ein. Ab jetzt empfiehlt sich langsames Radfahren oder Schieben – sonst verpasst man zu viele wunderschöne Blickwinkel in den Keitumer Gassen. Vor allem die Architektur der Friesenhäuser und die oft prächtig gestalteten Haustüren und -gärten sind eine Augenweide. Schauen Sie mal in den Frachtenstegelk (Liebespfad), jenes ungepflasterte, abgeschiedene Gässchen gleich rechts hinter einem der ältesten Sylter Reetdachhäuser von 1698. Wie der Name vorgaukelt, hat hier vielleicht der ein oder andere Keitumer Seefahrer seine Liebste (Fracht) vom Tanz nach Haus gebracht. Die bildhaften Keitumer Gassennamen verlieren jedoch etwas an historischem Flair, wenn man weiß, dass sie erst vor wenigen Jahrzehnten im Zuge des aufkommenden Tourismus vergeben wurden. Früher hatten hier nur wenige Straßen Namensbezeichnungen.

Hinter den Büschen lugt das »Haus Solbakken« hervor. Das ehemalige Keitumer Armenhaus ist heute renoviert und eines der putzigsten Friesenhäuser der Insel. Wir kommen auf den Kirchenweg hinaus und biegen rechts gleich wieder in den Erich-Johannsen-Weg ein, um weitere Friesenhäuser zu bewundern. Manche haben »Klöndören«, also Türen, die mittig quer geteilt sind. Zum Klönen (plattdeutsch für Quatschen, Klatschen, Tratschen) mit Nachbarn oder Passanten wird nur die obere Türhälfte geöffnet. So kann man sich bequem auf die untere Hälfte aufstützen und aus seinem »Schneckenhaus« bei gebührender Distanz gemütlich einen Klönschnack halten.

Wir biegen gleich wieder links in den Takerwai ab und fahren bis zur reichsten Straße von Keitum: Am Kliff. Vorbei an Nielsens traditionsreichem Kaffeegarten rechts hinunter, finden wir das Altfriesische Haus. Hier wohnte im 19. Jahrhundert der bedeutende Sylter Chronist C.-P. Hansen, ohne dessen Überlieferungen die Sylter Gechichte heute nicht annähernd so gut bekannt wäre. Es war daher nur folgerichtig vom Sylter Heimatverein, dessen typisches Friesenhaus der Öffentlichkeit zugänglich zu machen. Wenige Schritte entfernt befindet sich ein Torbogen aus Walrippen. Sie stammen von einem 1994 bei Wenningstedt leblos gestrandeten, 19 Meter langen Finnwal und schaffen das passende »Walfänger-Ambiente« zu dem dahinterstehenden Friesenhaus. Es ist das Sylter Heimatmuseum, in dem man Exponate und Informationen zu allen wesentlichen Aspekten der Sylter Geschichte finden kann. Ein Besuch lohnt sich dort auch wegen der wechselnden Sonderausstellungen.

Mein Lieblingsspaziergang in Keitum

Ein Bummel durch das Dorf mit Besuchen bei den verschiedenen Kunsthandwerkern oder beim Harhoog ans Watt gehen und je nach Stimmung bis Nielsens Kaffeegarten oder St. Severin laufen.

Danach fahren wir über den Weidemannweg in die C.-P. Hansen-Allee. Eventuell wundern Sie sich über die recht junge Baumallee an der uralten Straße. Die noch bis zum Ende der 1990er-Jahre hier vom Wind gebeugten alten Alleebäume wurden leider Opfer der Ulmenkrankheit.

Wir biegen nach rechts und biegen gleich links in Am Tipkenhoog (Grabhügel des Tipken) ein und sind damit, auf dem richtigen Weg zum nächsten Etappenziel aus der Vorgeschichte.

Auf der linken Straßenseite ist der hohe Grabhügel aus der Bronzezeit (2200 bis 1200 v. Chr.) unübersehbar. Auch hier wird wieder deutlich, dass die betuchten Händler, die vor rund 3000 Jahren diese Gräber errichteten, Gespür für Landschaftsästhetik hatten. Ebenso wie von vielen anderen Sylter Totenhügeln hat man vom Tipkenhoog aus eine ganz besonders erhabene Fernsicht über Watt und Land. Die Legende sagt, dass hier der Turm des Riesen Tipken stand, von dem aus er die Insel bewachte. Tipken fiel jedoch im Kampf mit dänischen Angreifern und wurde dann hier bestattet. Traditionsgemäß wurde am Tipkenhoog seit Jahrhunderten am 21. Februar jeden Jahres die Keitumer Biike abgefackelt. Wegen der zunehmenden Bebauung des Ortes ist dieser Biikeplatz, aus Brandschutzgründen nicht mehr zugelassen.

Wenige Meter weiter ist der Rest eines Ganggrabes zu sehen, das der Denghoog-Stufe, also der Jungsteinzeit (3500 bis 1800 v. Chr.), zuzurechnen ist. Kammer und Steinkreis des »Harhoog« sind an dieser Stelle allerdings erst im 20. Jahrhundert künstlich aufgestellt worden. Der ursprüngliche

Friesenhaus in Keitum ›

Ort der Grabstätte musste einst dem Bau des Flughafens weichen. Der Harhoog gilt als typisches Beispiel für die ersten Familiengrabstätten der hier sesshaften Bauerngeschlechter. Die Grabkammer ist nicht allseitig verschlossen, sondern an einer Seite nur mit einem halbhohen Schwellenstein versehen. So waren ohne großen Aufwand Nachbestattungen möglich.

Archsum

Weiterhin auf den Spuren der Vorgeschichte verlassen wir nun Keitum, indem wir der Straße von der hohen Keitumer Geest hinunter in die nacheiszeitlichen Marschwiesen folgen und dann via Ingiwai (Wiesenweg) in Richtung Archsum strampeln. Seit Urzeiten wird das Grünland nördlich des Bahndammes von hohen Fluten überschwemmt. Bei jedem Landunter setzen sich flächenhaft Schwebteilchen aus dem Wasser ab. Sie düngen das fette Weideland und höhen die Wiesen jedes Jahr um wenige Millimeter auf. So ist es auch zu erklären, dass bei den unscheinbaren Grabhügeln Dans- und Ingehoog südlich und nördlich des Weges jeweils nur noch eine flache Kuppe zu sehen ist. Längst ist der Rest der Hügel von Sediment begraben worden. Wer genau hinschaut, kann auf der Marsch auch eine längliche Erhebung ausmachen. Der Wall, der leider durch Weidevieh zunehmend zerstört wird, ist eine Deichanlage aus dem 14. Jahrhundert. Bei dem Abbieger mit Infotafel fahren wir rechts und dann über den Eisenbahndamm nach Archsum.

Vom hochgelegenen Bahndamm aus haben wir einen guten Blick über Archsum. Das ruhigste Dorf der Insel vermittelt, auch wegen zahlreicher

Sylter Traditionssport: Ringreiten

Neubausiedlungen, auf den ersten Blick nicht unbedingt den Eindruck einer 3000-jährigen Siedlungsgeschichte. Die ist jedoch ausgerechnet im unscheinbaren Archsum durch umfangreiche Ausgrabungen seitens des Landesamtes für Vor- und Frühgeschichte nachgewiesen worden. Im Bereich des Weges, den wir nun hinunterradeln, fanden die Archäologen wikingerzeitliche (um 1000 n. Chr.) Siedlungsreste, die auf eine schon damals bevorzugte Lage Archsums hinsichtlich Ackerbau und Viehzucht schließen lassen. Aus dem Heleecker (Höllenacker) kommend kreuzen wir rechts hinüber die Dorfstraße, um in die Uaster Reeg (Osterreihe) zu radeln. Dort wo der Borig einmündet, halten wir an. Wer schon etwas friesisches Sprachgefühl entwickelt hat, ahnt, weshalb: Borig bedeutet Burg. Wir stehen hier am ehemaligen Burgberg der Archsum-Burg. Der Burgwall von 75 Meter Durchmesser und ehemals sieben Meter Höhe ist wegen Abtrag, Bebauung und Bewaldung heute praktisch nicht mehr zu erkennen. Ebenso wie die besser erhaltene Tinnum- und die ganz verschollene Rathsburg von Rantum stammt diese Befestigungsanlage aus der Zeit um Christi Geburt. Ihre Bedeutung ist nach wie vor geschichtliches Geheimnis. Fest steht, dass ein merkwürdiger »Kultgang«, eine Steinröhre aus geschichteten Findlingen existierte, die nach einer Grabung gesichert wurden. Im Innern der Burg fand man Siedlungsreste von 13 kleinen Flechthütten.

Mein Lieblingsspaziergang in Archsum

Über Uaster Reeg und Deichweg durch die Mittelmarsch zum Deich. Hier den Schafen zuschauen und bei den Resten eines steinzeitlichen Hünengrabes, das aus dem Schlick ragt, über den Lauf der Zeit meditieren.

Damals waren rund um Archsum bereits fruchtbare Marschflächen aufgewachsen, die sich noch weiter nach Norden und Süden ausdehnten als heute. Wegen des insularen Platzmangels bauten die Siedler schon zu jener Zeit ihre Häuser über Generationen hinweg immer wieder auf den gleichen Grundstücken. Da es vor 2000 Jahren aber noch keine Bauschuttverordnung gab, wurde jeder Neubau auf dem alten Schrott des Vorgängers errichtet. So entstanden Tells – Wohnhügel, die heute ein archäologischer Spiegel der Besiedlung sind. Besonders bekannt geworden sind die Ausgrabungen am Melnknop (Mühlenkuppe). Dort konnte für einen Tell eine rund 1000-jährige Besiedlung von 500 v. Chr. bis 500 n. Chr. nachgewiesen werden.

Auf Exkursion mit dem Jäger des verlorenen Schatzes

»Wir stehen drauf« antwortet Dr. Martin Segschneider auf die Frage, wo denn hier die wikingerzeitlichen Gräber seien. Der Archäologe spricht zu einer Exkursionsgruppe nahe des Parkplatzes Nösse in Morsum und macht eine ausladende Handbewegung in Richtung Westen und ja: kleine Grashügel von einem bis zwei Metern Höhe sind zu erkennen. »Die sind so vor gut 1000 Jahren hier errichtet worden« erläutert der Experte, der lange Zeit im archäologischen Landesamtes Schleswig Holsteins zuständig für Sylt war.

Die Ringfibel

»Wenn man verstehen will, weshalb gerade hier auf der Nössehalbinsel, an der Ostspitze Sylts, so dichte Gräberfelder aus der Wikinger- und Bronzezeit zu finden sind, muss man sich in die Denkweise der Ureinwohner hineinversetzen«, führt Segschneider weiter aus. »Die Menschen hatten damals einen ganz anderen Bezug zur Natur. Sie blätterten nicht in Büchern, sie schauten kein Fernsehen, sondern sie lasen in der Natur und Landschaft. Das hatte viel mit einer spirituellen Beziehung zu tun. Wir stehen inmitten einer der schönsten bronze- und wikingerzeitlichen Sakrallandschaften Deutschlands.«

Wenn man sich die Strom-, Windkraft- und Funkmasten und einige Waldanpflanzungen wegdenkt, kann man hier am Morsum Kliff noch recht authentisch nachempfinden, wie die Menschen zur Bronzezeit, also vor knapp 4000 Jahren, die Welt auf Sylt erlebten. So wie wir an dieser Stelle heute vom wunderbaren Panorama über das Wattenmeer bis zur Dänischen Küste fasziniert sind, waren es wohl auch schon die Ureinwohner, die hier sesshaft waren. Auch sie hatten bereits den Meerblick. Die erhöhte Kuppe der Nössehalbinsel galt ihnen wohl als heilig. Anders wäre es kaum zu erklären, weshalb sie gerade hier die stattlichen Hünengräber von sieben bis acht Metern Höhe anlegten die weiter östlich auf der Nösse eines der dichtesten bronzezeitlichen Hügelgruppen Deutschlands bilden.

Die Wikinger kamen erst ein paar tausend Jahre später. Sie fühlten sich mit ihren kleineren Grabhügeln in dieses »Areal der Magie und Rituale« zur Urnen-Bestattung ihrer Toten hingezogen. Als sie zwischen Tinnum, Archsum, Keitum und Morsum um 1000 n. Chr. die bereits vorhandenen zahlreichen Siedlungen mit recht hoher Bevölkerungsdichte übernahmen, war die Landschaft schon über 10 000 Jahre lang von Menschen bewandert worden. Die ältesten Funde vom Morsum Kliff deuten auf die Hinterlassenschaften von Jägern und Sammlern der Steinzeit, die hier vor 14 000 Jahren durchzogen, als der Hügel noch inmitten einer Urlandschaft, weitab des Meeres lag.

Später, um 4000 v. Chr., als die Wassermassen der abschmelzenden Eiszeitgletscher begannen am Sylter Geestkern zu nagen und die Hügel zur Insel umformten, siedelten hier Jungsteinzeit-Menschen, die wohl eine Steinpfeilwerkstatt direkt am Morsum Kliff betrieben- so viele Pfeilspitzen wurden dort gefunden. Gefunden wurden in der Region, also auch gegenüber der Nösse am dänischen Festland, nicht nur Pfeilspitzen, sondern auch Schwerter und andere Artefakte aus späteren Zeiten, die auf einen regen Handel bis hin zum Mittelmeer schon zur Bronzezeit schliessen lassen.

Dennoch hätte sich der Archäologe nicht träumen lassen, daß diese Landschaft einen echten Schatz barg. Der lag zunächst rund Tausend Jahre unter einer der Wiesen bei den Hügelgräbern auf der Nösse und dann 50 Jahre irgendwo im Schrank eines Morsumer Bauern. Die Rede ist von einer goldenen Fibel, also einem aus Silber und Gold geschmiedeten Ring, der mit einer langen Nadel zum Halten eines Mantels diente, den wohl ein hochgestellter Mann um 950 n. Chr. trug.

Dr. Segschneider hatte bereits bei Dienstantritt vor vielen Jahren von einem silbernen Wikinger-Armreif aus Morsum gehört, der dort in den 1960er-Jahren beim Pflügen gefunden und abgegeben worden war. Bei seinen Besuchen auf Sylt hielt sich hartnäckig das Gerücht, damals sei noch ein weiteres Schmuckstück geborgen worden, dass der Bauer für sich behielt. Trotz nachhaltiger Recherchen tauchte dieses aber nie auf – bis 2016, lange nach dem Tod des Bauern, der den Armreif abgegeben hatte, das wertvolle Teil über einen Sylter Freund wieder das Licht der Öffentlichkeit erblickte. »Als mir das einmalig gut erhaltene Stück präsentiert wurde, brauchte ich erstmal einen Schnaps«, sagt Dr. Segschneider. Bei diesen Worten öffnet der Exkursionsleiter eine unscheinbare Schachtel und präsentiert den Originalfund mitten auf der Wiese, wo er gefunden wurde. Laute »Ahs« und »Ohs« bei den ExkursionsteilnehmerInnen! Das wunderbare Schmuckstück blitzt förmlich in der Spätsommersonne.

Mit dem Fund der reich verzierten Ringfibel (Gewandspange) war klar, dass der silberne Armreif kein zufällig verlorenes Stück sein konnte. Alles wies auf einen Schatz hin. Und tatsächlich: die Archäologen konnten mit Hilfe von Metalldetektoren über 80 wikingerzeitliche Funde aus Edelmetall sicherstellen, die wahrscheinlich vor rund 1000 Jahren an dieser Stelle vergraben wurden. Dabei entdeckten Sie rund 40 Jahre nach dem Bauernfund der Ringfibel sogar auch noch die dazugehörige Nadel.

Der Sylter Schatz kann seit Herbst 2020 im Sylt Museum unter Sicherheitsglas bewundert werden.

Ab etwa 1000 n. Chr. wurden in Archsum Warften (künstlich aufgeworfene Wohnhügel) überlebenswichtig, da bei Sturmfluten das Wasser alle tieferliegenden Bereiche überflutete. Schräg gegenüber des Borig ist deutlich eine Warft zu erkennen, auf dem das Friesengehöft errichtet wurde. Wir setzen unsere Fahrt über die Uaster Reeg in den Melknop fort und radeln nun via Deichweg in die Archsumer Wiesen. Hier gibt es, ebenso wie in den Tinnumer Wiesen, fast immer eine interessante Vogelwelt zu entdecken, die sich auf extensiv bewirtschafteten Grünflächen, in feuchten Senken und an Grabenrändern tummelt. Wir queren den kleinen Priel Tjühls Wehle und biegen nach 200 Metern rechts ab. Am Ende der Straße stehen wir zu Füßen des 1937 errichteten Nössedeichs. Wir stellen das Rad ab und erklimmen den Kamm des grünen Bollwerks. Auf der heutigen Deichlinie war die hinter uns liegende Marsch bis spätestens 1634 bereits durch einen viel niedrigeren Mittelmarschdeich vor Sommerfluten geschützt. Weite Wattflächen liegen vor uns, die je nach Tidezeit mehr oder weniger mit Wasser bedeckt sind. Ist gerade Ebbe, kann man bis zum Horizont vereinzelt größere Findlinge auf dem Watt ausmachen. Links unten, direkt vor dem Deich formieren sie sich zu einem gut erhaltenen, steinzeitlichen Riesenbett. Als es vor rund 5000 Jahren errichtet wurde, lag der Meeresspiegel noch drei Meter tiefer.

Aufmerksame finden von der Deichkrone aus nach Osten auf der nördlichen Binnendeichseite den Merelmerskhoog (Mittelmarschhügel), ein weiteres Steinzeitgrab, das teilweise vom Deich verschluckt wird. All diese versinkenden Grabstätten sind eindeutige Hinweise dafür, dass zur Jungsteinzeit die besiedelbare Fläche noch viel weiter in Richtung Süden reichte. Gleichzeitig sind sie aber auch eindrucksvolle Zeitzeugen der ständigen Bedrohung der Sylter Siedler durch den zu späterer Zeit immer mehr ansteigenden Meeresspiegel, der mit einer Landabsenkung einherging. Kaum zu glauben, dass gerade hier einmal ein besonderes belebtes Siedlungszentrum der Insel gelegen haben soll!

Morsum

Wenn nicht gerade ein Sturm tobt, können wir uns mit unserem Fahrrad auf den Außendeich-Weg trauen. Dazu fahren wir ein Stück binnendeichs nach Osten, bis wir die Rampe über den Deich nehmen können. Nach rechts führt der Treibselabfuhrweg am Schöpfwerk, einer Vogelschutz-Station, vorbei in Richtung Rantum-Becken und nach Westerland. Wir aber radeln links in Richtung Morsum. Wer Schafe mag, kommt hier in beiden Richtungen auf seine Kosten. Die lebendigen Rasenmäher sind unabdingbar für die Deichpflege. Ihr schmaler Huf verdichtet das Erdreich, und die feine Begrasung führt zur Entwicklung einer geschlossenen Grasnarbe und eines festen Wurzelwerkes. Nur so ist der Deich dauerhaft gegen Winterfluten gefeit. Die fotogenen Tiere sind allerdings auch der Grund dafür, dass wir unseren Drahtesel hin und wieder über schafsichere Brückchen heben müssen. Kurz vor der Morsum Odde (Ahörn) radeln wir, den Wegweisern zur Brutzeit entsprechend, wieder auf die Binnenseite des Deiches, um Rast- und Brutvögel nicht unnötig aufzuschrecken, die gern auf der dem Deich vorgelagerten Salzmarsch siedeln. Die binnendeichseitigen Wiesen sind nun durch Wasserflächen bereichert, die aus ehemaligen Kleientnahmestellen des Deichbaus und späterer Deichverstärkungsarbeiten stammen. Ein wahres Eldorado für Vogelfreunde mit gutem

Morsumer Wehrkirche St. Martin

Fernglas! Bereits hier beginnt die sich über zehn Quadratkilometer und
fünf Ortsteile erstreckende Streusiedlung Morsum. Beim Bauhof des Küs-
tenschutzamtes biegen wir links über den Liiger Wal (Niedriger Wall) in
den Alt-Morsumer Ortsteil Wall/Ostende ein. Wir folgen den Radlerhin-
weisschildern nach rechts in den Hooger Wal (Hoher Wall) und biegen bei
dem Ortseingansschild und dem Haus, das Sylter Schafwollprodukte aus
eigener Herstellung anbietet, links in den Serkwai (Kirchenweg) ein. Nach
einem kurzen Weg durch die Morsumer Felder erreichen wir rechterhand
die Morsumer Wehrkirche St. Martin. Das rund 800 Jahre alte Kirchlein,
dessen Westmauer 1711 erneuert wurde, zählt zu den Sylter Kulturdenk-
mälern, die man gesehen haben sollte.

Mein Lieblingsspaziergang in Morsum

Einmal rund um das Morsum Kliff spazieren, den tollen Weitblick von oben über das Wattenmeer genießen und sich unten von den Millionen Jahre alten Gesteinsformationen in längst vergangene Zeiten versetzen lassen.

Wer direkt weiterfährt, kommt beim Terpstich (Dorfstraße) an eine Kreuzung, die man vorsichtig als Morsumer Ortskern bezeichnen könnte. Hier bildet das Haus des Kurgastes, Muasem Hus, ein Dreieck mit Dorfbäcker, Café und Hotel. Wenige Meter weiter finden wir den Morsumer Bahnhof. Aber wie erwähnt, das Dorf ist eigentlich eine weit verteilte Streusiedlung für etwa 1100 Einwohner und knapp 770 Häusern in fünf Ortsteilen. Übrigens: Im Jahre 1900 waren es gerade mal 114 Gebäude.

Beim Bahnhof fahren wir links in die Niihoogerstraße (Neue Grabhügel) und kreuzen gleich rechts die Bahngleise. Weiter geht es via Ruar Ört (Rote Warft) und Nösistig (Weg zur Landzunge) in Richtung Nordosten zum Morsum Kliff. Am Parkplatz stellen wir bei der Toilette und der Infotafel der Naturschutzgemeinschaft Sylt unsere Räder ab, um das Naturschutzgebiet zu Fuß zu erkunden. Vorher werfen wir noch einen Blick auf die sanften Hügel östlich des Parkplatzes. Es handelt sich um die Markmannshooger – ein weiteres eindrucksvolles, vorgeschichtliches Gräberfeld, das als das größte ungestörte Hünengrabfeld in Schleswig-Holstein gilt.

Für den Rückweg nach Westerland gibt es verschiedene Alternativen, die je nach Wind und Laune gewählt werden können. Der schnellste Weg führt über den Bahnhof. Von dort aus kann man samt Fahrrad den Zug besteigen und erreicht per Bahn nach wenigen Minuten wieder den Ausgangspunkt unserer Tour in Westerland.

Naturschutz-gebiet

Das Naturschutzgebiet Morsum Kliff

Die gestauchte und aufgebrochene Erdkruste am Morsum Kliff ist geologisch von so großer Bedeutung, dass die typische Abfolge von Sedimenten einer elf Millionen Jahre langen Zeitspanne in Lehrbüchern als Sylt- oder Morsumstufe bezeichnet wird. Die erdgeschichtlichen Zusammenhänge, die das Kliff zu Tage bringt, werden im Kapitel »Entstehung und Geologie: Insel aus Eis geboren, von Wellen geformt« näher erläutert.

Nicht nur wegen der herausragenden geologischen Bedeutung wurde das 43 Hektar große Gebiet mit seinem 18 Meter hohen Kliff bereits 1923 zum Naturschutzgebiet erklärt. Auch die Geestheide an der Oberfläche gehört zu den besonders empfindlichen Bereichen der Insel. Hier gedeihen noch Orchideen, Enzian, Beinbrech und andere botanische Seltenheiten. Wegen des erheblichen Besucherstroms ist das Gebiet besonders durch Vertritt bedroht. Bitte halten Sie sich daher strikt an die Gebote der Besucherlenkungsmaßnahmen, die im Auftrag der Landschaftspflegebehörde von der Naturschutzgemeinschaft Sylt e. V. durchgeführt werden.

NÜTZLICHE ADRESSEN ZUM THEMA

Schutzstation Wattenmeer im Alten Schöpfwerk

Nössedeich am Ende der Koogstraße · 04651 881093

www.schutzstation-wattenmeer.de/unsere-stationen

Bauwagen der Schutzstation Wattenmeer an der Morsum Odde

Bauhofplatz des LKN am Ende des Liiger Wal · 04651 881093

(Beide nur zwischen April und Oktober besetzt)

Syltmuseum Keitum · Am Kliff 19 · 25980 Keitum · 04651 31669

Ostern bis Oktober Mo. bis Fr. 10 bis 17 Uhr

Wochenende und Feiertage 11 bis 17 Uhr

Altfriesisches Haus · Am Kliff 13 · 25980 Keitum · 04651 31 10

www.soelring-foriining.de · April bis Oktober Mo. bis Fr. 10 bis 17 Uhr

Wochenende und Feiertage 11 bis 17 Uhr

› **Tour 4**

Natur und Meeresgeister:
Die kleine Südtour

Westerland – Eidum Vogelkoje – Rantum

Golf-platz

derup
Weißes Kliff

Munkmarsch

Jückers-marsch

Westerland

Tinnum

Keitum

Grünes Kliff

Anschluss
Tour 2

FKK-Strand
Oase zur Sonne

Anschluss
Tour 2 und 3

Nössedeich

Naturschutzgebiet
Rantum-Becken

Rantum

Hauptstrand

Rantum
Inge

FKK-Strand
Samoa

Anschluss
Tour 5

Inselrasse

🔴 **Start-/Zielpunkt**

— **Hinweg**

••• **Rückweg**

🟨 **Strandsauna**

ℹ️ **Touristeninformation**

1. Bahnhof/ZOB
2. Aquarium + Multipark
3. Südwäldchen
4. Campingplatz Westerland
5. DJH Westerland
6. Eidum Vogelkoje
7. Dikjen Deel
8. Baakdeel
9. Müllentsorgung Remondis
10. Campingplatz Rantum
11. ADS Schullandheim
12. Sylt Quelle/Meerkabarett
13. Segelhafen
14. Lebensmittelmarkt
15. Bäckerei
16. Burgberg
17. Restaurant Seepferdchen/Samoa

N

0 — 1 km — 2 km

Kartengrundlage
© 2012 INSELGRÜN-Verlag

Wir starten unsere Fahrt in den Sylter Süden am Bahnhofsvorplatz auf dem Fahrradweg, der neben dem kleinen Inselbahndenkmal bei der Fußgängerampel beginnt. Bei nächster Gelegenheit versuchen wir, an der Ampel beim ZOB, den viel befahrenen Trift zu überqueren und setzen die Fahrt auf der richtigen Straßenseite fort. Aufgepasst! Bei der nächsten größeren Kreuzung fahren wir nicht geradeaus weiter, sondern folgen dem Trift nach rechts, überqueren die Süderstraße bei »Fisch-Blum« und radeln geradeaus weiter in den Gaadt (Gasse) hinein.

Hier finden wir nach gut 50 Metern auf der rechten Seite das älteste Wohnhaus von Sylt. Die »Alte Friesenstube« wurde im Jahre 1648 errichtet und hat bis heute Wasserflut, Feuersbrunst und Bauboom überstanden. Auch ein Blick ins Innere des Gasthauses lohnt sich – nicht nur aus historischen Gründen, wie die Speisekarte verrät. Zunächst wollen wir uns jedoch eher ein paar Kalorien abradeln und strampeln weiter durch das Süderende von Westerland zum Schützenplatz. Das burgähnliche Gebäude am Kopf des Platzes ist erst 1997 errichtet worden. Das Türmchen ist dem historischen Schützenhaus nachempfunden, das hier stand und 1996 wegen Baufälligkeit abgerissen wurde. Der Neubau beherbergt auch einen »Kinderclub«. Für die Kleinen dürfte der besonders steile Strandaufgang tatsächlich eine »Himmelsleiter« sein. Von der oben gelegenen Aussichtsplattform hat man einen tollen Blick über ganz Westerland bis nach Keitum, bei guter Sicht sieht man sogar die Nachbarinsel Föhr.

Unser Ziel aber ist Rantum, also radeln wir die Straße am Aquarium und am Sylt Stadion vorbei (hier entsteht ein »Multipark« für Skater mit Jugendzentrum und weitere Sport- und Spielanlagen), entlang des Südwäldchens Richtung Campingplatz Westerland. Den lassen wir rechts liegen und achten auf den niedrigen Deich, der auf der anderen Straßenseite durch die Wiesen führt. Dieser Seewall ist erst 1988 als zweite Deichlinie zum Schutz der südlichen Stadtteile Westerlands aufgeschüttet worden. Viel weiter hinten ist auch der Nössedeich von 1937 zu sehen, der seitdem den Fluten Einhalt gebietet, die bis dato oftmals das gesamte Marschland der Tinnumer Wiesen bis zum Westerländer Bahnhof überschwemmten.

Luxushotel »Söl'ring Hof«

Bei der größeren Kreuzung stoßen wir auf die 1988 gebaute Umgehungs-
straße. Sie führt nach links als Lorenz-de-Hahnstraße zurück zum Wester-
länder Bahnhof. Nach wenigen Metern zweigt hier eine Stichstraße in die
Tinnumer Wiesen ab, durch die man den gesamten, ländlichen Osten der
Insel per Rad erkunden kann (Anschluss an Tour 3).
Wir fahren aber rechts auf dem asphaltierten Radweg neben der Landes-
straße weiter. Der große Parkplatz gehört zum Westerländer FKK-Strand
»Oase zur Sonne«.

Eidum Vogelkoje

Wir passieren ein langgestrecktes Wäldchen, das auf der gegenüberliegenden Seite die »Eidum Vogelkoje« verbirgt. Einst von findigen Jägern
angelegt, um fette Beute unter den Zugvögeln zu machen, ist die Vogelkoje heute eine ruhige Oase mit einer üppigen Pflanzen- und interessanten
Vogelwelt. Es lohnt sich hier einmal eine Führung mit Mitarbeitern des He-
geringes zu unternehmen, die in dem kleinen Wäldchen ihre Schutzhütte
mit Ausstellung betreiben. Jahrzehnte waren hier Mitarbeiter des Natur-
schutzvereins Jordsand zuständig. Heute betreut der Verband jedoch nur
noch das nahegelegene Naturschutzgebiet Rantum-Becken.
Das Wort Eidum leitet sich von dem heidnischen Meeresgott Eigir ab.
Nach ihm hatten die Bewohner eines viel weiter westlich gelegenen Fle-
ckens ihr Dorf benannt. Als dieses aber ein Opfer der Fluten wurde, bauten sie das zweite Eidum weiter östlich auf. Doch auch dieses wurde ihnen
vom rachsüchtigen Eigir (Blanker Hans, stürmische See) genommen. Nach
der Allerheiligenflut von 1436 siedelten die übrig gebliebenen Eidumer
endgültig auf der höheren, nordöstlich gelegenen Geest. Eigir wollten sie
nun nicht mehr huldigen. Ihre neue Siedlung bei den Hedigen (Heiden)
nannten sie fortan Wester-Land.
Hier bei der Eidum Vogelkoje riecht es bei Ostwind auch heute noch nach
»Altem« aus Westerland, denn am Ende der Stichstraße befinden sich
Westerlands Kläranlage und die Sylter Müllverwertungsanlage. Aus dem
Gartengrünschnitt der Insel wird hier Kompost hergestellt. Der gesamte
Müll wird sortiert, verpresst und ans Festland transportiert.
Wir lassen nun das Dikjen Deel (Deichend-Tal) mit der versteckt liegenden
Westerländer Jugendherberge rechts der Hauptstraße hinter uns und radeln
weiter nach Süden. Liebhaber von Gruselgeschichten machen kurz halt im
Dikjen Deel und versuchen den Spuk zu spüren, der von diesem Tal erzählt
wird: 1713 geriet hier vor dem Weststrand ein Schiff in arge Seenot und zer-

schellte schließlich auf der Sandbank. Die ganze Mannschaft ertrank, nur der Archsumer Schiffer Manne Tetten erreichte erschöpft, aber lebend den Strand. Sogar den Lohn jahrelanger Arbeit im Dienste der dänischen Flotte konnte er in einer Geldschatulle ins Trockene bringen. Statt einer helfenden Hand hatten geldgierige Sylter Strandräuber für den schiffbrüchigen Sohn ihrer eigenen Insel jedoch nur Hiebe und Schläge übrig, bis dieser bewusstlos zusammenbrach. Als die Geldkiste in ihren Händen war, begruben sie den Halbtoten im weichen Sand und machten sich aus dem Staub. Am nächsten Morgen aber entdeckte eine Schafhüterin die Bluttat, weil sich ein Arm von Manne Tetten noch durch den Sand gewühlt hatte und nun anklagend herausragte. Weil das Verbrechen nie gesühnt wurde, geht der Rachegeist des Dikjendälmannes noch heute nachts hier um. Soweit die Sage. Historische Hinweise zur neueren Geschichte sollen belegen, dass hier im Dritten Reich Exekutionen stattfanden. So, jetzt aber nichts wie weg hier ... Die gesamte Dünenlandschaft auf der rechten Straßenseite gehört zum Naturschutzgebiet Baakdeel (Bakental).

Die Naturschutzgebiete Baakdeel und Rantumer Dünen

Das Naturschutzgebiet Baakdeel (Tal der Bake = Seezeichen) erstreckt sich über 242 Hektar zwischen Dikjen Deel und Strandaufgang Samoa. Bis zum Parkplatz Rantum-Süd liegt es nur auf der westlichen Seite der Landstraße, beim Burgberg ist die gesamte Dünenlandschaft bis zum Watt mit einbezogen. Da es mit zehn Strandübergängen und vier Parkplätzen versehen ist, dürfte es nicht allzu schwerfallen, das Reit- und Betretungsverbot außerhalb der zugelassenen Wege zu respektieren. Leider sind die hier früher ansässigen Brutkolonien von Silbermöwen, Sturmmöwen und Küstenseeschwalben lange verschwunden. Die Gründe dafür dürften in der natürlichen Vegetationsentwicklung des Gebietes und der zunehmenden Nutzung der Dünenlandschaft durch den Fremdenverkehr liegen – vor allem aber an der Einwanderung des Fuchses über den Eisenbahndamm.

Das 1979 ausgewiesene NSG Baakdeel bildet das nördliche Ende der bis nach Hörnum unter Schutz gestellten Dünenlandschaft. Ebenso wie bei dem sich nach Süden anschließenden Naturschutzgebiet »Rantumer Dünen« liegt der Sinn der Schutzverordnung vor allem darin, die atlantischen Krähenbeerenheide-Dünen in ihrer Ursprünglichkeit zu erhalten, da sie zu den besonders seltenen Landschaftsformen in Deutschland zählen.

Verblühende Glockenheide

Wahre Oasen im Dünensand für eine bundesweit aussterbende Moorflora bilden die feuchten, anmoorigen Dünentälchen. So siedeln hier beispielsweise Rauschbeere, Glockenheide und der fleischfressende Sonnentau. Einzigartig für Deutschland ist von kundigen Botanikern auch die seltene Zwergbinse (Juncus pygmaeus) in der südlichen Dünenlandschaft zu finden. Moorfrösche und Kreuzkröten bilden, besonders im Süden, stark gefährdete Bestände. Für die Amphibien ist die wechselfeuchte Landschaft eine wichtige Lebensgrundlage. Im Mai war früher zur Dämmerung die Dünenlandschaft vom Balzgequake der Amphibien erfüllt. Nicht nur die Autostraße machte leider jedes Jahr vielen Kröten den Garaus. An besonders krötenreichen Straßenabschnitten, wie beispielsweise entlang des Landschaftsschutzgebietes Hörnumer Dünen- und Heidelandschaft, das sich östlich der Landstraße bis in den

Ort Hörnum fortsetzt, hat die Schutzstation Wattenmeer einen unauffälligen Krötenschutzzaun entlang der Straße angebracht.

In regenreichen Wintern bilden die Dünentäler regelrechte Sylter Seenplatten. Allerdings kann festgestellt werden, dass die Täler immer früher im Jahr austrocknen. Ein Zusammenhang zwischen dieser Beobachtung und einem erhöhten Brauchwasserverbrauch wegen ständig steigender Gästezahlen wird immer wieder vermutet, ist aber nur schwer direkt nachzuweisen. Zum langfristigen Schutz der Tier- und Pflanzenwelt in den Dünen sollte dennoch sicherheitshalber alles Zumutbare unternommen werden, um den Wasserverbrauch auf der Insel zu reduzieren. Leider prognostizierte 2018 der Sylter Wasserversorger, die EVS, dass bei fortschreitendem Wirtschaftswachstum neue Brunnenfelder erschlossen weren müssten, um den Bedarf an Spitzentagen im Sommer von über 230 000 Menschen zu decken.

Diese wären dann in den sensiblen Dünen des nördlichen Naturschutzgebietes Listland geplant. Naturschutzverbände pochen daher darauf Kapazitätsgrenzen zu setzen und den Tourismus runterzufahren.

Im Dünentümpel: Flammender Hahnenfuß

Je weiter man von Rantum nach Süden durch das NSG Rantumer Dünen radelt, desto majestätischer wirken die großflächigen, besonders schützenswerten Dünentäler. Das ist wohl auch ein Grund, warum das NSG

Rantumer Dünen bereits 1973 in einer Größe von 397 Hektar unter Schutz gestellt wurde. Es reicht beiderseits der Landstraße von Samoa bis kurz vor Hörnum und wird, ebenso wie das NSG Baakdeel, vom Heimatverein Sölring Foriining betreut. Seit 2011 trägt das NSG zusätzlich das Prädikat »Nationales Naturerbe« und gehört damit zu den besonders wertvollen Naturflächen Deutschlands.

Nachdem wir das Wäldchen passiert haben, erstrecken sich links die Schilf- und Wasserflächen des Naturschutzgebiets Rantum-Becken.

Das Naturschutzgebiet Rantum-Becken

Neben der Kampener Vogelkoje handelt es sich bei dem Rantum-Becken um das zweite Sylter Naturschutzgebiet, das durch Menschenhand entstanden ist.

Während des Baus des Nössedeichs 1937 wurde die 570 Hektar große, natürliche Wattfläche mit angrenzenden Salzmarschen durch einen künstlichen Damm von Ebbe und Flut abgeschnitten.

Der Grund war nicht etwa Landgewinnung, sondern die Anlage eines Militärflughafens für Wasserflugzeuge.

Nach Kriegsende beabsichtigten die Alliierten im Zuge der Entmilitarisierung die Entwässerung des Gebietes und Zerstörung des Dammes. Auf Antrag deutscher Stellen blieb der Damm schließlich erhalten, das Wasser wurde jedoch abgelassen. Auf weiten Teilen des Rantum-Beckens legte man landwirtschaftliche Versuchsflächen an, über die dann zur Bodenverbesserung auch noch ab 1960 das Westerländer Abwasser der Kläranlage gespült wurde. Es entstand ein großer Abwassersumpf, der zahlreiche Vögel anlockte. Bereits ab 1956 betreut der Naturschutzverband »Verein Jordsand« das Becken. Wegen seiner ornithologischen Bedeutung wurde das Rantum-Becken 1962 zum Naturschutzgebiet erklärt; 1968 folgte das Prädikat »Europareservat« durch den internationalen Rat für Vogelschutz. Durch die zunehmende Verschilfung der

Ein Limikolenschwarm über der Rantumer Bucht

Wasserfläche nahm die Bedeutung des Gebietes für die Vogelwelt jedoch bald deutlich ab. Künstliche Brutinseln wurden angelegt, um die Attraktivität für gefährdete Seevögel zu erhöhen. 1982 entschlossen sich die Naturschutzbehörden dazu, den nördlichen Teil des Gebietes als Süßwasserbiotop zu erhalten und den südlichen mittels Sielen und Gräben zu einem Salzwasserbiotop, in den das Wattenmeerwasser fluten kann, umzugestalten. Seitdem verringert sich in diesem Teil des Gebietes der Schilfanteil wieder deutlich, sodass bessere Bedingungen für Seevögel entstehen können.

Die Bedeutung des Naturschutzgebietes Rantum-Becken als Brut- und Rastbiotop für viele Vogelarten ist trotz vieler Rückschläge in den vergangenen Jahrzehnten nicht zu unterschätzen. Vor allem ist es eines der wenigen Gebiete Sylts, die praktisch nicht betreten werden können, aber dennoch vom Damm aus hervorragende Einblicke gestatten. Darum lohnt es sich bei einer Radtour über den Beckenrand unbedingt, ein Fernglas und ein Vogel-Bestimmungsbuch mitzunehmen. Besonders ergiebig ist der Abschnitt, an dem nahe des Dammes im Rantum-Becken kleine Mini-Inseln für die Vögel angelegt wurden. Naturkundliche Führungen werden vom Verein Jordsand organisiert.

Strandvögel

Küstenseeschwalbe

Silbermöwe

Steinwälzer

Sanderling

Wattvögel

Ringelgänse

Rotschenkel

Sandregenpfeifer

Austernfischer

Salzwiesen

Queller

Strand-Grasnelke

Dünen

Apfel-(Sylt-)Rose

Dünen-Rose

Silbergras

Dünenveilchen

Bergeidechse

Kreuzkröte

Rantum

Vorbei am Rantumer Campingplatz nähern wir uns dem langgestreckten Straßendorf Rantum. Noch bevor wir die Ortschaft erreichen, biegen wir links am Dorfhotel in die Hafenstraße ein. Das Dorfhotel hat trotz seines jungen Alters (2007 eröffnet) schon eine bewegte Geschichte: Ursprünglich war hier ein architektonisch ansprechendes Wellness-Hotel mit Thermalbad geplant, das aus der Rantumer Thermalsohle gespeist werden sollte. Aus bis heute nicht ganz nachvollziehbaren Gründen wurde kurz vor der Realisierung seitens des Rantumer Gemeinderates das Konzept gekippt und ein anderer Partner gewählt. Plötzlich standen die Sylter vor einem TUI-Dorfhotel im »Neue Heimat-Baustil« – und das ausgerechnet vor dem schönen Panorama des Rantum-Beckens. Die hinsichtlich der Landschaft und der Bürger nicht gerade feinfühlige Lösung verursachte bei vielen Syltern Entsetzen und großes Misstrauen in die ehrenamtlichen Gemeinderäte und Bürgermeister der kleinen Orte. Diese Episode gab für Viele den letzten Anstoß, einer Fusion der Sylter Gemeinden zuzustimmen, in der Hoffnung, dass in einer Großgemeinde mehr Sachkompetenz walten würde. Seit 2009 werden Rantum und die Ostdörfer von Westerlands BürgermeisterIn gemanagt, der/die sich Verwaltungschef/in der Gemeinde Sylt nennen darf, obwohl die anderen Inselorte der Gemeinschaft leider noch nicht beigetreten sind.

Die »Sylt Quelle« in Rantum

Der futuristische Bau neben den kasernenartigen Blöcken des ADS-Schullandheimes ist das avantgardistische Produktionshaus der »Sylt Quelle«. Leider ist das Gebäude nach einer rühmlichen Ära als KunstRaum mit tollen Ausstellungen und Café-Restaurant in den letzten Jahren ständig neuen Nutzungen zugeführt worden, sodass hier nicht gesagt werden kann, was der Leser dort vorfinden wird. Lassen Sie sich überraschen. Sollte jedoch geöffnet sein, lohnt sich ein Besuch vor allem wegen des schönen Ausblicks, den man vom ersten Stock des runden Glaspalastes auf das Rantum-Becken genießt.

Sicher einzigartig in Deutschland ist die Nutzung der Mineralwasser-Produktionshalle neben dem Rundbau als »Meerkabarett«. Hier geben sich im Sommer, zur Freude der Sylter und ihrer Gäste, die Stars der Kabarett- und Musikszene die Klinke in die Hand.

Am Rantumer Hafen

Wir radeln für einen kleinen Abstecher durch das Rantumer Gewerbegebiet zum kleinen Segelhafen. Dabei kommen wir auch an einer Manufaktur für Sylter Strandkörbe vorbei. Etwas versteckt führt links ein Pfad zur Kaffeerösterei mit Café. Der Wattenmeerhafen am Ende der Straße wirkt noch ursprünglich und ist beschaulich hinter dem Deich gelegen. Man findet auf dem Parkplatz öffentliche Toiletten und Kulinarisches von Räucherfisch bis Sylter Whisky. Auf der Deichkrone beginnt hier links der attraktive Radwanderweg über den Damm des Rantum-Beckens bis nach Tinnum. Dies ist eine besonders erlebnisreiche Streckenalternative für den Rückweg nach Westerland oder Keitum (Anschluss an Tour 2).

Mein Lieblingsspaziergang in Rantum

Beim Parkplatz Tadjem Deel (Küssetal) den Dünenweg nach Norden nehmen, beim Strandbistro Strandmuschel einkehren und dann weiter durch die Dünen von Alt-Rantum bis zum Luxushotel Sölring Hof. Zurück am Strand entlang.

Ein Fernglas zum Beobachten der Vögel im Naturschutzgebiet Rantum-Becken und im Nationalpark Wattenmeer sollte bei der Tour über den Damm unbedingt ins Gepäck gehören. Vorher kann man sich an bestimmten Tagen auch in der Wattwerkstatt der Schutzstation Wattenmeer im oben genannten ADS-Schullandheim über die Wattenmeernatur spielerisch informieren lassen. Sie liegt etwas versteckt an der rechten Seite im Keller des Hauptgebäudes.

Wer aber erst Rantum und Hörnum erkunden will und die Hafenstraße nicht zur Hauptstraße zurückradeln mag, kann nach rechts das Fahrrad über den Deich schieben, der manchmal von Schafen und Lämmern bevölkert ist. Der schöne Ausblick über das Watt und die von Vögeln belebten Salzwiesen der Rantumer Bucht entschädigt für das etwas langsamere Vorankommen. Der Deichweg setzt sich in der Besiedlung als Dikwai fort und führt auf die Alte Dorfstraße.

Früher wurden die Gebäude östlich der Straße immer wieder von Sturmfluten heimgesucht. Der nun vorhandene Schutzdeich konnte erst mit Hilfe von Spenden aus der Bevölkerung und der Kurgäste im Jahre 1987 errichtet werden.

Am Ende der Alten Dorfstraße radeln wir in das große Rund des Merret-Lassen-Wais, um einen Blick auf die »Inge-Häuser« zu werfen. Die Frau, nach der der Weg benannt wurde, lebte in der Strandvogtei. Berühmt wurde sie, weil sie 21 Kindern das Leben schenkte.

Die weißen Landhäuser auf der Inge (Wiesen) bildeten zu Beginn des Ersten Weltkrieges die einzige Siedlung Rantums; der überwiegende Teil des Ortes ist erst nach den 1950er-Jahren entstanden. Dennoch wird Rantum urkundlich schon vor dem Jahre 1216 erwähnt. Der Grund für diese Diskrepanz könnte an einem schönen Rantumer Mädchen liegen, das keine Lust hatte, einen schleimigen Meergott zu heiraten. So geht

Rantum Inge

jedenfalls die Sage von Ekke Nekkepen und Inge von Rantum, hier leicht modernisiert wiedergegeben:

Ekke Nekkepen

Ekke Nekkepen ist so eine Art Kreuzung zwischen Neptuns Abteilungsleiter fürs Wattenmeer und Rumpelstilzchen. Bei seinen Streifzügen durch das glitschig-glupschige Watt entdeckt der grünschimmernde Außenbordskamerad am Strand des Tadjem Deels (Küssetal) ein »gar lieblich Frollein«. Vor Sehnsucht wird dem Meergott ganz blond vor Augen, obwohl er ja bereits mit Ran, der Meergöttin, verheiratet ist. Die ist aber inzwischen »so faltig wie eine Walrosskuh geworden« und daher verkleidet sich Nekkepen als Seemann und fängt an, die Inge von Rantum auf offenem Strand anzubaggern. Als echte Rantumer Deern nimmt Inge die steuerfreien Goldgeschenke natürlich gerne an. Alles, was über diesen Flirt hinausgeht, verweigert sie jedoch beharrlich. Bis Ekke Nekkepen schließlich der Geduldsfaden reißt. Nach dem Motto: »Sie will mich ja doch und traut sich bloß nicht«, setzt er einfach frech

Historische »Flunderbuhne« ›

den Hochzeitstermin an. Als Inge protestiert, lässt er ihr, wie weiland das gute alte Rumpelstilzchen, nur einen Ausweg: »Mittwoch haben wir Gelag. Doch kannst du sagen wie ich heiß, dann bist du frei und meiner los.« Es muss in den frühen Morgenstunden des Sonntags, auf dem Weg zurück von der Saturday-Night-Disko in Hörnum gewesen sein, da hört die Inge in den Dünen ihren schleimigen Freier tanzen und singen: »Heute will ich brauen, morgen will ich backen, übermorgen will ich Hochzeit machen. Ich heiße Ekke Nekkepen; meine Braut ist die Inge von Rantum. Und das weiß niemand als ich allein!« »Denkste!«, denkt Inge und trifft Nekkepen am folgenden Mittwoch im Küssetal. Statt brav Bussi zu geben, klärt sie Ekke über ihr Wissen auf. Der reagiert völlig uncool und versinkt vor Wut dampfend im Meer, mit dem Versprechen, es den unwilligen Rantumern schon noch zu zeigen.

Ach hätte es doch damals schon Familientherapie gegeben ... das Resultat der Affäre soll der mehrmalige Untergang Rantums gewesen sein, der auch tatsächlich historisch verbürgt ist.

Rantum bedeutet Heimat der Meeresgöttin Ran. Der Name ist ein Tribut an die Gattin von Ekke Nekkepen. Dabei waren die Bewohner des Ortes ständig auf der Flucht vor dem Meer. Laut C.-P. Hansen, dem großen Sylter Chronisten, soll es den Ort, einschließlich des heutigen Bereiches, an vier verschiedenen Stellen gegeben haben. Die Bewohner mussten mehrmals vor Sturmfluten und wegen des Sandfluges der Wanderdünen mit Hab und Gut weiter nach Osten fliehen. Von der letzten großen Übersandung um 1800 wird erzählt, dass die Rantumer Kirchgänger durch die oberste Luke des Glockenturmes zum Gottesdienst heruntersteigen mussten, da der Rest der Kapelle vom Dünensand verschluckt war. Die meisten Rantumer zogen damals endgültig fort. Erst 1818 wurde das neue Dorf mit dem Bau des Hauses Rantem Inge gegründet. Reste der alten Rantumer Siedlung tauchen hin und wieder als Zeugen einer längst vergangenen Zeit aus dem Sand am Weststrand auf. Noch heute liegt Rantum an der »Wespentaille« von Sylt. Südlich des Ortes ist der nie überflutete Bereich der Insel kaum 500 Meter breit.

Wir reißen uns von der sturmbewegten Geschichte Rantums los und radeln die Alte Dorfstraße entlang Richtung Süden. Am Ortsausgang wechseln wir auf die rechte Straßenseite auf den asphaltierten Radweg. Nun passieren wir zunächst den Burgberg (die hohe Düne östlich der Hauptstraße) und das Burgtal. In diesem abgelegenen Gebiet werden die Reste der Rathsburg vermutet, die hier für die Zeit vor 1362 genannt wird und erst Mitte des 18. Jahrhunderts von Sandflug verschüttet wurde. Ob die sagenumwobene Stätte in Aussehen und Funktion der Tinnum-Burg ähnlich war, ist bis heute unklar.

Am Südende des Burgtales klingt es nach nordfriesischem Südseezauber: Wir haben den FKK-Strandzugang Samoa mit dem dazugehörigen Restaurant Seepferdchen erreicht. Der Weiher im Dünental ist übrigens ein Relikt der Rantumer Vogelkoje, die hier bis 1927 in Betrieb war.

Samoa Seepferdchen

Links von der Strand-Auffahrt Samoa im Burgtal liegen, für das Auge unsichtbar, die Rohre der Sylt Quelle verborgen, die hier das Mineralwasser hoch- und zum Quellenhaus weiterpumpen. Vom Lehmkiesweg aus haben wir stellenweise ein tolles Landschaftspanorama auf den Nationalpark Wattenmeer und den Sylter Osten. Oben, vom Dünenkamm beim Restaurant Seepferdchen aus, wird jedem klar, wie fragil Sylt an dieser schmalen Stelle ist. Zwischen offener Nordsee und Wattenmeer liegen nur wenige hundert Meter Dünensand, die leicht Opfer des Meeresspiegelanstieges werden könnten.

Hier hat unsere kleine Südtour ihren Wendepunkt erreicht. Wer weiter nach Hörnum will, liest bei Tour 5 weiter.

Zurück geht es am schnellsten auf dem asphaltierten Fahrradweg parallel zur Hauptstraße und am schönsten über den Damm des Naturschutzgebietes Rantum-Becken über Tinnum nach Westerland.

NÜTZLICHE ADRESSEN ZUM THEMA

Hegering Sylt in der Eidum Vogelkoje · Süderinge (Straße zum Entsorgungszentrum, die von der Landesstraße auf Höhe Dikjen Deel links abzweigt) · 0171 2167887

Verein Jordsand · Seevogelschutzgebiet Rantum-Becken info@jordsand.de

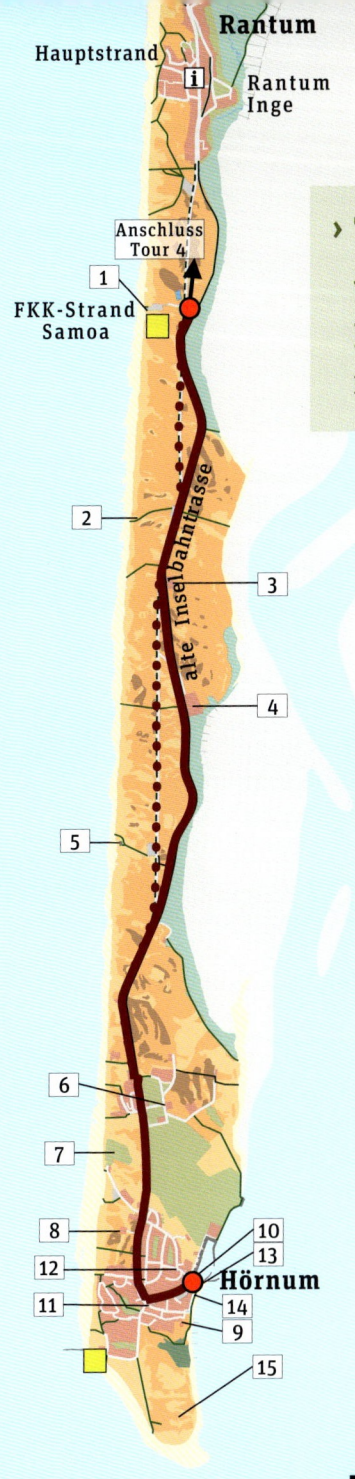

Rantum

Hauptstrand

i

Rantum
Inge

Anschluss
Tour 4

1

FKK-Strand
Samoa

2

3

alte Inselbahntrasse

4

5

6

7

8

10

13

12

Hörnum

11

14

9

15

› **Tour 5**

**Wildes Sylt:
Die große Südtour**

Rantum – Puan Klent – Hörnum

🔴 **Start-/Zielpunkt**

━━ **Hinweg**

••• **Rückweg**

🟨 **Strandsauna**

i **Touristeninformation**

1. Restaurant Samoa Seepferdchen
2. Sansibar
3. Loran Station
4. Puan Klent
5. K 4 (Bunker Hill)
6. DJH Hörnum
7. Campingplatz Hörnum
8. Arche Wattenmeer
9. Leuchtturm
10. Hafen/Adler-Schiffe
11. Lebensmittelmarkt
12. St. Thomas
13. Bus-Wendeplatz
14. Promenade
15. NSG Hörnum Odde

0   1 km   2 km   N

Kartengrundlage
© 2012 INSELGRÜN-Verlag

Am Ortsausgang von Rantum entscheiden wir uns je nach Windrichtung und Fahrgestell für den etwas holprigen, dafür aber sehr wattnahen Lehmkiesweg auf der alten Inselbahntrasse in Richtung Hörnum oder den reibungslosen Asphaltweg parallel zur Autostraße. Bis nach Hörnum führen uns beide Wege durch die weitgehend unbesiedelte Dünenlandschaft des Naturschutzgebietes Rantumer Dünen, die hin und wieder von großen Parkplätzen an Strandzugängen unterbrochen wird. Die Namen dieser Strände klingen nach brauner Haut und heißer Sonne: Samoa und Sansibar. Sansibar ist für viele schon ein Synonym für Sylt, denn der ursprüngliche Holzkiosk in den Dünen hat sich zum bundesweit bekannten Promi-Restaurant mit einem der erlesensten Weinkeller Deutschlands gemausert.

Vom Lehmkiesweg aus hat man linker Hand immer wieder schöne Einblicke ins Weltnaturerbe Wattenmeer und die üppigen Sandsalzwiesen, die sich in schmalem Streifen nach Süden ziehen. Es lohnt sich nicht nur für Fotografen, hin und wieder mal anzuhalten und den Blütenzauber aus der Froschperspektive unter die Lupe zu nehmen. Man findet im Dünenbereich beispielsweise duftende Teppiche von rosa Sand-Thymian, sonnengelbem Hornklee und blassblauen Bergsandglöckchen. Ab Juli errötet die Landschaft zunächst in kräftigem tiefrosa dank zahlloser Blütenstände der Glockenheide, die meist ringförmig um die feuchten Senken der anmoorigen Tälchen wuchern. Vor allem im Norden der Insel überzieht das Zartrosa der Besenheide die Landschaft ab Anfang August. Die Salzwiese wartet, je nach Jahreszeit, mit weißen Blütenteppichen des Dänischen Löffelkrautes, dem zartrosa der Strandnelken oder den tiefvioletten Sträußen des Wattflieders (Bondestave) auf.

Sansibar

Rettet die Sylter Kröten!

Dass Sylt irgendwann keine Kröten mehr haben könnte, hätte vor Jahren niemand gedacht. Schon gar nicht die eher betuchten Gäste, die täglich im legendären Strandlokal Sansibar ein- und ausgehen.

Nun ist ausgerechnet genau am Parkplatz Sansibar ein Pilotprojekt zur Rettung der Sylter Kreuzkröten angelegt worden.

Mit einem Bagger wurden mutwillig und im Auftrag der Naturschutzbehörde in zwei feuchten Dünentälern Heidepflanzen weggeschoben und seichte sandige Ufer und flache Sandhügel angelegt. Genau solche Biotope, also temporäre Kleingewässer mit sandigen, offenen

Ufern, benötigen die seltenen Amphibien. Noch bis zur Jahrtausendwende galt ihr Bestand auf Sylt als wohl der größte in Deutschland. So groß, dass manche Urlauber in Hörnum zur Balzzeit im Mai wegen des Gequakes aus den Dünen nicht ruhig schlafen konnten. Seit zwei Jahrzehnten ist das romantische Geräusch immer leiser geworden. Grund ist ein Biotopschwund, weil die natürliche Dünendynamik durch Anpflanzungen von Strandhafer und dem Stecken von Reisigfaschinen permanent unterbunden wird. Das soll dem Küstenschutz dienen, ist inzwischen aber sehr umstritten, da kein frischer Sand mehr ins Dünengebiet geblasen wird. Zudem steht der Trinkwasserverbrauch unter Verdacht, den Kröten zu schaden. Wenn der Süßwasserspiegel in den Dünen zu stark absinkt, können die Kröten nicht laichen. Die kommenden Jahre werden zeigen, ob der künstliche Eingriff den Kröten hilft. In diesem Fall sollen an weiteren Stellen auf Sylt Biotoppflegemaßnahmen für die Amphibien folgen.

Vielleicht mögen Sie dafür einige Kröten locker machen? Zum Beispiel beim Besuch der Arche Wattenmeer in Hörnum.

Kurz hinter Sansibar passieren wir das Gelände der Loran Station. Gemeint ist der riesige, knapp 200 Meter hohe, rot-weiß gestreifte Sendemast, der wie das Opfer einer Spinne im Netz zahlreicher Drahtseile hängt. Eine Aufstelltechnik, die sich auch schon in sturmgepeitschten, arktischen Ebenen bewährt haben soll.

Bis 1989 war er wichtiger Bestandteil eines weltweiten, vornehmlich militärisch genutzten Langwellen-Navigationsnetzes der American Coast Guard. Mit dem Boom der Satellitennavigation verloren die Amerikaner offensichtlich das Interesse an dem seit 1962 bestehenden Außenposten und übergaben die Anlage dem deutschen Wasser- und Schifffahrtsamt. Heute dient die Station der Funknavigation im Nordatlantik.

Puan Klent

Danach radeln wir an Puan Klent (Puans Klippe) vorbei, einem Jugend-Erholungsheim, dessen abgelegene Sommerfrische vermutlich schon fast jede(r) echte Hamburger Jung und Deern in Form einer Klassenfahrt erlebt hat. Wer Lust hat, steigt kurz zum »Olymp« hinauf, einer hohen Düne hinter dem Heim, von der aus ein schöner Rundblick über die Südhälfte Sylts möglich ist. Ebenso wie das Lager im Klappholttal bei Kampen wurde das Gelände von Puan Klent 1919 durch Knud Ahlborn für den Hamburger Jugendverband erworben, um jungen Menschen die Ideale der Jugendbewegung näherzubringen. Ab 2021 wird das Jugendlager mit viel Spendengeld zur Bildungsstätte weiterentwickelt; ein neues Dünendorf entsteht. Wenig später passieren wir den Strandparkplatz K 4, auch Bunker Hill genannt. Heute steht auf der erhöhten Dünenplattform kein militärisches Gerät mehr, sondern eine Reihe von Informationstafeln und eine Messeinrichtung für Meeres- und Klimadaten. An diesem Strandabschnitt trifft sich gern die Kitesurf-Szene.

Hörnum

Nach weiteren vier Kilometern erreichen wir die von der Wehrmachtszeit geprägte Siedlung Hörnum. Hörnum – das ist die »Heimat am Horn«. Der schon im Mittelalter so bezeichnete, gesamte südliche Nehrungshaken der Insel, quasi das »Sylter Kap Hoorn«, hat der erst 1901 gegründeten 800-Seelen-Gemeinde ihren Namen gegeben.

Vorbei an den Kasernenbauten, die als Jugendherberge und Seeferienheime für Schulklassen dienen, passieren wir bald die Ausläufer des Hörnumer Golfplatzes Budersand.

Neue Heimat für junge Sylter in Hörnum

Dort, wo heute die »Generation Golf« lässig ihre Schläger über das Green schwingt, standen noch bis 2003 weitere große Kasernenblöcke. Im Rahmen der Konversion (Umwandlung von Flächen nach Abzug der Bundeswehr) wurde das vormals militärische Gebiet verkauft. Die Investorin, eine Millionenerbin des Haarpflegekonzerns Wella, verwandelte die Landschaft in einen naturnahen Links-Golfcourse mit Restaurant und Fünf-Sterne-Hotel. Das Wort »Links« wird hier als englischer Fachbegriff benutzt und steht ursprünglich für Golfplätze in Schottland, die auf dem landwirtschaftlich unbrauchbaren Dünengrasstreifen zwischen Meer und Ackerflächen angelegt werden.

Ein paar hundert Meter weiter radeln wir an einer auffälligen Holzhaussiedlung im Norwegerstil vorbei. Hier sind im Zuge des Golfplatzprojektes Häuser entstanden, die ursprünglich nicht als Spekulationsobjekte, sondern zum Kauf für junge Sylter Familien vermarktet wurden.

Die Schutzstation Wattenmeer

Auf der anderen Seite der Landesstraße, im freien Dünenstück des Steintals, liegt die Arche Wattenmeer und dahinter etwas abseits, die alte Sylter Station der Naturschutzgesellschaft Schutzstation Wattenmeer e.V. Die umfunktionierte Militärbaracke aus dem Zweiten Weltkrieg wurde 1948 dem St. Martin zur ersten Kirche von Hörnum geweiht. 1970 wurde sie zugunsten der neuen Kirche St. Thomas in der Ortsmitte geschlossen.

KiWaWa: Kinderwattwanderung mit der Schutzstation

Seit 1974 beherbergte die Schutzstation Wattenmeer hier eine wechseln-
de Crew von jungen Naturschützern und eine interessante Ausstellung
über Bedeutung, Gefährdung und Schutz von Insel, Wattenmeer und
Nordsee. Das Haus verströmt ein sympathisches Flair von Skihütte, Vogel-
schutzwarte-Station und Jugendlager. Dort finden heute strandkundliche
Workshops und Bernsteinschleifen statt. Die Ausstellung ist inzwischen in
die nahegelegene Arche der Schutzstation Wattenmeer verlegt worden.
Wer etwas über Muscheln, Seevögel, Robben und Wale erfahren will oder
die Meerestiere der Nordseeküste in kleinen Aquarien bewundern mag,
geht hinüber in die große Ausstellung der Naturschutzgesellschaft. Die
Arche Wattenmeer ist ebenfalls in einem ehemaligen Kirchengebäude
untergebracht (kath. St. Josef). Daher wohl auch das Motto: »Arche Wattenmeer – Schöpfung bewahren!« Besonders für Familien lohnt sich ein
Besuch und ein Ausflug zur Schutzstation: Die Ausstellung informiert sehr
beeindruckend über viele Themen rund um Sylt und das Wattenmeer. Dabei ist sie besonders liebevoll und kindgerecht gestaltet. Die jungen Leute
der Station bieten von hier aus zahlreiche Führungen in die Natur an.

Leuchtturm, Hafen und Piraten

Von hier aus ist auch schon das älteste noch bestehende (1907 erbaute)
und zugleich schönste Gebäude Hörnums zu sehen: der prächtige, rot-weiß
geringelte und 33,5 Meter hohe Leuchtturm steht auf einer 17 Meter hohen

Düne. Wie aus einem Bilderbuch geschnitten, verleiht er dem von Nachkriegsbauten und 1960er-Jahre-Architektur geprägten Familienbad tagsüber zeitweise doch noch das typische Flair eines beschaulichen Seefahrerortes. Nachts streifen seine grellen Lichtkegel alle neun Sekunden gespenstisch über Meer und Dünen und weisen wie schon vor über hundert Jahren den Schiffen ihren Weg. Da das Leuchtfeuer immer noch in Betrieb ist, ist ein Besteigen des Turmes nur zu besonderen Zeiten unter Führung möglich; eine sehr frühzeitige Anmeldung ist erforderlich. Statt vom Leuchtturmwärter, wird das Licht heute vom Wasser- und Schifffahrtsamt in Tönning ferngesteuert. In der Nachkriegszeit war im Leuchtturm das erste Hörnumer Schulklassenzimmer eingerichtet. Vielleicht weil der Lehrer unartige Schüler in den gänzlich runden Räumen nicht in die Ecke stellen konnte, währte diese Lösung jedoch nicht allzu lang. Dafür finden heute immer mehr Trauungen in dem herausragenden Gebäude statt.

Wir radeln nun beim Lebensmittelmarkt links ab zum Hörnumer Hafen. Dort parken wir unsere Fahrräder und stärken uns an der Fisch-, Muschel, Krabben oder oder Crêpesbude mit Blick auf das Wattenmeer. Bekommen Sie Lust auf eine Hörnumer Geschichte?

Pidder Lüng: Lewer duar üs Slaav

Bevor im Jahre 1903 Hörnum durch den Bau einer Anlegestelle und den Anschluss an die Inselbahn aus seinem Dornröschenschlaf erwachte, lebten hier allenfalls einige Fischer in kleinen Holzbuden. Die Friesen siedelten dort in ärmlichsten Verhältnissen und wurden zusätzlich noch ständig von der dänischen Obrigkeit durch Steuerabgaben ausgebeutet.

Unter ihnen wuchs der Sage nach auch Pidder Lüng auf (vermutlich 1460 bis 1515). Der unwirsche Knabe war ein verstockter Einzelgänger, der auch später, als gestandener Mann, lieber einsam die Hörnumer Dünen durchstreifte, als sich mit dem »losen Volk von Hörnum« beim Spiel zu vergnügen. Eines Nachts bei hellem Mondschein und wildem Wetter hat Pidder beim zerfallenen Haus seines Großvaters in den Dünen zwischen Rantum und Hörnum eine Erscheinung: Ein Geistwesen bittet ihn gegen die Ungerechtigkeiten zu kämpfen, die seinem freien friesischen Volk angetan werden. Pidder schwört, »lewer duar üs Slaav« (lieber tot als Sklave) zu sein, und von nun an für die Rechte der friesischen Fischer einzutreten.

Einige Jahre später sitzt Pidder mit seinen beiden Alten gerade bei seinem Lieblingsgericht, dem friesischen Grünkohl, als eine Delegation des Amtmannes von Tønder ungebeten in die gute Stube tritt, um Steuern einzutreiben. Wegen des ungebührlichen Benehmens und der überheblichen Schmährede des Amtmannes, der zu allem Überfluss noch in den frisch gekochten Kohl spuckt, gerät Pidder in Rage. Mit eiserner Hand ergreift er den Amtmann am Kopf und drückt ihn solange in den dampfenden Kohl, bis der erstickt.

Nach dieser Tat muss Pidder wie viele andere widerspenstige Hörnumer Fischer fliehen. Pidder wird zum Freibeuter. Als Pirat macht er den reichen Handelsschiffen zwischen Sylt, Helgoland und Hamburg das Leben schwer. Eines seiner Piratennester bleibt der Buderhafen bei Hörnum. Pidders Leben endet später in Munkmarsch, wo er von einem der verhassten Sylter Vögte für seine Missetaten gehängt wird.

Der Dichter Detlev von Liliencron hat diese Sage 1892 in Form einer Ballade literarisch bekannt gemacht.

Heute ist der Piratenhafen von Hörnum verschwunden und weiter südlich der Ausflugshafen entstanden, auf den wir nun blicken. Hier kann man zur Saison stets einen regen Bootsverkehr beobachten. Es verkehrt nicht nur die weiße Flotte der Ausflugsschiffe zu den anderen Inseln und Halligen des Wattenmeeres, sondern hier liegen auch zahlreiche hochmoderne Muschelkutter auf Reede. Und wie es sich für einen echten Hafen gehört, liegen hier zuweilen auch Schnellboote der Küstenwache, des Zolls und des Seenotrettungsdienstes. Wie lange das noch so sein wird, ist jedoch fraglich. Der Hafen zerfällt zusehends und es werden Investoren gesucht. Damit ist eine neue Runde im Sylter Inselpoker eröffnet. Mal sehen, was Spekulanten und Privat-Investoren diesmal für den südlichsten Ort der Insel aushecken. Es bleibt spannend! Ein Schiff, die »Ekke Nekkepen«, wird dem Hörnumer Hafen sicher treu bleiben, um den letzten Willen so manchen Küstenbewohners und Sylt-Liebhabers zu erfüllen: eine Seebestattung.

Frische Muscheln aus dem Hörnumer Watt

Für Touristen war der Hörnumer Hafen bis zum Bau des Eisenbahndamms das Tor zur Insel Sylt. Seit 1901 legten hier die großen Dampfschiffe der HAPAG (Hamburg-Amerikanische Packetfahrt-Actien-Gesellschaft) an und brachten Touristen aus Hamburg auf direktem Seeweg über Helgoland zur Insel. In Hörnum stiegen die Schiffsreisenden dann in die kleine Inselbahn, um nach Westerland weiterzureisen. Heute erinnert nur noch die von uns nun als Fahrrad- und Wanderweg genutzte Bahndammlinie, die sich östlich der Landstraße nach Westerland zieht, an Hörnums goldene Gründerzeiten.

Der Hafen ist wegen seiner Bedeutung für den Verkehr zwischen den Inseln immer noch das quirlige Zentrum im sonst eher verschlafenen Dorf. Dabei ist er aber, im Gegensatz zum Lister Hafen, noch authentisch geblieben. Statt grellem Jahrmarkt-Remmidemmi finden hier im Sommer beschauliche Flohmärkte statt, auf denen so mancher schon eine originelle Antiquität oder ein maritimes Mitbringsel entdeckt hat. Seine größte Attraktion ist ein Geschenk der Natur. Seit vielen Jahren beehrte Willy den Hafen sporadisch mit seiner Anwesenheit. Willy ist eine, wie erst nach der Namensgebung klar wurde, weibliche Kegelrobbe, die sich für ein Foto gern von den Urlaubern mit frischem Hering aus dem Hafenkiosk bestechen ließ. Seit dem Winter 2019 ist sie jedoch verschollen. Zuvor hatte sich jedoch die Kegelrobbe »Sylta« dazu gesellt, möglicherweise Wilhelmines Tochter, die den Hafen nach wie vor mit ihrem Besuch beehrt.

Die großen Muschelkutter und deren Geschirre prägen noch echte Hafenatmosphäre. Von hier aus gehen fast täglich zu Saisonzeiten tausende Tonnen frische Miesmuscheln aus dem Nationalpark Wattenmeer per Sattelschlepper zur Muschelbörse nach Holland.

Der Hafen ist gleichzeitig Endstation des Busses von Westerland und bildet einen guten Startpunkt für zahlreiche Ausflugsfahrten per Schiff zu den Nachbarinseln und Halligen. Besonders der Besuch einer Hallig ist als Kontrastprogramm zu Sylt empfehlenswert, wenn man genug Urlaubszeit mitgebracht hat. Halligen sind grüne Salzraseninseln im Wattenmeer, die mehrmals im Jahr überflutet werden. Seit Jahrhunderten siedeln hier Menschen in Häusern auf künstlich angehäuften Warften, damit sie bei solchen Gelegenheiten keine nassen Füsse bekommen.

Die Südspitze:
Spaziergänge am »Sylter Kap Hoorn«

Rund um die Hörnum Odde und zur Hörnumer Sandnehrung

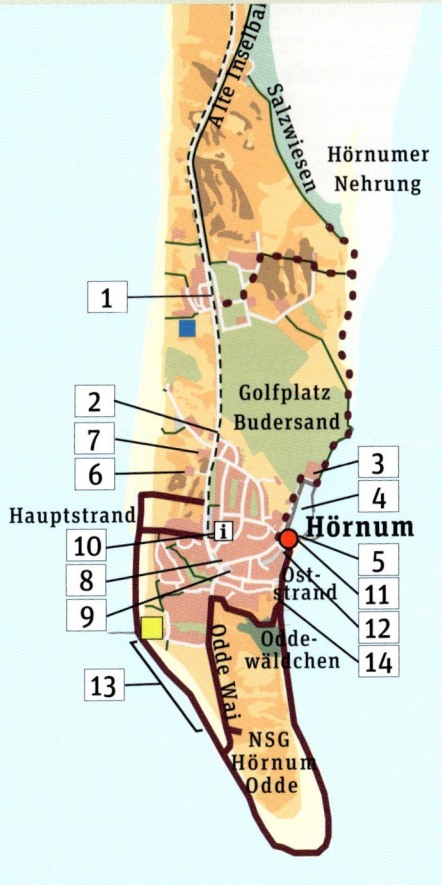

Kartengrundlage
© 2012 INSELGRÜN-Verlag

0   1 km

● **Start-/Zielpunkt** ━━ **Rund um die Odde** ••• **Tour zur Nehrung**

▢ **Strandsauna** ⅰ **Touristeninformation**

1. Bushaltestelle Hörnum Nord
2. Bushaltestelle Steintal
3. Golfhotel Budersand
4. Hafen (Startpunkt)
5. Ausflugsschiffe
6. Schutzstation Wattenmeer
7. Arche Wattenmeer

8. Unterfeuer Denkmal
9. Lebensmittelmarkt
10. Kurverwaltung
11. Infopavillon Adler Reederei
12. Bus-Wendeplatz
13. Tetrapodenwerk
14. Restaurant Südkap

Wenn man dem Hafenbecken nach Norden folgt, schließt sich der kleine Sportbootbereich an. Hinter der Bootshalle liegt dann das Fünf-Sterne-Golfhotel »Budersand«. Hier befindet sich auch der offizielle Eingang zum Golfplatz und oben auf der Düne das Golfer Café-Restaurant Strönholt (Strandholz), dessen Architektur an das alte Offizierskasino erinnern soll, das dem Neubau 2003 weichen musste. Es lohnt sich, hier oben einen Tee oder Kaffee bei bester Aussicht zu trinken. Fußgängern ist der Spaziergang unten am Hotel vorbei nach Norden zu empfehlen. Der Weg über den Asphaltdeich und dann hoch über Bohlenwege, den »Hexentanzplatz« Budersanddüne (32 Meter hoch) beschenkt mit wunderbarer Aussicht über Wattenmeer und Golfplatz. Vorbei an Hörnums versteckter Schrebergartenkolonie kommt man dann an der Bushaltestelle Hörnum Nord raus. Eine weitere Variante direkt am Watt entlang nach Rantum finden Sie auf Seite 175 unter der Überschrift »Zur Hörnumer Sandnehrung«.

Trotz Küstenschutz: Der »Blanke Hans« nagt an der Südspitze

Rund um die Hörnum Odde

Von der Endstation des Busses am Hafen sind es nur wenige Meter zur kleinen, asphaltierten Uferpromenade, die in Richtung Leuchtturm führt. Linkerhand hat man einen wunderbaren Blick über das Wattenmeer. An Tagen mit Westwind nutzen besonders gern Familien mit kleinen Kindern den windgeschützten, weißsandigen Oststrand, der sich unterhalb des Deiches einige hundert Meter bis zum Restaurant »Südkap« erstreckt. Hier ist das Baden im seichten Wasser noch ungefährlich. Weiter südlich ist wegen der reißenden Strömung und der großen Wassertiefe dringend davon abzuraten. Am »Südkap« liegen auch immer einige Hobie-Cat-Katamarane, die zur hauseigenen Segelschule gehören.

Hinter dem ganzjährig geöffneten Café beginnt der Rundweg um die als Hörnum Odde bekannte Südspitze der Insel. Entweder geht man den ganzen Rundgang am Strand entlang, oder nutzt gleich rechts hinter dem Restaurant den Pfad zum Odde-Mittelweg, der durch das Südwäldchen in die Dünenlandschaft führt.

Bei einem Gang um die Südspitze ist gut zu erkennen, wie die Winterstürme sich in die ursprüngliche Dünenheidelandschaft »hineingefressen« haben und sogenannte Muscheltäler bilden, in denen weißer Sand und Strandhafer dominieren.

Zwei kleine Leuchtfeuer (Unterfeuer) fielen hier bereits in den letzten 40 Jahren den Fluten zum Opfer. Deren Fundamente liegen heute rund 400 Meter westlich des Strandes im Meer. Das eine Quermarkenfeuer steht nun nahe des Hörnumer Lebensmittelmarktes als »Denkmal«. Vom Odde-Wai kann man an den Weststrand gelangen und weiter rund um die Südspitze gehen, bis man wieder am Restaurant Südkap herauskommt.

Mein Lieblingsspaziergang in Hörnum

Sich einmal bei Sturm rund um die Südspitze kämpfen. Dabei wähle ich die Runde so, dass ich an der Westseite den Wind möglichst im Rücken habe. Je nach Wetter, Lust und Laune gehe auf der Westroute nach Norden entweder direkt über den Odde-Wai, oder durch die schöne Kersigsiedlung zurück bis zum Lebensmittelmarkt im Ort. Bei Café Lund gibt es dann leckere Biobackwaren.

Wer am Strand um die Odde wandert, sollte auf vorbeischwimmende Seehunde und Kegelrobben achten, die bei auflaufendem Wasser nicht selten ihre Nase in Strandnähe aus dem Wasser stecken. Manchmal werden zu Wurfzeiten hier auch rastende Robben angetroffen. In so einem Fall bitte stets Abstand halten, Hunde an die Leine nehmen und die Schutzstation Wattenmeer in Hörnum informieren (04651 881093).

Das Naturschutzgebiet Hörnum Odde

1972 wurde eine 157 Hektar große Dünenlandschaft südlich von Hörnum zum Naturschutzgebiet Hörnum Odde ausgewiesen. Die Odde (Dänisch für Spitze, Vorsprung) bildet das südliche Ende der Insel und wird durch eine 19 Meter tiefe Strömungsrinne begrenzt, die als

eine der tiefsten des Wattenmeeres gilt. Die natürliche Dynamik und das freie Spiel der Naturgewalten unterscheidet das Naturschutzgebiet Hörnum Odde von anderen Dünengebieten der Insel und bildet daher den wesentlichen Schutzzweck. Aus der Perspektive des Küstenschutzes gehört es zu den besonders heiklen Brennpunkten der Insel, denn die Dünenverluste sind immer wieder spektakulär und kaum zu stoppen. Vor allem die Abbrüche an der Odde sind es, die in der überregionalen Presse das Image vom untergehenden Sylt immer wieder nähren. Inzwischen sind nur noch weniger als 20 % der Fläche des NSG übrig.

Das 1968 und 2006 und 2014 weiter verlängerte erbaute Tetrapodenbollwerk am Nordwestende des Naturschutzgebietes beschleunigte dessen Abtrag zusätzlich durch Lee-Erosion. Es wurde wohl vor allem zum Schutz der vorher in die Hörnumer Dünen gebauten Kersig-Siedlung errichtet.

Der Strand des Naturschutzgebietes Hörnum Odde ist potenzieller Rastplatz für Robben. Bitte Abstand zu gesichteten Tieren halten und Hunde an die Leine nehmen!

Auch Muschelsammler und Vogelkenner kommen auf ihre Kosten. Beachten Sie das unterschiedliche Artenspektrum am Ost- und Weststrand der Hörnum Odde. Besonders im Winter trifft man hier ornithologische Raritäten aus dem hohen Norden an, wie Eisenten, Seetaucher und Mittelsäger. An der äußersten Südspitze kann man oft besonders auffällige Wellenphänomene beobachten, da dort verschiedene Strömungen aufeinandertreffen. Das Wattenmeer hat an dieser Stelle mit 19 Metern Wassersäule eine seiner tiefsten Rinnen zu bieten.

Von hier aus hat man auch einen guten Blick zu den Nachbarinseln Föhr im Südosten und Amrum im Süden. Der Name »RALF« bietet eine gute Eselsbrücke: Rechts Amrum, Links Föhr). Bei bester Sicht und zur Niedrigwasserzeit sind manchmal sogar die rastenden Robbenrudel auf den weit entfernt vorgelagerten Außensänden, den Theeknobs zu erahnen. Auf der Westseite der Hörnum Odde beeindrucken zumeist die steil abgeschliffenen Dünenkliffs, an denen Tag für Tag das Meer nagt (siehe Kapitel »Küstenschutz«). Dünenschutzmaßnahmen des Amtes und der Schutzstation Wattenmeer sorgen hier alljährlich für eine Verminderung des Abtrages. Bitte nicht die Dünenwälle betreten – bei starkem Hochwasser lieber auf die Umrundung verzichten.

Das 2. Hörnumer Unterfeuer fiel an der Odde 2013 fast den Fluten zum Opfer. Es wurde vor dem endgültigen Fall ins Meer abgebaut und steht nun nahe der Ortsmitte beim Lebensmittelladen als Denkmal.

Wer vom Südkap am Oststrand um die Südspitze gewandert ist und zum Ausgangspunkt zurück möchte, biegt kurz vor Erreichen der Beton-Tetrapodenreihe vom Strand rechts in den Dünenweg ein. Der Odde Wai führt entweder bis zum Ort, dann vorbei am Lebensmittelmarkt, wieder zum Hafen oder nach rechts durch das kleine Wäldchen zum Café Südkap zurück.

Wer noch Lust und Kraft hat, spaziert am Weststrand entlang der Tetrapodenreihe. Je nach aktuellem Sanddepot schauen die mächtigen, sechs Tonnen schweren »Betonvierfüßler« nur mit der Spitze aus dem Sand, oder präsentieren sich in Doppelreihen übereinander getürmt und müssen umrundet oder überstiegen werden. Das Tetrapodenquerwerk hat dem Naturschutzgebiet nur Nachteile gebracht: Durch den verursachten Strömungswirbel wurde südlich der Betonreihe mehr Sand abgetragen als vor dem Errichten des »Küstenschutzbauwerkes«. Nördlich hinter dem Bollwerk beginnt der Hörnumer FKK-Strand, der nach kurzer Strecke in den Textilstrand übergeht. Dort ist dann auch der Hauptstrandaufgang zum Dünenrestaurant Breizh (bretonisch) und der dazugehörigen Hapimag-Hotelanlage, zur Hörnumer Kurverwaltung, und der Straße, die durch den Ort zurück zum Hafen führt.

Muschelsammler, die Hilfe bei der Bestimmung ihrer Schätze möchten oder sich für Natur- und Naturschutz rund um Wattenmeer und Nordsee interessieren, gehen weitere 100 Meter zum nächsten Strandaufgang, um zur Arche Wattenmeer in dem Kirchengebäude rechts der Hauptstrasse zu gelangen.

Gegenüber der Schutzstation Wattenmeer befindet sich auch die Bushaltestelle Steintal, von der aus man im 20-Minuten-Takt wieder Richtung Westerland fahren kann.

Wem die Südspitze zu wild und windig ist, der mag sich für eine eher liebliche Wanderung an Watt und Düne begeistern:

Zur Hörnumer Sandnehrung

Ausgehend von der Bushaltestelle am Hafen wandern wir rechts um das Hafenbecken an der Sportboothalle vorbei Richtung Norden. Lassen Sie den kleinen Sportboothafen und das Golfhotel Budersand hinter sich und gehen Sie bis zum Ende des Betonweges. Spazieren Sie nun unten am Oststrand entlang bis zu einer kleinen Sandnehrung, die von der betreuenden Naturschutzgesellschaft Schutzstation Wattenmeer e. V. aus Vogelschutzgründen abgezäunt ist. Wandern Sie den Weg über die Düne links hoch. Von hier aus haben Sie einen guten Blick auf die geschützte Sandnehrung. Bei Flut sitzen hier manchmal mehrere tausend Wat- und Wasservögel zur Rast, die mit Fernglas und Bestimmungsbuch gut zu identifizieren sind.

Nach diesem vogelkundlichen Exkurs haben Sie die Möglichkeit, wieder einige hundert Meter zurückzulaufen und über den Strandaufgang durch das Graue Tal, zur Bushaltestelle Hörnum Nord zu wandern.

Wer sich wanderfit fühlt, kann von der Hörnumer Sandnehrung aus entlang der schönen Salzwiese weiter bis nach Rantum laufen (elfeinhalb Kilometer). Bleiben Sie dabei stets möglichst nah an der Dünenkante und später auf dem Lehmkiesweg. Alle anderen Spuren sind ungenehmigte Trampelpfade!

Auf dem Weg gibt es immer wieder Stichpfade zu Bushaltestellen an der Hauptstraße nach Westerland.

NÜTZLICHE ADRESSE ZUM THEMA

Nationalparkinfozentrum Arche Wattenmeer

Rantumer Straße 33 (Bushaltestelle »Steintal«) · 04651 8862229

www.schutzstation-wattenmeer.de

Di. bis So. 10 bis 18 Uhr, ab 4.11. Winterpause.

(Sylvestersaison 10 bis 17 Uhr, Saison bis 16 Uhr)

Kampen

Rotes Kliff

Anschluss
Tour 8

Braderuper
Heide

Golf-
platz

4
5
6

Hauptstrand
8

Wenningstedt

Braderup
Weißes Kliff
7

Anschluss
Tour 2

3

Friedrichs
hain

Munkmarsch

Jüekers-
marsch

2

Haupt-
strand

Westerland
1

Tinnum

Grünes Kliff

Keitum

0   1 km   2 km

FKK-Strand
Oase zur Sonne

Nat…
Ra…

Start-/Zielpunkt ━━ **Hinweg** ••• **Rückweg**

Strandsauna **i** **Touristeninformation**

1. Bahnhof (Startpunkt)
2. Kurzentrum
3. Umweltbundesamt
4. Denghoog
5. Friesenkapelle

6. Dorfteich
7. Naturschutzgemeinschaft
   Sylt e. V.
8. Erdbeerparadies mit
   Hofladen

Kartengrundlage
© 2012 INSELGRÜN-Verlag

Die schönste Fahrradstrecke von Westerland zum Familienbad Wenningstedt führt vom Kurzentrum in der Stadt über die Lornsenstraße unmittelbar entlang der westlichen Randdünen. Rechnen Sie für die Tour von Westerland über Wenningstedt, Braderup, Munkmarsch und zurück etwa zwei Stunden reine Radelzeit.

Wir starten unsere Tour an der Fußgängerampel am Bahnhofsvorplatz und radeln zunächst den Bahnweg in Richtung Norden bis zur großen Kreuzung Kjerstraße (Sumpfstraße)/Johann-Möller-Straße. Hier biegen wir links ab und folgen, am großen Funkturm vorbei, dem Radweg der Johann-Möller-Straße in Richtung Kurviertel bis kurz vor den Strandaufgang Brandenburger Straße. Am Hotel Windhuk nehmen wir Kurs quer über den Parkplatz. Unmittelbar dahinter beginnt die Lornsenstraße, die sich zwischen Dünenwall und Friedrichshain nach rechts in Richtung Wenningstedt schlängelt und im letzten Stück Lornsenweg heißt.

Mit dem Brandungsrauschen der nahen Nordseewellen im linken Ohr passieren wir auf dieser Strecke zahlreiche Aufgänge zum Weststrand. Rechter Hand kümmern die vom scharfen Salzwind gebeutelten Kiefern und Fichten des Lornsenhains vor sich hin. An ihrem einseitigen, windgeschorenem Wuchs kann man die Hauptwindrichtung der letzten Jahrzehnte ablesen. Zunächst an der alten Rettungsstation, dem heutigen Café Seenot vorbei, erreichen wir bald die Messstation Westerland. Sie ist der nördlichste Vorposten des Umweltbundesamtes. Ein Blick in den Informationskasten oder auf den Monitor im Foyer lohnt sich, denn hier werden die hiesigen Luftschadstoffwerte der vergangenen Monate angezeigt. Diese werden bereits seit 1968 registriert und in ein bundesweites Messnetz gespeist. Gemessen werden Schwermetalle, Feinstaub, Stick- und Schwefeldioxid sowie meteorologische Werte. Die Messstation arbeitet hier quasi als Referenzstelle und Frühwarneinrichtung, da man davon ausgehen kann, dass die Seeluft im Vergleich zur Luft in Großstädten relativ wenig belastet ist. Es ist anhand der ausgehängten Diagramme gut zu sehen, dass die Luftqualität über die Jahrzehnet deutlich besser geworden ist.

Wenige Meter weiter befinden sich auch das alte Institut für Pathophysiologie und medizinische Klimatologie der Christian-Albrechts-Universität zu Kiel und die Forschungsstelle medizinische Klimatologie Westerland e. V.

Galt deren Forschung bis vor wenigen Jahren hauptsächlich der wichtigen Fragestellung, wie sich das Seeklima auf die menschliche Gesundheit auswirkt, hat sich im Zuge der Diskussion um Ozonloch und Weltklima ein weiterer Schwerpunkt herausgebildet. Seit 1993 wird hier besonders die Wirkung der UVB-Sonneneinstrahlung unter die Lupe genommen. Praktische und nützliche Hinweise fließen aus den Messgeräten der Station auf elektronischem Wege direkt in einen Monitor des Westerländer Kurmittelhauses und zur Wettersäule auf der Promenade, nahe der Musikmuschel. Hier kann jeder, der ein Sonnenbad nehmen will, die aktuellen Messwerte und eine Empfehlung zur Dauer eines noch gesunden Sonnenbades in Relation zum persönlichen Hauttyp selbst ablesen. Ein gutes Beispiel für angewandte und unmittelbar praktisch nutzbare Forschung!

Kurz darauf passieren wir rechter Hand den Ort, wo früher die meisten Sylter geboren wurden: die Nordseeklinik. Das Akut-Krankenhaus ist zusätzlich Reha- und Kurklinik, besonders für Atemwegs- und Hautleiden sowie für Allergiker. Leider wurde zum Leidwesen der Insulaner die Geburtenstation ersatzlos gestrichen. Alle werdende Mütter müssen nun rechtzeitig aufs Festland reisen und waschechte Sylter werden nicht mehr geboren, da sie in Flensburg oder Husum zur Welt kommen.

Wenningstedt

Der Lornsenweg setzt sich unter dem Namen Arnikaweg nach Norden fort. Der Name des Weges birgt ein berechtigtes Wortspiel: Früher gab es hier einmal die dichtesten schleswig-holsteinischen Wildbestände der seltenen Heilpflanze *Arnika*. Heute ist die Arnika größtenteils *weg* – weil im Laufe der Jahre trotz der schützenswerten Heide immer mehr Fläche mit Appartementhäusern zugebaut wurde. Nur wenige hundert Meter offene Heidevegetation trennen hier Westerland noch von Wenningstedt. In den Blütemonaten Juni/Juli/August kann man hier die margeritenähnlichen, gelben Blüten der streng geschützten Arnika noch vereinzelt vom Wegesrand aus entdecken.

Obwohl die Besiedlung der beiden, einst durch weite Heideflächen voneinander getrennten Orte stellenweise unmittelbar ineinander übergeht, hat Wenningstedt bislang doch seinen eigenen, unverwechselbaren Charme als traditionelles Familienbad zwischen dem »Weltbad Westerland« und dem »Schicki-Micki-Kampen« bewahren können. Schließlich befindet man sich ja hier auch im geografischen Mittelpunkt der Insel.

Der Arnikaweg mündet über die Straße Seedüne in den Hochkamp ein. Hier biegen wir links ab in die Dünenstraße und fahren nach kurzer Strecke links hoch, über den geräumigen Parkplatz zur Wenningstedter Kliffpromenade. Genießen Sie von hier aus den grandiosen Kliffblick auf Strand und Meer. Das Fischimperium Gosch glänzt linker Hand mit einem weiteren Prunkbau der Gastronomie direkt an der Kliffkante. Gelungen ist diesmal die Architektur: Eine mit grünem Grasdach versehene »Welle«.

Auch beim neuen Kurhaus hat man sich bemüht, den Ortscharakter zu erhalten. Das große, weiße Gebäude mit dem Holzfassaden-Vorbau sieht alt aus, wurde aber erst 2015 eröffnet. Der Backsteinbau ist im Bäderstil der vorletzten Jahrhundertwende gehalten. In dem modern wirkenden Würfel davor befindet sich der Wenningstedter Kulturpalast Kursaal[3]. Hier treten das ganze Jahr über bekannte Künstler der Republik auf.

Direkt am Strandübergang befindet sich eine gewaltige, hölzerne Treppenkonstruktion, die 25 Höhenmeter von der Kliffkante zum Meer überwindet. Für Kinder ist eine Rutsche zum Strand eingebaut und Menschen mit Gehproblemen können einen Lift benutzen. Die Abbruchkante des Kliffs bröckelt hier schon seit Jahrtausenden. Genau hier fielen schon einige Gebäude von der Kante, wie die heute nicht mehr existierene Wenningstedter Strandhalle und Teile des Restaurants Kliffkieker.

Inzwischen sorgen die regelmäßig vorgenommenen Sandvorspülungen jedoch für ausreichenden Bestandsschutz. Wie lange sich der »Blanke Hans« durch die Sandmengen bändigen lässt, bleibt aber fraglich. Schließlich hat er seit dem Erreichen des Sylter Geestkerns vor rund 7000 Jahren bereits gut 13 Kilometer Kliff abgeknabbert. Vor 1000 Jahren lag die Küste Wenningstedts noch mindestens zwei Kilometer weiter westlich. Ein Alt-Wenningstedter Hafen soll damals hier an die 200 Schiffe der Sylter

Eine »Superrutsche« an den Strand

Heringsfangflotte beherbergt haben. 1362 gingen Hafen und Handelsplatz in der »Groten Mandränke« unter. Das neue Dorf wurde kurz darauf dort angelegt, wo sich der alte Ortskern heute noch befindet: rund um den alten Dorfteich.

Schon 449 n. Chr. nutzten die Angelsachsen neben anderen Häfen auch den »Wendingstadts«, um mit Wikingerschiffen gen England in See zu stechen. Dieser Umstand, der jedoch wissenschaftlich nicht belegt ist, dürfte auch der Grund für das Symbol der Wenningstedter Flagge sein: ein goldener Wikingersteven, der aus der Nordsee ragt.

Wer den Kliffblick über Meer und Strand etwas ruhiger als im Trubel auf der Promenade genießen will, radelt ein paar hundert Meter weiter Richtung Norden über die Dünenstraße zur Berthin-Bleeg-Straße. Parken Sie Ihren Drahtesel am Kopf des Parkplatzes bei den öffentlichen Toiletten. Das gibt es wohl auch nur auf Sylt, dass ein Toilettenhäuschen mit einem teuren Reetdach gedeckt ist! Hier handelt es sich jedoch um ein Pilotprojekt: Auf dem Dach liegt kein traditionelles Schilfgras, sondern eine chinesische Variante: Miscanthus sinensis, Chinagras. Das auf Schleswig-Holsteinischen Äckern angebaute Exotengras kann zur Energienutzung und eben zur Dachdeckerei genutzt werden. Ob das täuschend echte wirkende Gras das überwiegend aus Ungarn eingeführte Reet ablösen wird? In dem dem Fall müsste man an den Dächern zukünftiger »Friesenkaten unter Reet« den Aufkleber »Made in China« anbringen!

Mein Lieblingsspaziergang in Wenningstedt

Vom Strandübergang Berthin-Bleeg-Straße den Kliffweg in Richtung Norden nehmen und bis zum Strandübergang Campingplatz Kampen oben an der Kliffkante durch die teils prähistorisch anmutende Landschaft laufen. Zurück am Strand das Rote Kliff von unten bewundern und dann im Strandrestaurant einkehren.

Der Strandübergang weist hier zwei Besonderheiten auf: links eine geräumige Aussichtsplattform mit tollem Rundumblick und rechts einen Dünenwandersteg, der besonders geeignet ist, um bei guter Fernsicht den Sonnenuntergang zu genießen.

Wenningstedter Dorfteich, Friesenkapelle und Denghoog

Wir radeln nun die Dünenstraße weiter nach links hinunter, via Dünental und Lerchenweg Richtung zum Dorfteich. Wer Muße hat, stellt sein Fahrrad hier in den Ständer und wandert zu Fuß um den alten Weiher. Er ist das größte stehende Gewässer auf der Sylter Geest, ein Relikt aus der Eiszeit und immer von vielen Enten und Möwen bevölkert, deren Treiben man hier in Ruhe beobachten kann. Bitte lassen Sie sich nicht dazu hinreißen, die Tiere zu füttern. Die gut gemeinten Nährstofffrachten vieler Tierliebhaber, die im Laufe des Jahres im Teich landen, führen in sommerlichen Hitzeperioden immer wieder zu einem »Umkippen« des Gewässers – mit tödlichen Folgen für die Vogelwelt. Um solche Vorfälle in Grenzen zu halten, wird der See aufwendig über eine Belüftungsanlage und eine Wasserfontäne mit Sauerstoff versorgt.

Rund um den von Erlen und Weiden umwachsenen Dorfteich stehen die renovierten Versionen einiger uralten Friesenhäuser. Besonders eindrucksvoll ist das Bundishaus des Walfängers Teunis, schräg gegenüber des Restaurant am Dorfteich. Der Türschmuck des Commandeurshauses spiegelt noch heute etwas vom Wohlstand der Walfängerzeit wieder.

Wir wandern, mit oder ohne Drahtesel, nach rechts um den Dorfteich herum, um auch noch einen Blick auf das Witt-Hüs zu werfen, ein schönes altes Friesenhaus von 1679 auf der gegenüberliegenden Seite des Weihers, dass koplett renoviert wurde. Beachten Sie die beeindruckende Südtür, die im ruhigen Weidenstieg zu bewundern ist. Nun schieben wir unser Rad zur kleinen, beschaulichen Wenningstedter Friesenkapelle, die 1914 erbaut wurde. Im Vergleich zu dem heidnischen Monument, das keine

Der ursprüngliche Kriechgang in den Denghoog

100 Meter dahinter liegt, ist die schöne Kapelle jedoch ein geradezu neumodisches Gebäude. Die Rede ist vom rund fünfeinhalbtausend Jahre alten Denghoog, einem der bedeutendsten Hünengräber Nordeuropas. Der Name leitet sich nicht, wie vielfach beschrieben, von dem Wort Thing (Versammlungsort) ab, sondern ist laut neueren wissenschaftlichen Quellen eine Zusammenziehung aus dem ursprünglichen Namen Norderenghoog (Hügel der nördlichen Wiese).

Das geräumige Ganggrab aus der Jungsteinzeit wird gern »Pyramide des Nordens« genannt, obwohl es um 3600 v. Chr. gebaut wurde, also etwa 1000 Jahre früher als die Cheops-Pyramide in Ägypten. Es kann besichtigt werden: Eine Gelegenheit, die Sie auf keinen Fall versäumen sollten! Kein Buch, kein Prospekt ersetzt die unbeschreibliche Atmosphäre, die im Innern der prähistorischen Kultstätte erlebt werden kann. Besonders wenn der Betreuer, meist ein »friesisches Urgestein« des Sylter Heimatvereines, unter den tonnenschweren Decksteinen Geschichten über Leben und Tod der ersten Sylter Steinzeitmenschen zum Besten gibt.

Viele rätseln, wie es die Menschen jener Zeit geschafft haben, die riesigen Findlinge aufeinanderzusetzen. Die Steinzeitmenschen waren gute Baumeister. Sie suchten die richtigen, auf einer Seite abgeflachten Großsteine aus und zogen sie mithilfe von Ochsen in vorbereitete »Eierbecher-Erdlöcher«, die vorher in Kreisform gegraben wurden. Diese Tragsteine wurden dann von der Innenseite wieder mit Erde aufgeschüttet. Über eine lange Rampe zog man dann die schweren Decksteine auf den künstlichen Hügel und grub danach die Erde wieder heraus. Fertig war das Ganggrab. Eine Aktion, die mit wenigen Leuten auch heute noch in fünf bis sechs Tagen ohne schweres Gerät machbar ist, wie Versuche von Archäologiestudenten gezeigt haben. Die Megalith-Menschen ummantelten das Bauwerk mit einer Deckschicht aus vermörtelten Steinplatten und zu guter Letzt mit einem Haufen Erde. Ihr Mörtel war Klei aus dem Watt. Offen gelassen wurde nur der kurze Gang zur Südseite. Der ist genau in Nord-Süd ausgerichtet, sodass zur Wintersonnenwende um 12 Uhr Ortszeit das Licht durch die enge Graböffnung auf den Spiegelstein im Innern der Kammer fällt. Dies sei jedoch kein ausreichender Beweis dafür, dass der Denghoog als steinzeitlicher »Kalender« genutzt wurde, meinen wissenschaftliche Experten.

Dennoch ist man recht sicher, dass der Denghoog nicht als stille Grabstätte, sondern eher als »lebendiger« Kultplatz genutzt wurde, in dem über viele Generationen Totenfeiern oder andere Rituale abgehalten wurden. Die im Denghoog entdeckten Reste einer unverbrannten Leiche, zahlrei-

Wintersonnenwende im Denghoog

che, unvollständige Teile weiterer Skelette, Urnenscherben und ein Rinderzahn sind weitere Indizien, die der Phantasie in dieser Richtung Nahrung geben. Bei den Ausgrabungen, die 1868 und 1982 erfolgten, wurden auch zahlreiche Scherbenfunde gemacht, die auf rituelle Handlungen schließen lassen und sich im Schleswig-Holsteinischen Landesmuseum Schloss Gottorf in Schleswig befinden.

Der blauschwarze Klei, der zum Vermörteln der genannten Mantel-Steinschicht verwendet wurde, ist ein Indiz für die geologische Sylt-Forschung. Wahrscheinlich war Sylt bereits zur Zeit des Denghoogbaus eine (Halb-) Insel, denn der Klei stammt aller Wahrscheinlichkeit nach aus einer Schlickbank eines bereits vor 6000 Jahren im Osten vorhandenen Wattenmeeres.

Wer nach dieser Zeitreise nun direkt nach Westerland zurück möchte, biegt rechts ein in den Gaadt (Gasse), fährt über Bi Kiar (Bei der Kirche) und Kampener Weg, überquert die Hauptstraße bei Feinkost Meyer und etwas später links in den Trenstiin, über die Osterstraße auf den ausgeschilderten Radwegen bis zum Bahnhof oder ins Kurviertel Westerland. Fahrtzeit je nach Wind rund 30 Minuten.

Wer mehr Kraft und Zeit mitbringt, aber noch nicht den hohen Inselnorden erkunden will, macht sich auf den Weg in den wattwärts gelegenen Ostteil von Wenningstedt, nach Braderup. Diejenigen, die nach Kampen und List möchten, lesen bei Tour 8 weiter.

Für Familien mit Kindern sei noch der Inselcircus empfohlen, der zur Sommersaison auf der grünen Wiese beim Denghoog seine Zelte aufschlägt. Neben dem erstklassigen Programm voller Clownerie und Akrobatik gibt es auch zirzensische Ferienkurse für Kinder und Senioren. Die elterliche Ermahnung »Mach hier jetzt keinen Zirkus« ist im Urlaub ja ohnehin völlig unangebracht. Eine weitere Alternative bietet sich etwas nördlich des Denghooges: Der Sylter Sagenwald. Ein Kinderspielplatz mit Aha-Effekt im Osewäldchen.

Hünen-Kultur, der Lehrpfad in die Steinzeit

Der Sylter Heimatverein Sölring Foriining präsentiert unter dem Motto »hünen.kulTour« einen archäologischen Lehrpfad. Der im Inselkern zwischen Kampen, Tinnumburg, Nössedeich und Morsum auf vorhandenen Fuß- und Radwegen ausgelegte Parcours entstand in Zusammenarbeit mit dem archäologische Landesamt Schleswig-Holstein.

Die Epochen- und Themenschwerpunkte des Lehrpfades liegen bei Monumenten aus der jüngeren Steinzeit (Neolithikum) und der Bronzezeit. Die Eisenzeit (römische Kaiserzeit) wird durch die Ausgrabungen am Melnknop (Archsum) dargestellt. Wichtige Punkte sind die Ringwälle, Tinnumburg und Archsumburg, die nur noch durch eine Steinsetzung erkennbar ist. Die Darstellung allgemeiner vor- und frühgeschichtlicher Siedlungsräume auf den Geestkernen der Insel runden die Informationen ab.

Start und Ziel ist das 5500 Jahre alte Großsteingangrab Denghoog in Wenningstedt. Weitere 28 Standorte sind über Tafeln mit entsprechende Hinweisen direkt beim jeweiligen Bodendenkmal bzw. Siedlungsraum installiert. Jede Tafel erklärt sich von selbst, so dass auch unabhängig von der Nutzung des gesamten Lehrpfades die Informationen verstanden werden. Ein informativer Flyer weist auf den Lehrpfad hin und beinhaltet die Grundinformationen und eine Übersichtskarte. Dieser ist bei vielen Tourist-Informationen und im Sylt-Museum erhältlich.

Braderup

Zur schönen Wattseite in den Ortsteil Braderup führt die Straße Bi Kiar (am Teich) nach Osten in den Gaadt (Gasse) und geradeaus weiter durch die Unterführung. Hier folgen wir der Straße einige hundert Meter und lenken halblinks zur bei der Gärtnerei. Dort beginnt ein kleiner, unbefestigter Rad- und Wanderpfad nach Braderup.

Der schmale Weg führt über uralte Geest und trennt zwei Sylter Welten: Linker Hand liegt nach kurzer Strecke der 18-Loch-Platz des Golf-Club Sylt, auf dem (nicht nur) die Kampener Prominenz fotogen vor dem schwarzweiß geringelten Leuchtfeuer die Bälle fliegen lässt (Vorsicht! Nicht alle treffen auf Anhieb das richtige Loch). Rechts vom Weg wird eine kleinbäuerliche Landwirtschaft auf kargem Heideboden betrieben. Solche Betriebe, die überwiegend biologisch angebaute Lebensmittel produzieren, sind auf Sylt sehr selten geworden. Es duftet hier, je nach Jahreszeit, nach Heuernte oder bearbeiteter Muttererde. Pferdemist kann man hier fast immer schnuppern, denn auf einigen Wiesen grasen Pferde. Am Ende des Wanderweges biegen wir in den Bröns-Wai (Weg zu den Brönshügeln) ein. Wer nun Lust auf ein sonniges Päuschen hat, sollte die Autostraße Terpwai kreuzen, ein kleines Stück links hoch in Bi Müür (Am Sumpf) radeln und sich an dem kleinen, von Erlen umwachsenen Weiher in der ländlichen Stimmung entspannen. Alle anderen biegen vor Überquerung der Autostraße in den ungepflasterten Wiip-Wai (Kiebitzweg) ein und kommen an der Autostraße nach Kampen, dem M.-T.-Buchholz-Stich, heraus. Schräg gegenüber befinden sich ein trendiges Café und eine Ledermanufaktur. Wer ein wirklich ausgefallenes Stück Handarbeit guter Qualität mit nach Hause nehmen möchte, sollte sich in der kleinen Werkstatt einmal umschauen.

Von hier aus radeln wir an der Werkstatt vorbei in die Straße Üp de Hiir (auf der Heide) und landen am Eingang des Naturschutzgebietes Braderuper Heide. Nach einem ausgedehnten Spaziergang über die hoch über dem Wattenmeer gelegene Heidelandschaft mit dem traumhaften Weitblick bis nach List, besuchen wir noch die Erlebnisausstellung der Naturschutzgemeinschaft Sylt e. V. im Klara-Enss-Haus.

Mein Lieblingsspaziergang in Braderup

Am Ende der Straße Üp de Hiir Richtung Watt.
Dann erst auf dem Kliff und später am Ufer nach Süden,
bis zum Munkmarscher Hafen.

Naturschutzgebiet Braderuper Heide

Auf knapp 180 Hektar Naturschutzfläche breitet sich von hier bis nach Kampen, auf der Hochlage des alten Geschiebekerns, eine reizvolle Geest-Heidelandschaft mit herrlichem Wattblick aus. Uralte Erosionsrinnen, die schon das Wasser der abtauenden Eiszeitgletscher führten, schneiden sich in die sanfte Hügellandschaft. Zum Wattenmeer hin bricht die Heide abrupt mit niedriger, heller Kliffkante ab. Es ist der hier fast bis zur Oberfläche reichende, tertiäre Kaolinsand, der dem knapp einen Kilometer langen Weißen Kliff seinen Namen gibt.

Die Braderuper Heide steht seit 1979 unter Naturschutz. Mit viel Eifer kümmert sich die Naturschutzgemeinschaft Sylt e. V. um den Erhalt des urwüchsigen Gebietes. Sonst gäbe es hier wohl kaum noch unverfälschte Natur zu sehen. Ende der 1970er-Jahre war die Heide schon einmal in desolaterem Zustand. Die Urlauberzahlen stiegen damals rapide, eine Betreuung des Gebietes war kaum vorhanden. Scharen von Menschen nutzten Heide und Magerrasen als Liegewiese, Picknickfläche und Eldorado für freilaufende Hunde. Mit dem Resultat, dass dichte Arnikabestände und Trockenrasenfluren unter einem Gewirr von Trampelpfaden verschwanden. Dank der inzwischen durchgeführten Besucherlenkungsmaßnahmen konnte die Natur gut 22 Kilometer Trampelpfade wieder zurückerobern. Bitte helfen Sie mit, dass diese Bilanz noch besser wird.

Besonders viel haben Sie von einem ausgedehnten Spaziergang zwischen Wald, Watt und Heide, wenn Sie sich im nahegelegenen Naturzentrum Klara-Enss-Haus der Naturschutzgemeinschaft vorher informieren.

Die Braderuper Heide ›

Am schnellsten erreichen wir das Naturzentrum, indem wir Üp de Hiir zurückradeln und dann links in den M.-T.-Buchholz-Stich einbiegen. Nach wenigen Metern liegt auf der linken Straßenseite die Einfahrt zum Naturzentrum. Schräg gegenüber befindet sich ein erst 2011 gebauter »Bauernhof-Kindergarten«.

Die Naturschutzgemeinschaft Sylt e. V.

In dem nicht weit entfernten Informationszentrum der Gebietsbetreuer, der Naturschutzgemeinschaft Sylt e. V., wird eine erlebnisreiche Ausstellung vorgehalten, die neben der Ökologie des Naturschutzgebietes auch viele andere Aspekte der Sylter Landschaft und des Umweltschutzes beleuchtet. Ein besonderer Schwerpunkt im Klara-Enss-Haus liegt auf der Ökologie der Sylter Geestheiden. So erfährt man beispielsweise, dass die wegen ihrer Blütenpracht so beliebte Syltrose (Rosa rugosa) dem Naturschutz ein echter Dorn im Auge ist: Um 1900 aus Asien eingeführt, breitet sich die widerstandsfähige Pflanze seitdem über Wurzelstöcke immer heftiger in Dünen und Heiden aus. Dabei nimmt sie mit ihrem dichten Blätterwerk der ursprünglichen, schützenswerten Pflanzenwelt das notwendige Licht. Im Winter lugt zwischen den dürren, kahlen Rosenstöcken dann der pure Boden hervor, der von Wind und Wetter leicht ausgeblasen wird.

Besonders sehenswert ist auch der hübsch angelegte Garten mit Kräuterspirale und die »Open-Air-Sammlung« verschiedener geologischer Gesteinsformen aus dem Sylter Geestkern im Geschiebegarten.

Die Braderuper Heide kann man nur zu Fuß erwandern. Für Radler lohnt sich daher zunächst eine Rundtour durch die wenigen Gassen Braderups. An manchen Ecken wird deutlich, wie sich in den vergangenen 30 Jahren der Wandel von einem kleinen ländlichen Flecken, der gerade mal 25 Häuser umfasste, zu einer Siedlung im »anspruchsvollen Reetdachhaus-Stil in vorzüglicher Lage« vollzog. Für Grundstücke in Braderup und Kampen erzielen Makler absolute Höchstpreise, die sogar beste Lagen in deutschen Großstädten schlagen.

Solarkocher am Naturzentrum

Ausgehend vom Naturzentrum geht es nach Süden in Richtung Munkmarsch und Keitum. Hinter der Kirche St. Severin erreichen wir den Keitumer Kreisel und können uns dort entscheiden, ob es weiter durch Keitum
oder nach rechts geradewegs zurück in die Inselhauptstadt gehen soll.
Wer noch aufnahmefähig ist und den richtigen Wind zum Radeln hat, kann
diese längere Strecke zurück nach Westerland wählen – es gibt vom
Naturzentrum aus aber auch einen schnellen und schöneren Schleichweg
zur Inselmetropole Westerland: Auf der gegenüberliegenden Straßenseite
ist links schon der hohe Zaun zu sehen, der Marine-Golf-Club und Flughafengelände begrenzt. Direkt am Maschendraht führt ein schöner Fahrradweg schnurgerade über die Geest am Schutzgebiet Keitumer Heide vorbei.
Es handelt sich hier um die Geestheide des gesamten Flughafen- und Golf-
platz-Bereiches, der nach der EU-Richtlinie Flora-Fauna-Habitat (FFH) unter Mindestschutz gestellt wurde. Wir gelangen zu einer Holzbrücke, die
die viel befahrenen Landesstraße zwischen Westerland und List überquert. Von hier können Sie nochmals einen Rundblick tun und über die
krassen Gegensätze Sylts sinnieren:
Im Südosten das riesige Flughafengelände, wo täglich Maschinen aus
deutschen Großstädten Touristen, Geschäftsleute, Manager und Magnaten
zur Sylter Sommerfrische einfliegen. Im Südwesten die Hochhäuser von

Schützenswert: Krähenbeeren, Glockenheide und Kriechweide

Westerland und eine Besiedlung, die bis ins westlich gelegene Wenningstedt nicht abreißt. Im Norden der Blick über bäuerliche Landschaft zum
Kampener Leuchtturm und, unweit des eben befahrenen Fahrradweges,
auf die Trööshooger, zwei bronzezeitlichen Grabhügel. Im Osten das beschauliche Braderup mit dem stillen Wattenmeer im Hintergrund.
Radeln Sie nun die Brücke hinunter. Hier gibt es zwei Möglichkeiten, um
wieder nach Westerland zu kommen: Die kürzere Route führt entlang der
Hauptstraße leicht abschüssig auf den Bahnweg. Ihm folgen Sie auf der
Route der alten Inselbahntrasse durch die Stadt zurück zum Bahnhof. Die
andere, schönere Strecke, führt von der Brücke nach ein paar Metern
rechts, dann links rein auf den Osterweg. Folgen Sie diesem nach links in
den Grenzweg, der Sie, immer geradeaus, über die Fernsicht bis an die
westliche Dünenkante bringt. Dort können Sie dann nach Süden über
Arnikaweg und Kurweg bis zum seeseitigen Ende der Fußgängerzone
Friedrichstraße fahren.
Ist Ihr Ziel Kampen, radeln Sie vom Naturzentrum den M.-T.-Buchholz-Stich
in Richtung Norden zurück. Vorbei an der Braderuper Heide zur Rechten
und dem Golfplatz zur Linken passieren wir beim Heide-Parkplatz zwei

bronzezeitliche Grabhügel, die durch die Autostraße voneinander getrennt sind. Etwa 100 Meter weiter biegt auf der linken Straßenseite ein Feldweg in Richtung Kampener Leuchtturm ab (Anschluss an Tour 8).

NÜTZLICHE ADRESSEN ZUM THEMA

Messstelle des Umweltbundesamtes am Lornsenweg in Westerland

www.umweltbundesamt.de

Naturzentrum Braderup der Naturschutzgemeinschaft Sylt e.V.

April bis Oktober täglich außer Sonntag 10 bis 18 Uhr

04651 44421 · www.naturschutz-sylt.de

Denghoog in Wenningstedt (Steinzeitgrab neben der Kirche)

April bis Oktober Mo. bis Fr. 10 bis 17 Uhr

Sa., So., Feiertag 11 bis 17 Uhr

im Winter nach Absprache · www.soelring-foriining.de

› **Tour 8**

Kontraste zwischen Kliffs und Klunkern: Die große Nordtour

Wenningstedt – Kampen – List

Ellenbogen

Königshafen

Vogeli
Uthö

Lister
Koog

Wanderdünen

List

Süder-
heidetal

Wester-
heidetal

Akademie am Meer
(Klappholttal)

Seekühe

13

0   1 km   2 km

FFK-Strand
Buhne 16

12

10

8

Hauptstrand

9

Kampen

5

6

11

7

Rotes Kliff

3

2

4

1

Braderuper
Heide

Golf
platz

Anschluss
Tour 7

Wenningstedt

Anschluss
Tour 7

Braderup

Weißes Kliff

Friedrichs
hain

Munkmarsch

Kartengrundlage
© 2012 INSELGRÜN-Verlag

Start-/Zielpunkt

Hinweg

Rückweg

Extra-Tour Kampen

Touristeninformation

1. Denghoog (Startpunkt)
2. Golf Club
3. Kampener Leuchtturm
4. Brönshoog
5. Avenarius-Park
6. Kaamp-Hüs
7. Uwe Düne
8. Krockhooger
9. Hinkelstein
10. Leuchtturm Rotes Kliff
11. Café Kupferkanne
12. Buhne 16
13. Vogelkoje Kampen
14. Erlebniszentrum Naturgewalten Syl
15. Rømø-Fähre und Ausflugsschiffe

Am Denghoog in Wenningstedt (dem Ende von Tour 6) führt ein direkter
Radweg vorbei in Richtung Kampen. Wer es nicht so eilig hat, sollte einen
kleinen Umweg in Kauf nehmen, der nah an einem Wahrzeichen der Insel
vorbeiführt, dem schwarzweiß geringelten Kampener Leuchtturm.
Dazu fahren wir ein Stück den Radweg am Denghoog in Richtung Norden
und biegen dann nach rechts in den Nordweg ein. Nun überqueren wir
vorsichtig die stark befahrene Landesstraße in Richtung Schule und Nord-
dörferhalle. Auf der linken Seite mündet beim Golf-Club Sylt ein schmaler
Fuß- und Reitweg ein, der uns direkt über den großen Golfplatz führt, auf
dem meist ein reges Bälletreiben zu beobachten ist. Am besten schieben
wir unser Rad auf dem schmalen Pfad. Dann ist es einfacher, die fliegen-
den Bälle und die bronzezeitlichen Grabhügel wahrzunehmen, die sich
auf der 18-Loch-Golfanlage befinden. Nach dem Verlassen des Golfplatzes
führt der nun befestigte Weg geradeaus zum Parkplatz an der Braderuper
Heide.

Der Kampener Leuchtturm

Wir biegen zweimal links ab zum Leuchtturm, bis wir
auf den befestigten Leuchtturmweg gelangen. Stolz
ragt das schwarzweiße Seezeichen mit einer Höhe
von 38 Metern aus einer Gruppe besonders mächtiger, bronzezeitlicher Grabhügel hervor, den Bröns-
hoogern. Der größte ist sieben Meter hoch und misst
34 Meter im Durchmesser. Der Brönshoog markiert
gleichzeitig mit 27,2 Meter über N.N. den höchsten
Punkt der Sylter Geestoberfläche.
Der Kampener Leuchtturm »Christian« wurde 1855
unter dem dänischen König Friedrich Karl Christian
VII. erbaut, wie noch heute am Siegel Seiner Majestät
ersichtlich ist.
Die Dänen hatten 1852 auf der Weltausstellung in Pa-
ris für 40 000 Taler einen neuartigen Leuchtapparat
erstanden, der drei Jahre später ausgerechnet in den
Sylter Turm eingebaut wurde. Das Leuchtfeuer ver-
brauchte damals 3400 Kilo Rüböl und gut 36 Meter
Lampendocht pro Jahr. Ein Uhrwerk sorgte für das
Kreisen des Lichtes durch die verstärkenden Prismen-
gläser. 1929 wurde auf Elektrizität umgestellt und

1978 verließ der letzte Leuchtturmwärter seinen Posten. Seitdem pulst das Leuchtfeuer des Nachts vom Festland ferngesteuert alle 15 Sekunden. Seine Kennung ist über eine Distanz von 38,9 Kilometern sichtbar.

Kampen

Da man den Turm leider nicht von innen besichtigen kann, radeln wir den Brönshoogerweg direkt zu Füßen des Leuchtturms weiter Richtung Kampener Ortskern. Beim Kirchenstieg biegen wir rechts ein und gelangen gegenüber dem alten, schlichten Friesenhaus links in den Braderuper Weg. Der endet direkt an der »Schicki-Micki-Shopping-Achse« Kampens, die, zunächst noch recht nüchtern, nach rechts entlang der Hauptstraße verläuft, um später, eher urlaubstrunken als Whiskymeile bekannt, links in den Strönwai (Strandweg) einzuschwenken. Der Ruf der Straße leitet sich wohl vom angeblich heißen Nachtleben der Prominenten, Schönen und Reichen ab, die in den Restaurants und Kneipen des kurzen Strönwais verkehren. Gogärtchen, Rauchfang und Pony gehören zu den legendären Kampener Adressen.

Auf der Whiskymeile

Wer sich im Kampener Kommerzviertel näher umschauen will, der sollte sein Rad nun abstellen und per pedes einen kleinen Schaufenster-, Café- und Kneipenbummel machen. Bei der Gelegenheit kann man auch einen Blick in die Galerie des Sylter Künstlers Sigward Sprotte (Falkenstern Fine Art) werfen, die sich in der Alten Dorfstraße 1 befindet. Der Sohn des bekannten Malers präsentiert hier neben den Werken Sprottes weitere internationale Künstler. Hier können Sie sich auch über den Kampener Kunstpfad informieren. Dabei handelt es sich um zahlreiche Gedenktafeln, die an markanten Punkten des Ortes zu Ehren der Künstler und Persönlichkeiten stehen, die den Ruf Kampens begründet haben. Informationen aller Art gibt es im Kaamp-Hüs, dem aufwendig gebauten Sitz des örtlichen Tourismus-Service, in dem auch zahlreiche Gemälde bekannter Kampener Künstler hängen; zur Hauptsaison findet hier der vielbeachtete Literatursommer mit deutschen Bestsellerautoren statt.

Mein Lieblingsspaziergang in Kampen

Durch die Wuldeschlucht in die Braderuper Heide und dem Café Kupferkanne einen Besuch abstatten. Dann hinunter ans Watt und den Fennenweg entlang des NSG Nielönn laufen. Am Ende die Landesstraße überqueren, durch das eisenzeitliche Grabhügelfeld bis zum Haus Kliffende und dem kleinen Unterfeuer Rotes Kliff.

Wer eine Pause vom Trubel möchte, begibt sich in den stillen Avenarius-Park unweit des Kaamp-Hüs am Hans-Hansen-Wai. Hier gibt es neben einer Gedenkstätte für Gefallene der beiden Weltkriege auch eine weiße Buddha-Statue zu sehen, die erst 2019 von Sylter Buddhisten aufgestellt wurde und der Meditation dient. Sie wurde von Lama Ole Nydal geweiht, der sporadisch die Insel besucht. Auf einer kleinen Tafel wird dem Namensgeber des Parks, Ferdinand Avenarius gedacht. Ihm hat Sylt viel zu verdanken, denn er gehörte zu den ersten Initiatoren, die sich dafür einsetzten, die Sylter Landschaft unter Naturschutz zu stellen. Außerdem war er seit 1887 Herausgeber des literarischen Kulturmagazins »Der Kunstwart« und eine bekannte Persönlichkeit. Avenarius galt in der Kunst- und Kulturszene des damaligen Berlin als Entdecker Kampens und zog viele Schriftsteller und Künstler in den damals noch verschlafenen Ort. Diese Zeit und die wilden 1960er-Jahre beflügeln das Kampener Flair noch heute.

Meine Herren und Damen,
ich pfeife auf einen unsterblichen Namen.
Doch ein stilles Werk unsterblicher Kraft,
das leise weiter und weiter schafft,
das wär, was ich mir wünschen könnt.
Ferdinand Avenarius (1856 Berlin – 1923 Kampen)

Die Uwe Düne

Diejenigen, die nicht tiefer in Kampens Gassen schnuppern wollen, überqueren die Hauptstraße beim Restaurant Manne Pahl und radeln direkt geradeaus weiter durch die gleichnamige Straße zur Uwe Düne. Ihr Gipfel bildet mit 52,5 Metern den höchsten Punkt der Insel. Die nach dem Freiheitskämpfer Uwe Jens Lornsen benannte Düne ist bereits von Weitem anhand der Aussichtsplattform zu identifizieren. Am Ende der Asphaltstraße können wir unsere Räder abstellen und den Rest bis zur steilen Holztreppe am Fuße der Uwe Düne spazieren. Das Erklimmen der über 100 Stufen wird mit einem wunderbaren Blick über die ganze Insel und die Nordsee belohnt. Sogar das Morsum Kliff ist, bei guter Sicht nach Osten, jenseits von Kampen deutlich an seiner Farbstreifung zu erkennen. Gen Süden lassen wir unseren Blick über das Naturschutzgebiet Rotes Kliff schweifen. Deutlich sind die nun von Heidekraut festgelegten Wanderdünen zu erkennen, die früher über den hohen, eiszeitlichen Geestkern geblasen wurden. Hinter der Skyline von Westerland kann der südliche Nehrungshaken bis Hörnum erahnt werden. Richtung Norden setzt sich das Naturschutzgebiet Rotes Kliff mit der Nordheide fort und geht am Ortsende von Kampen in die phantastische Dünenlandschaft des Listlandes über, auch die Blidselbucht und der Ellenbogen sind gut erkennbar. Eine Präsentation aller Informationstafeln der Sylter Naturschutzgebiete, die rund um die Aussichtsplattform angebracht sind, gibt einen geballten, informativen Einblick in die Naturzusammenhänge und Wegegebote der Insel.

Das Rote Kliff

Wer mal einen tollen Spaziergang auf der hohen Kante des Roten Kliffs machen möchte, dem sei der Naturwanderweg empfohlen, der kurz hinter

der Uwe Düne direkt am Meer beginnt und immer haarscharf oberhalb der bis zu 25 Meter hohen Klippe bis nach Wenningstedt führt.

Blick über tausendjährige Dünen nach Kampen

Das Naturschutzgebiet Dünenlandschaft auf dem Roten Kliff

Die rote Steilküste und die darauf abgelagerten Dünen- und Heideflächen stehen seit 1979 unter Naturschutz. Zu Recht, denn hier haben wir es mit einer besonders alten, seltenen und ausgesprochen schönen Landschaftsform Deutschlands zu tun.

Das erkannten die Gründer des »Verein Naturschutz Insel Sylt« schon 1923. Sie schrieben damals an den Landrat, er »möge darauf hinwirken, dass die nördlich der bebauten Ortschaft Kampen angrenzenden, bis in das Dünenland sich erstreckenden Heideflächen, die als ein Naturdenkmal von einzigartiger Schönheit gelten müssen, vor weiterer Bebauung mit Häusern gesichert werden.« Gemeint ist die Nordwestheide vor Kliffende, die wohl nur wegen solcher ehrenamtlicher Aktivitäten auch heute noch unser Auge erfreut.

Das Kliff bildet die viereinhalb Kilometer lange Westseite des größten der vier Sylter Geestkerne. Vor rund 7000 Jahren griff die heranrückende Nordsee den festen Geschiebekern der vorletzten Eiszeit erstmalig an.

Die damals noch flach gewölbte Küste lag etwa 13 Kilometer weiter westlich.

Seitdem sind viele Quadratkilometer Geröll abgetragen worden und dort, wo die Kliffkante ist, geschieht das bei Sturmfluten auch heute noch.

Besonders gut lässt sich die Schichtung des Kliffs nach starken Fluten vom Strand aus betrachten. Das Wasser hat dann das herabgefallene Material fortgespült, und die bis zu 25 Meter hohe Wand wird sichtbar: Der Sockel von weißem, etwa sechs Millionen Jahre altem Kaolinsand, ist von einer braunen Eisenschwarte überlagert. Darauf ist die mächtige Schicht von verwittertem, rotbraunem, rund 100 000 Jahre altem Geschiebemergel sichtbar, einer lehmigen Moräne mit eingeschlossenen Gesteinsbrocken, die von den abtauenden Gletschern der Saale-Eiszeit hier zurückgelassen wurde. Auf dieser Schicht tritt an manchen Stellen eine natürliche Steinpflasterung zutage, die durch nacheiszeitliche Starkwinde entstand. Der Wind trug damals den Oberboden ab und ließ nur die größeren Steine zurück, die wie in einem Sandstrahlgebläse markant geformt und poliert wurden. An diesen »Windkantern« kann man heute noch die damalige Hauptwindrichtung ablesen. Ansonsten ist die Oberfläche des Kliffs von nunmehr durch Bewuchs festgelegten Wanderdünen überzogen. Aber wie konnten solche Sandberge die hohe Kliffkante überwinden? Des Rätsels Lösung: gar nicht! Die Dünen bestehen aus Sand, der vor Jahrtausenden aus dem Meer auf den damals noch flach ansteigenden Geestkern geweht wurde und dann landeinwärts »wanderte«. Als dann das Kliff zu hoch wurde, riss die Sandversorgung ab.

Diese alten Wanderdünen und das Kliff sind ebenso wie die dazwischenliegenden Geestheiden durch Bebauung und Zertrampelung stark gefährdet.

Als Radler kehren wir zurück zu unseren Drahteseln und folgen dem asphaltierten Westerweg nach Norden, vorbei an der Whiskymeile Strönwai links in die Kurgaststraße (beachten sie links in den Dünen die Megalithe des eindrucksvollen steinzeitlichen Hünengrabes.) Vor uns liegt nun ein

imposantes Stück Geestheide, dessen auffälligster Punkt das Hotel Sturmhaube ist, auf das wir nun zuradeln. Hier können wir, vorbei an einem
riesigen Biotit-Gneis-Findling, nochmals direkt ans Kliff treten, das schon
merklich niedriger als bei der Uwe Düne ausfällt. Der mächtige Hinkelstein ist dreieinhalb Meter hoch, 25 Tonnen schwer und – halten Sie sich
fest – eine Milliarde Jahre alt! Er wurde in Kampen vor dem Kliff gefunden,
nachdem er von der vorletzten Eiszeit über hunderte Kilometer von Skan-
dinavien bis hierher geschwemmt wurde. Wer einen weiteren Eindruck
von der Mächtigkeit und Schichtung der eiszeitlichen Geschiebemassen
haben möchte, sollte einmal von hier aus in Richtung Wenningstedt einen
Strandspaziergang am Fuße des Kliffs unternehmen.

Haus Kliffende im Sturm

Richtung Norden wird das Kliff auf kurzer Strecke immer flacher und ver-
schwindet völlig unter den Dünen des nördlichen Nehrungshakens, der
hinter dem schönen Haus Kliffende seinen Anfang nimmt. Von der Sturmhaube fahren wir zu dem historischen Gebäude hinüber, das in den
1920er-Jahren die Sylter Prominenten-Herberge war. Hier logierten der
Maler Emil Nolde, der Verleger Ernst Rowohlt und der Dichter Thomas
Mann, der mit einer Passage im »Zauberberg« der Sylter Brandung einen
Platz in der Weltliteratur sicherte. Die folgenden Zeilen hingegen, die in
einem Brief an seinen Bruder Heinrich zu lesen sind, müssen ihm im
Novembernebel aus der Feder geflossen sein: »Die Reize der Insel sind
keusch und karg und lenken den Sinn auf Grog«. Ähnlich »begeistert«
äußerte sich auch der Schriftsteller Max Frisch nach einem Besuch Sylts:
»Hin und wieder kippe ich einen Steinhäger bei so viel leerem Himmel.«
Das Haus Kliffende war dann zwischen 1955 und 1997 ein Erholungshotel
der Deutschen Bank. Anschließend wechselte das nur rund 40 Meter von
der Brandung entfernt liegende Anwesen trotz der Gefährdung durch das
Meer für acht Millionen D-Mark erneut den Besitzer an eine fünfköpfige
Privatier-Gemeinschaft Kampener Stammgäste. Noch im Jahr 1990 bra-

Freigespülte Geotextilien

chen sich die Wellen keine fünf Meter entfernt von der Hausfront. Die Besitzer investierten ein Vermögen um ihren Besitz mit neuartigen Geotextilien zu schützen. Auf einer Strecke von 165 Metern wurden riesige Kunststoff-Sandsäcke verbaut und dann nochmal übersandet und bepflanzt. Das hat offenbar ausgereicht, um das Gebäude vor dem Untergang zu bewahren – jedenfalls vorerst, denn Orkanfluten räumen die Geotextilien immer mal wieder frei.

Gleich links vor der Tür ist ein geräumiger, öffentlicher Fahrradständer, in dem wir unsere Stahlrösser parken, um den Holzbohlenweg zum kleinen Quermarkenfeuer Rotes Kliff hochzulaufen. Das geklinkerte, 1912 erbaute Türmchen hat einen ganz eigenen Charme. Sein knapp 20 Seemeilen weit strahlendes Licht, das Seeleute vor einer westlich gelegenen Sandbank warnen sollte, erlosch bereits 1978. Später wurde das Gebäude von der Gemeinde Kampen erworben, und seit der Restaurierung im Jahre 1994 ist es ein besonders beliebtes Wahrzeichen der Kampener.

Vom Fahrradständer bei Kliffende schieben wir nun noch ein kurzes Stück links hoch über die Heide. Inzwischen sollten Sie schon ein Auge für die frühgeschichtlichen Sylter Grabhügel haben. Ehe wir uns versehen, befinden wir uns in einem der dichtesten Gräberfelder der Insel. Die Krockhooger, sieben Großhügel aus der Bronzezeit, waren zur Zeit ihrer Errichtung hier wohl am Nordende Sylts gelegen. Wegen seiner Dichte, des guten

Quermarkenfeuer
Rotes Kliff

Erhaltungszustandes und der landschaftlichen Lage handelt sich hier um eines der beeindruckendsten Ensembles von bronzezeitlichen Grabhügeln in ganz Deutschland. Diese stehen inmitten eines »Celtic Fields«, so werden bronzezeitliche Ackerflächen genannt, die nur per Laserstrahlen aus der Luft gesichtet werden können. Die rund 3500 Jahre alten Krockhooger gelten als die reichsten Männergräber der Insel – Kampen war halt schon immer recht nobel. Hinter dem Gräberfeld setzt sich der Radweg auf der ehemaligen Inselbahntrasse nach List weiter fort.

Diejenigen, die noch ein Stück ruhiges und reiches Kampen erkunden wollen, wechseln die Straßenseite und radeln durch den nordöstlichen

Teil Kampens zurück zum Kaamp-Hüs. Nehmen Sie die Strecke Hoogen-
kamp-Norderende. Am Heideweg dann links weiter in die Sackgasse und
auf dem sehr schmal werdenden Feldweg absteigen. Dieser Fußweg führt
zum Hobokenweg, den es dann links runter über den Wattweg zum Oster-
heideweg geht (wer zügig auf Asphalt weiterfahren will, biegt beim Heide-
weg-Schild nach rechts ab und folgt diesem bis zum Wattweg). Auf dieser
Runde fährt man an wundervollen Villen unter Reet vorbei, die zum Teil
durch ihre ungewöhnlichen architektonischen Finessen beeindrucken. Der
Weg mündet stellenweise in kleine Pfade und beschenkt mit grandiosen
Ausblicken über das Wattenmeer. Schließlich bringt uns die Strecke zum
Café Kupferkanne. Dieser Ort hat einen Preis für Originalität verdient! Die
Kupferkanne wurde 1950 um eine Gruppe von bronzezeitlichen Grab-
hügeln in eine alte unterirdische Flakstellung gebaut. In den 1960er-
Jahren tobte hier in einer angesagten Disko das Sylter Nachtleben. Nach
einer durchtanzten und durchzechten Nacht aus den katakombenartigen
Gewölben an die frische Nordseeluft zu treten und die Weite der Braderuper Heide und des Wattenmeeres im Sonnenaufgang zu erleben, muss
überwältigend schön gewesen sein. Heute präsentiert sich die sonnige
Kiefernterrasse etwas gemächlicher, aber immer noch mit dem gleichen
herrlichen Ausblick und stets hervorragendem Gebäck in außergewöhn-
licher Atmosphäre.

Das Naturschutzgebiet Nielönn

Bei der seit 1979 geschützten Fläche handelt es sich um
das Vorland, welches sich vom Kampener Geestrand in
einer Ausdehnung von rund 64 Hektar nach Norden bis
zum NSG Vogelkoje Kampen
erstreckt. Bereits zur Nach-
eiszeit bildete sich die Marsch
durch Verlandung (Nielönn =
neues Land) im Strömungs-
schatten des sich formieren-
den nördlichen Nehrungshakens der Insel.
Bei Spring- und Sturmfluten
werden auch heute noch weite Teile des Gebietes mit Salzwasser überflutet, von den

Fruchtendes Wollgras

Dünenhängen im Westen rinnt Regenwasser in die Marsch. Dadurch entsteht ein Vegetationsgebiet mit unterschiedlichen Salzgehalten und verschiedenen Mischungen von Klei- bis Sandboden. Zum Teil sind Torfschichten eingelagert, sodass das Naturschutzgebiet stellenweise Zwischenmoorcharakter aufweist. Dies wird im Frühsommer besonders deutlich, wenn das Wollgras im Nielönn fruchtet. Aus der Ferne schon sind dann die weißwolligen »Bärte« der Grassamen dieser geschützten Moorpflanze zu sehen. Über das ganze Jahr deuten die Schilf-Röhricht-Bestände den Süßwasseranteil des Gebietes an. Die Andelgraszone in Meeresnähe ist hingegen ganz vom Salzwasser geprägt: hier gedeihen Strandaster, Strandflieder, Strandbeifuß, Queller und Keilmelde.

Im Frühjahr und Herbst kann man vom Straßenrand aus hervorragend Zugvögel beobachten: Scharen von Ringelgänsen und Pfeifenten suchen dann hier nach Nahrung. Große Schwärme von Knutts, Alpenstrandläufern und anderen Rastvögeln nutzen bei Flut das hochgelegene Marschland als Schlafplatz.

Für literarisch Interessierte sei erwähnt, dass im Hobokenweg das ehemalige Haus des Verlegers Peter Suhrkamp steht, der hier in den Kriegs- und Nachkriegsjahren seinen bekannten Autoren eine Sommerfrische an der Blidselbucht gönnte. Zu den Gästen im ehemaligen Haus Hoboken gehörten Carl Zuckmayer, Max Frisch, Ernst Pentzholdt und viele andere bekannte Literaten. Dennoch verkaufte Suhrkamp sein Haus schließlich aus Verlegernot: Das Geld wurde für die Herausgabe des Gesamtwerkes von Marcel Proust benötigt. Glücklicher Käufer war Medientycoon Axel Springer, der später noch den berühmten Klenderhof dazukaufte. Das als »Springerburg« bekannte Gebäude liegt einige Häuser entfernt in der Strasse »Am Grönning« (Weideland). Die unübersehbare Burg direkt am Wattenmeer wurde kurz vor dem Zweiten Weltkrieg im Auftrage des Cellisten Max Baldner und seiner jüdischen Frau Bimba errichtet. Ihre Abstammung war der Grund, warum wenige Tage nach den Novemberpogromen 1938 das Gebäude einem Brandanschlag der Nazis zum Opfer fallen sollte; er wurde durch mutiges Einschreiten jedoch in letzter Minute verhindert. Dennoch brannte das Gebäude Jahre später beinahe nieder:

1973, zur Zeit der ersten Baader-Meinhof Aktionen, wollten Unbekannte das Reetdach der »Springerburg« abfackeln, in der gerade der ehemalige Bundeswirtschaftsminister Karl Schiller zu Gast war. Das konnte gerade noch verhindert werden.

Wer den eindrucksvollen Bau unter Reet, der inzwischen in Schweizer Privatbesitz ist, von außen bewundern will, sollte einmal einen Spaziergang entlang des Grönning am Watt machen. Dieser Weg lohnt sich vor allem auch wegen der Naturlandschaften des Naturschutzgebietes Nielönn und des Nationalparks Wattenmeer.

Das Klappholttal

Alle, die gleich nach List weiterradeln möchten, machen sich auf in Richtung Norden. Der Radweg auf der ehemaligen Inselbahntrasse führt durch den Südteil des Naturschutzgebietes Nordsylt, bekannt als das größte und schönste zusammenhängende Dünengebiet Deutschlands. Dabei passiert man auch die Bildungsstätte Klappholttal: Ein Hüttendorf, das sich in der Abgeschiedenheit der geschützten Dünen wohl nur aufgrund historischen Bestandsschutzes halten kann. An dieser Akademie am Meer werden seit über einhundert Jahren Seminare und Workshops zu Themen der Philosophie, Gesundheit, Natur und Kultur abgehalten. 1919, unmittelbar nach dem Ersten Weltkrieg, verwandelte der Sylter Arzt und Naturschützer Knud Ahlborn, auch einer der Väter der deutschen Jugendbewegung, diese kaiserliche Marinebatterie in das »Freideutsche Lager Klappholttal«, das später Volkshochschule wurde. Heute ist es eine Akademie am Meer mit Sinn für Einfachheit, Kunst, Kultur und Gemeinschaftlichkeit, für Menschen, die sich in kreativer, toleranter Atmosphäre erholen und weiterbilden wollen.

Vogelkoje Kampen

So ungewöhnlich wie die Bebauung des Dünentals ist auch die Vegetation des Klappholttales. Zwischen 1893 und 1914 wurde hier auf der von Natur aus baumlosen Heide ein Wäldchen aus Schwarzkiefern angepflanzt, um die vorhandenen Wanderdünen festzulegen. Trotz seines stattlichen Alters erinnert der heutige Baumbestand eher an Bonsai-Kunst: mickrige, vom Wind gebeutelte Kiefern, denen das Tal seinen Namen verdankt (Knickholztal). Die Dünen auf der rechten Wegseite werden heute regelmässig von Baumbewuchs befreit, um die kostbare Heide zu erhalten.

Vom Klappholttal führt der Radweg weiter durch die Dünenlandschaft und trifft kurz vor dem Wanderdünengebiet Listland wieder auf die Landesstraße.

Wer lieber möglichst schnell einen Zwischenstopp bei Herzhaftem oder Kaffee und Kuchen einlegen will, nimmt gleich am Ortsausgang von Kampen den asphaltierten Fahrradweg, der parallel zur Autostraße nach Norden führt. Man radelt entlang des Naturschutzgebietes Nielönn vorbei am Parkplatz des legendären FKK-Strandes Buhne 16 zur Kampener Vogelkoje.

Naturschutz-
gebiet

Vom Nutzgebiet zum Schutzgebiet: Vogelkoje Kampen

Die Bezeichnung Vogelkoje klingt nach anheimelnder, geschützter Nestwärme. Seit 1935, der Ausweisung des Geländes zum Naturschutzgebiet, trifft das auch durchaus zu – ursprünglich ist eine Vogelkoje jedoch dazu gedacht gewesen, scharenweise scheue Wildenten mit List und Heimtücke in den Tod zu locken.

Das aus Holland stammende Patent zum Vogelfang gelangte 1767 nach Sylt. Voraussetzung für eine erfolgreiche Beute war die absolute Abgeschiedenheit und Ruhe des Geländes, damit sich die scheuen Wildenten überhaupt trauten, zu landen. Kernstück der Massen-Fanganlage ist ein 60 mal 60 Meter großer Süßwasserteich, der an seinen vier Ecken in tütenförmige Gräben, sogenannte Pfeifen ausläuft. Das Gewässer ist mit Bäumen und Buschwerk umpflanzt, die heute das älteste Wäldchen der Insel bilden. Entlang der die Fanggräben ist ein ausgeklügeltes System von Sichtschutzwänden aus Schilfmatten und Maschendraht gespannt, das zum Ende jedes Grabens immer enger wird und schließlich in einer Fangreuse endet. Zur Zugzeit der Wildenten fütterte der Kojenwärter stets einige zahme Lockenten auf dem Kojenteich an. Getäuscht von der Idylle fielen dann manchmal Hunderte, ja Tausende von Krick-, Tafel-, Pfeif- oder Stockenten ein, die den angefütterten Lockenten in die Fangpfeifen folgten und in die Reusenfalle tappten. An dessen Ende saß dann der Kojenwärter und »ringelte« eine Wildente nach der anderen. Dabei hielt er den Vogel gleich hinter dem Schädel am Genick und drehte mit einer kurzen, kräftigen Schleuderbewegung den Rumpf im Kreis, die Folge: Tod durch Genickbruch.

Insgesamt wurden zwischen 1769 und 1921 bei einem Jahresdurchschnitt von rund 6350 Enten 695 957 Gefiederte gefangen. Besonders die kleinen Krickenten galten als Delikatesse. So schreibt der schleswig-holsteinische Verfassungskämpfer Uwe Jens Lornsen am 24. November 1823 aus Kopenhagen in einem Dankschreiben an seinen Vater in Keitum über den guten Verlauf eines Essens mit Gleichgesinnten: »Der Enthusiasmus für die Krickenten (die der Vater aus Sylt zugesandt hatte) verschlang aber den für die Verfassung, so sehr haben sie gefallen.«

Die militärischen Aktivitäten im Ersten Weltkrieg, der zunehmende Fremdenverkehr und die damit verbundene Gleislegung der Inselbahn nach List brachten so viel Unruhe in das etwa vier Kilometer nördlich von Kampen gelegene Gebiet, dass der Fang sich bald nicht mehr lohnte. Als am Ende des Jahres 1921 die Bilanz nur 99 geringelte Enten betrug, wurde der Fangbetrieb eingestellt. Das 200 Jahre zuvor angelegte Wäldchen hatte sich inzwischen jedoch zu einem wahren Urwald entwickelt und wurde 1935 auf Betreiben von Ferdinand Avenarius und Knud Ahlborn unter Naturschutz gestellt. Oberstes Schutzziel ist es bis heute, die Entwicklung der Kojennatur so weit wie möglich der Natur zu überlassen, weshalb weder Totholz entfernt, noch frisch aufgeforstet werden darf. Das »Gesetz des Urwaldes« soll sich voll entfalten dürfen. Lediglich das alte Grabensystem und der neu errichtete Seedeich werden instand gehalten, um Staunässe und Überflutung zu verhindern. Betreut wird das Naturschutzgebiet vom Sylter Heimatverband Sölring Foriining, der auch die Ausstellung in den beiden Kojenhäusern und den interessanten Lehrpfad unterhält. Ein Besuch ist lohnenswert!

Wer früh am Tag gestartet ist, hat genug Zeit, sich in diesem Naturschutzgebiet umzusehen und eine Pause im gleichnamigen Restaurant zu

machen. Wer zum Drink Meer satt haben möchte, biegt vorher zum Strandrestaurant Buhne 16 ein, überquert die Dünen und lässt sich vom Café del Mar-Flair und dem Können der Wellenreiter einnehmen, oder angelt sich einen Millionär.

Bei der Vogelkoje gibt es gleich hinter dem Wäldchen eine Straße zum Klappholttal. Es besteht also hier die Möglichkeit, entweder zum Weg durch die Dünen hinüberzuwechseln oder zur Vogelkoje zu gelangen und dann den asphaltierten Radweg nach List hochzuradeln.

Sylt: Mekka der Surfer

Wenn es ums Wellenreiten geht, waren Sylter die ersten, die diese naturnahe Sportart nach Deutschland holten. Schon in den 1950er-Jahren starteten junge Rettungsschwimmer erste Versuche auf selbstgezimmerten Brettern; 1964 holten sie die ersten »richtigen« Surfbretter nach Sylt. Zum Beispiel die Familie Behrends, die heute das Strandlokal Buhne 16 betreibt: Angeregt durch die respektable Sylter Brandung und heiße Surffilme aus Kalifornien, ritten sie als erste in Deutschland mehr schlecht als recht den coolen Sylter Brandungssurf.

Die Winter verbrachten »die Jungs« dann im VW-Bus in Südfrankreich bei Biarritz, wo man schon in »richtigen« Wellen mit den damaligen Stars der Szene üben konnte. Es wurden Kontakte zu Surfboard-Shapern geknüpft und bald die ersten Profibretter nach Sylt eingeführt. Einen weiteren Schub brachten die neuartigen, flexiblen Neoprenanzüge, die das längere Wellenreiten auch im kalten Nordseewasser ermöglichten. Zwischenzeitlich wurde das pure Surfen vom Siegeszug der Windsurfer in den Hintergrund gedrängt. Für die Windsurfing-Szene entwickelte sich Sylt rasant zur bestbesuchten World-Cup-Location. Jedes Jahr finden, flankiert von großem Touristenrummel, vor der Promenade in Westerland die deutschen und internationalen Meisterschaften statt. Inzwischen ist die neue Generation der Kite-Surfer (Surfen mit dem Lenkdrachen) hinzugekommen, die an  gleichem Ort ebenfalls ihre Weltmeisterschaften abfeiern. Im Windschatten der Großevents hielt sich aber stetig die kleine Sylter Clique der echten Wellenreiter. Ohne Drachen und Segel die Welle zu finden und abzureiten, gilt immer noch als das »pure real thing«.

In den letzten Jahren boomt diese Szene auf Sylt geradezu. Surfen ist dank bunter Magazine und trendig gestylter Freizeitkleidung zum coolen Lifestyle für viele in ganz Deutschland geworden. Wer jedoch vom »Textilsurfer« zu einem echten Wellenreiter werden will, muss lange üben – und nach Sylt kommen. In Deutschland findet man nämlich nur hier, aufgrund des relativ steil abfallenden Strandprofils, eine geeignete Brandung zum eleganten Abreiten. Das Mitnehmen der Welle sieht einfacher aus, als es ist. Auf Sylt bieten inzwischen Surfschulen Ferienkurse für Kinder und Jugendliche an. Auch ein Surf Club Sylt wurde gegründet. Das Stand Up Paddling, bei dem der Surfer wie ein Gondoliere mit einem langen Paddel im Stehen über das Wasser gleitet, wird in der sylter Brandung zu einem echten Leistungssport. Wer Stand Up Paddler im Sonnenuntergang beobachtet, versteht sofort den Spruch »Jesus was a Surfer«. Bei Buhne 16 findet jeden September Deutschlands einziges Longboard-Festival der Wellenreiter statt.

Blidselbucht

In beiden Fällen passiert man die an der Blidselbucht gelegene Siedlung Süder- und Westerheidetal, auch Sonnenland genannt – eine Anhäufung von Reetdachhäusern, die Mitte der 1960er-Jahre von einer Bremer Baufirma in die Natur geklotzt wurden. Sonnenland wird überwiegend als Sommerfrische genutzt und ist im Winter eine Geistersiedlung. Der Erwerb der Siedlungsfläche, für heute lächerlich anmutende 650 000 D-Mark, war möglich geworden, nachdem dieser Teil der Dünenheide aus dem Naturschutzgebiet Nordsylt herausgelöst und seitens der zuständigen Landesbehörden zur Bebauung freigegeben wurde. Als Ausgleich für die in der Nazizeit enteigneten Listlandbesitzer gedacht, mag das gerechtfertigt gewesen sein. Eine ökologische Fehlentscheidung war es aber allemal, zumal eigens zur schnelleren Anbindung an die Ortschaft List eine neue Autostraße durch das Gebiet der Wanderdünen gefräst wurde. Damals verlief die Straße nach List noch über die alte Atlantikwallstraße (Alte Listlandstraße) am Königshafen vorbei.

Die Naturschützerin Klara Enss schreibt dazu in Ihren Erinnerungen: »Die leise rieselnde Bewegung (der Wanderdüne) hin zum Watt wurde technisch einwandfrei mit einer Anpflanzung von Strandhafer unterbunden. Der schwarze Asphaltstrang um die Düne wurde geschlossen und erstickte die Zeitangabe nach Jahren und Jahrzehnten einer Riesensanduhr«.

Weitaus drastischer mutet heute das Vorhaben eines profitgierigen Lister Bürgermeisters an, der sogar plante, eine ganze Stadt für 5000 Menschen samt Seilbahn im Lister Watt zu errichten. Zum Glück konnte dieser Plan von einer Handvoll Sylter Naturschützer vereitelt werden.

»Seekühe« in der Blidselbucht

Die merkwürdigen »Seekühe«, weit draußen in der Blidselbucht, haben mit dieser Idee jedoch nichts zu tun. Es handelt sich bei den wie Sportböcke aussehenden Plattformen um Reste einer Zieleinrichtung für Kampfflugzeuge im Zweiten Weltkrieg. Sie zerfallen zusehends von Jahr zu Jahr. Davor liegen die Austernkörbe der einzigen deutschen Austernfarm auf Stahlpritschen im Gezeitenbereich. Die pazifische Auster wurde 1986 im Jahr der Nationalparkgründung hier von »Onkel Dittmeyer«, dem bekannten Orangensaftfabrikanten, eingeführt. Sie wird seitdem als Sylter Royal bundesweit vermarktet. Eigentlich sollte sich die Art wegen der vergleichsweise kalten Winter nicht verbreiten, doch schon fünf Jahre später fanden Biologen die ersten ausgewilderten Nachkommen der fremden Muschelart. Inzwischen hat sie sich massiv im ganzen Nationalpark und darüber hinaus ausgebreitet.

FKK und Strandsaunen

Als in Seebädern wie Norderney und Juist die Badestrände noch in Damen- und Herrenbad unterteilt wurden und die Gäste keusch aus Badekarren fast komplett bekleidet in die Nordsee hüpften, begannen auf Sylt bereits die ersten Freigeister der freien Körperkultur (FKK) zu frönen – allen voran die gebildeten Naturfreunde aus Kampen. Von Ferdinand Avenarius wird berichtet, dass er sich 1903 eigens eine versteckte Kupferwanne ins Reetdach seines Hauses Uhlenkamp einbauen ließ, um dort nackt Sonnenbäder zu genießen. Die bekannte Tänzerin Gret Palucca verstand es als Ausdruck ihrer Kunst, unbekleidet am Strand und in den Dünen Figuren zu tanzen. Der ehemalige Pastor Magnus Weidemann verwandelte sich ab 1920 »als Schönheitssucher und Lichtmensch« aus tiefer Verbindung zur Natur zu einem bekannten Sylter Aktmaler. Mit dem aufkommenden Tourismus wurden schon bald nach dem Krieg die ersten offiziellen FKK-Strände auf Sylt ausgewiesen und die mutigen Naturbader, »Abessinier« genannt, trugen zum verruchten Inselimage der Nackten, Schönen und Reichen bei. Besonders der FKK-Strand Buhne 16, an dem in den 1960er-Jahren auch deutsche Prominenz die Hosen runterließ und mit dem

Pionier der sexuellen Befreiung, Oswalt Kolle und der späteren Top-Terroristin Ulrike Meinhof Seite an Seite im Strandkorb saß.

Heute ist es unspektakulär, Nackte an allen Stränden anzutreffen. Mittlerweile sind es eher die Liebhaber der FKK-Bewegung, die sich darüber beklagen, dass der Trend inzwischen rückläufig ist und wieder zu viele Bekleidete an den FKK-Stränden liegen, als dass sich prüde Mitbürger über Nacktbadende aufregen. Obwohl »oben ohne« überall toleriert wird, sind die Rettungsschwimmer angehalten, gänzlich Nackte an Textilstränden in die FKK-Bereiche zu verweisen.

Einfach und naturnah: Strandsaunen auf Sylt

Mit fünf Saunen, die direkt am Weststrand oder gleich hinter der Vordüne stehen, ist Sylt bestens für Fans dieser urgesunden Variante des Badevergnügens ausgerüstet. Im März bei 90 Grad Celsius den Blick aus der finnischen Holzhütte direkt auf das bis zu 83 Grad kühlere Meerwasser zu richten, hat schon einen gewissen Thrill. Schließlich weiß man, dass man da gleich eintauchen wird. Es gibt nichts Belebenderes und Gesünderes in einem Sylt-Urlaub! Zu finden in Hörnum (Weststrand), Rantum (Campingplatz und Samoa), und List (nahe der Alten Listlandstraße).

NÜTZLICHE ADRESSEN ZUM THEMA

Vogelkoje Kampen

April bis Oktober Mo. bis Fr. 10 bis 17 Uhr

Sa, So, feiertags 11 bis 17 Uhr · Im Winter geschlossen

Sölring Foriining · zwischen Kampen und List

04651 871077 · www.soelring-foriining.de

List

Hinter Sonnenland treffen sich Landesstraße und Radweg an der Straßenkreuzung, die rechts in den Ort List und geradeaus in Richtung Wanderdünenlandschaft führt. Hier steht auch eine große Informationstafel zum Naturschutzgebiet Nordsylt. Wir halten kurz an und verschaffen uns einen guten Überblick über die beeindruckende Landschaft, die nun vor uns liegt. Genau hier quert auch der 55. Breitengrad die Insel und nur noch fünf Kilometer trennen uns vom »Nordpol« unserer Republik.

Wer gleich »List Vegas«, den quirligen Budenzauber am Hafen, erkunden will, fährt rechts den Radweg hoch in die nördlichste Ortschaft Deutschlands.

Die Wanderdünen

Wer lieber noch die beeindruckendste Sylter Naturschönheit und ein ausgewiesenes Naturdenkmal vorzieht, radelt geradeaus über die betonierte Alte Listlandstraße und genießt die erhabene. majestätische Stimmung inmitten der Wanderdünenlandschaft. Gleich am Anfanng der Strecke führt eine Holztreppe die Dünen hinauf. Oben hat man ein grandioses Panorama über die Dünenlandschaft und am Ende des Weges trifft man auf einen meist menschenleeren Naturstrand. Bitte verstehen Sie die Bezeichnung Wanderdünen nicht falsch: Die sind nicht zum Durchwandern, sondern zum Betrachten da. Es sind die Sandberge selbst, die hier im Laufe der Jahrtausende, vom Wind getrieben, in drei gewaltigen Dünenzügen von West nach Ost wandern. Dabei überrollen die parabelförmigen Sandmassen in windreichen Zeiten einen bis zu vier Meter breiten Landschaftstreifen pro Jahr. Gleichzeitig wird am Luv-Hang wieder ein einst begrabenes Stück Heide vom Wind freigeblasen. So sorgen die Wanderdünen im Naturschutzgebiet für natürliche Veränderung im äußerlich sonst recht statischen Ökosystem Dünenheide. Das ständige Werden und Vergehen ist ein Privileg, das hier im äußersten Norden der Republik der Natur gewährt werden soll. Gerade in Deutschland ist echte Wildnis auch in Naturschutzgebieten durch das ständige kultivierende Eingreifen und »Gärtnern« des Menschen höchst selten geworden. Leider wurden in der Vergangenheit jedoch auch im Naturschutzgebiet Nordsylt Wanderdünenzüge durch Bepflanzung gestoppt, weil sie militärische Anlagen oder Straßen zu überschütten drohten. Ob eine Überwanderung der Landesstraße geschehen wird und wie damit umgegangen wird, kann man vermutlich in wenigen Jahrzehnten erleben. Wie wäre es mit einem gläsernen Tunnel, durch den die Autos dann unter der Düne herfahren können, anstatt die Naturkraft der Wanderdüne zu bremsen!

Naturschutz-gebiet

Das Naturschutzgebiet Nordsylt

Die Dünenheidelandschaft zwischen Kliffende Kampen und dem Ellenbogen hat viele Superlative zu bieten: es ist zusammen mit dem Morsum Kliff das erste Naturschutzgebiet Schleswig-Holsteins, das größte und damit auch vielgestaltigste Schutzgebiet auf der Insel Sylt. Es beinhaltet das eindrucksvollste Wanderdünengebiet der Republik, weist die meisten Inselbestände der rosablühenden Besenheide auf, ist seit Jahrhunderten in Privatbesitz und in Vergangenheit und Gegenwart aufs Ärgste geschunden worden.

Schon um 1800 begannen die Listlandbesitzer hier mit Möwenschutzmassnahmen. Jedoch vor allem, weil sie dauerhaft ihre Ernte von Möweneiern sichern wollten. Allein im Listland soll der »Eierkönig« jährlich 30 000 bis 70 000 Eier gesammelt haben. Damals hatte der »Eierkönig« die Funktion eines Bewirtschafters der Seevogel-Kolonien. Es wurden gerade soviel Eier abgesammelt wie möglich, ohne aber den Bestand zu gefährden. Den Rest der Brutzeit wurden die Kolonien dann vor Feinden und Eierdieben bewacht, um im Folgejahr erneut Eier ernten zu können. So kann man den Lister Eierkönig als den ersten Vogelwart bezeichnen, auch wenn dessen Beweggründe eigennütziger Natur waren und andere gefährdete Seevogelarten davon nicht profitierten. Dieses System brach jedoch durch ein Verbot des Eiersammelns im Jahre 1876 zusammen.

1910 begannen dann erste Bemühungen durch den Verein Jordsand zum Schutz der Seevögel auf dem Ellenbogen. Damals brüteten hier noch Tausende von Seevögeln: Möwen, Eiderenten und Reste einer Kolonie Raubseeschwalben, die bereits zu jener Zeit vom Aussterben bedroht waren.

Der Erste Weltkrieg begrub das zarte Pflänzchen Naturschutz schnell wieder. Erst Ferdinand Avenarius, ein
Naturliebhaber und Kunstfreund, der sich in Kampen
niedergelassen hatte, engagierte sich nach dem Krieg bis
zu seinem Tod im Jahre 1923 für die Unterschutzstellung
des Listlandes. Gerade noch rechtzeitig, um die Früchte
seines Engagements zu ernten, hatte er im selben Jahr
seine Ziele fast erreicht: Offiziell wurde das Listland
1924 staatlich anerkanntes Naturschutzgebiet! Hier sollte fortan außerhalb der Ortschaft List jede private Bebauung des riesigen Geländes unterbunden sein. Avenarius erreichte mit dem »Verein Naturschutz Sylt e. V.«
auch noch rechtzeitig die Unterschutzstellung des Morsum Kliffs, das damals Gefahr lief, als Baugrube für den
geplanten Eisenbahndamm zum Festland missbraucht
zu werden. Der Ellenbogen wurde sogar als spezielles
Vogelschutzgebiet ausgewiesen, das nur mit ausdrück-
licher Erlaubnis betreten werden durfte.

Die Freude unter Vögeln und Schützern währte jedoch
nicht lange. Mit dem Beginn des Dritten Reiches wurden Sylt und insbesondere List zur Festung umgestal-
tet. An vielen Stellen klotzte man Häuser, Baracken,
Bunker, Rampen und Geschützstände in das Naturschutzgebiet. Westerland wurde mit List durch eine
Verkehrsstraße verbunden; in das Wanderdünengebiet
wurde die Atlantikwallstraße betoniert. Die Nazis hielten es nicht einmal für nötig, den Naturschutzstatus für
die bebauten Flächen aufzuheben. Die privaten Listlandbesitzer wurden kurzerhand »im Namen des deutschen Volkes« teilenteignet.

Der Krieg ging, das Militär blieb: 1950 richtete die eng-
lische Besatzungsmacht einen Luft-Boden-Schießplatz
im Gebiet Königshafen/Ellenbogen ein, der 1961 von
der Bundeswehr übernommen wurde. Erst 1992, nach
andauernden Protesten der ansässigen Naturschutz-und
Friedensverbände, verstummten hier die im Tiefflug
über das Gelände donnernden Düsenjäger. Schießereien
im Dünengebiet südlich von List dauerten sogar bis ins
neue Jahrtausend an. Hier wies der Verteidigungsminis-

ter 1974 gegen den Willen der Gemeindevertretung ein militärisches Übungsgebiet aus, in dem an Schießständen geballert wurde und durch die geschützte Heide gerobbt wurde.

In den 1960er-Jahren wurde das rechtlich verwirrende Erbe der Nazizeit kurzerhand flurbereinigt. Auf Kosten der Natur versteht sich. Teile des Naturschutzgebietes wurden aus dem Schutzstatus entlassen und zu Bauland verwandelt: Die Siedlungen an der Blidselbucht konnten entstehen. Gleichzeitig wuchs der Strom sonnenhungriger und später surfbegeisterter Urlauber. Autostaus und wildes Parken in den Dünen führten bald zur Anlage zahlreicher Großparkplätze in der Dünenlandschaft. Besucherlenkung schien lange Zeit ein Fremdwort im Naturschutzgebiet Nordsylt. Immer mehr Trampelpfade entstanden. Die Bezeichnung Wanderdünen für die vom Wind vorangetriebenen Sandberge wurde von vielen offenbar bewusst falsch als Aufforderung verstanden, darin herumzuwandern. Ganze Busladungen von Menschen karrte man zum Toben in eine der beeindruckendsten Landschaften Deutschlands.

Erst seit einigen Jahren sind Besserungen für die Natur im Norden spürbar, beispielsweise durch ein Betretungsverbot des Wanderdünengebietes und ein Besucherlenkungssystem mit Informationstafeln. Die Listlandbesitzer selbst setzen sich vorbildlich für die Pflege ihres Naturschutzgebietes ein.

An einer adäquaten Betreuung durch ausreichend viele Landschaftswarte im Gelände mangelt es jedoch weiterhin. Daher ist Selbsteinsicht bei allen Besuchern des Gebietes erforderlich. Diejenigen, die darüber trauern mögen, nun nicht mehr wie früher querfeldein über die Wanderdünen spazieren zu können, sollten sich darüber klar werden, dass stets die Dosis das Gift macht. Die Menge an Wanderern pro Jahr hatte eben die landschaftsgefährdende Dosis längst überschritten. Bitte nutzen Sie den einzig erlaubten Wanderweg entlang der Wanderdünen des Listlandes, der ein beeindruckendes Panorama bietet. Er beginnt am Ortsausgang von List und endet bei der Jugendherberge am Königshafen (siehe Karte Tour 9). Oder schliessen Sie sich einer speziellen Dünenführung des Zentrums für Naturgewalten an.

Die Wanderdünenzüge, die heute sichtbar sind, sind schon einige Jahrhunderte auf dem Weg ins Watt. Archäologen beziffern die Dauer des Wanderweges einer Düne vom Weststrand zur Ostseite mit rund 700 Jahren. So ist es zu erklären, dass Sylter erst um 1900 Hausgrundrisse von Alt-List im Wanderdünengebiet finden konnten. Archäologische Untersuchungen datieren den Ort in das 13./14. Jahrhundert. Damals reichte die Meeresbucht oder ein Meeresarm offenbar mitten in das heutige Dünengebiet, denn die Grabungen brachten Fundstücke hervor, die sich nur mit der Funktion eines Hafenortes erklären lassen. Man fand auch Scherben aus Frankreich, Holland, England, Norwegen und dem Rheinland. Die Keramik ist Beleg dafür, dass Alt-List ein wichtiger internationaler Handelsplatz der dänischen Krone war, die hier eine strategisch wichtige Enklave im Herzogtum Schleswig regierte. Der Ort musste wegen des Sandfluges schließlich aufgegeben werden.

An der Alten Listlandstraße liegen mehrere Parkplätze, von denen Wanderwege zum Weststrand führen. Es lohnt sich, einmal auf so einem Pfad durch die wunderbare Dünenlandschaft zu spazieren. Die Belohnung am Ende so einer Exkursion ist oft ein relativ einsamer Strand. Einer von ihnen heißt »Abessinien«, da hier ein Frachter strandete, der angeblich Waffen für das ostafrikanische Land (heute Äthiopien) geladen hatte – später wurde er als erster FKK-Strand legendär.

Generell gilt im Listland: Hunde an die Leine! Denn hier laufen die wilden Schafe der Landbesitzer querfeldein. Deshalb müssen Gatter entlang der Liststrandstrasse auch immer geschlossen bleiben. Bitte nicht füttern! Am nördlichen Ende der Straße gönnen wir uns eine Pause in der Bambus-Bar, die nur in den Sommermonaten geöffnet hat. Hier ist es gelungen, in eine nordfriesische Bushaltestelle Karibikflair zu bringen.

Wer den Ausblick über Meer und Dünen in gesetzterer Atmosphäre vorzieht, läuft den Holzsteg hoch zur Strandhalle. Ein paar Schritte weiter geht es hoch auf eine Aussichtsdüne mit einer Reihe von Informationstafeln. Von hier oben wird deutlich, wie schmal sich die Insel zwischen Nordsee und Wattenmeer erhebt. 1928 kam es hier bei einer Sturmflut zu einem Durchbruch, sodass der Ellenbogen kurzfristig eine eigene Insel bildete.

> ## Tour 9

Die Nordspitze:
Radeln um Deutschlands nördlichsten Zipfel

Rund um den Ellenbogen
Königshafen, Lister Koog und Vogelinsel Uthörn
List Vegas – buntes Treiben am Lister Hafen
Sylt ohne Grenzen: Tagesausflug zur Nachbarinsel Rømø

Ostindien-
fahrer-Huk
3

Ellenbogen

Schweine-
bucht
4

Surf-Gebiet

Königshafen

Nationalpark Zone 1

Vogelinsel
Uthörn

2

Hauptstrand

1

Jugend-
herberge

Lister
Koog

Wanderweg

10

FKK-Strand
Abessinien

Alte Listlandstraße

5

6

i

List

7

8

Wanderdünen

9

Oststrand

0   1 km   2 km

N

Süder-
heidetal

»Seekühe«

Wester-
heidetal

Akademie am Meer
(Klappholttal)

Kartengrundlage
© 2012 INSELGRÜN-Verlag

● Start-/Zielpunkt ━━ Tour 9 ┅┅ Tour 8

☐ Strandsauna i Touristeninformation

1. Bambus-Bar
2. PKW-Kasse Ellenbogen
3. Leuchtfeuer West
4. Leuchtfeuer Ost
5. AWI-Forschungsstation
6. Erlebniszentrum Natur-
   gewalten Sylt
7. Hafen
8. Ausflugsschiffe/Rømø-Fähre
9. Kirche
10. Aussichtsplatz Wanderdüne

Rund um den Ellenbogen

Wie auch immer gestärkt, setzen wir unsere Radtour fort: Hardcore-Radler, die nach den abgestrampelten 20 Kilometern noch immer Zeit, Kraft und Lust haben, biegen links in die Straße zum Ellenbogen ein. So heißt sehr passend die nördliche, nach Osten abknickende Spitze der Insel. Dieser nördlichste Landschaftsteil Deutschlands wird von einem kleinen Grenzhäuschen bewacht. Es handelt sich dabei jedoch nicht um einen Vorposten des Königreiches Dänemark, sondern um eine Servicestelle der Listlandbesitzer. Die Privatbesitzer des Listlandes erheben diese Gebühr (nur für Motorisierte), da sie unter Naturschutz gestelltes Land pflegen, dazu gehört die Instandhaltung der Straßen, die Bereitstellung von Toiletten und Maßnahmen der Besucherlenkung. Der Ellenbogen ist, ebenso wie das Wanderdünengebiet bis zur Vogelkoje Kampen, in Privatbesitz einer Erbengemeinschaft. Im 15. Jahrhundert hatten die Vorfahren der Familien Diedrichsen und Paulsen das Land vom dänischen König als Lehen (Erbfeste) erhalten. Heute teilen sich rund 35 in aller Welt verstreute Nachfahren das Besitzrecht an diesem 1284 Hektar großen Achtel der Insel Sylt. Einige Abkömmlinge der Familie Diedrichsen wohnen dauerhaft auf dem Ellenbogen.

Primärdünen am Ellenbogen

Von hier aus sind es noch gut fünf Kilometer bis zur Ellenbogenspitze. Wer den besonders schönen Teil der Insel in Ruhe genießen will, kommt jedoch ein anderes Mal wieder und plant eine Tagestour auf Schusters Rappen vom Lister Hafen rund um den Ellenbogen: Ein ausgedehnter

See-Hund des Verlegers

Marsch um die nördlichste Spitze von Insel und Republik ist nicht nur wegen der beiden ältesten Leuchttürme Sylts, die bereits 1858 errichtet wurden, ein wundervolles Erlebnis.

Aufmerksamen wird am Ellenbogen der Wandel der Dünenvegetation auffallen. Hier dominieren aufgrund veränderter Bodenverhältnisse nicht mehr die heidebestandenen Braundünen, sondern eher differenzierte Stadien von Graudünen, in denen unterschiedliche Gräser und Dünenpflanzen vorherrschen. Am Nordstrand gibt es zuweilen sogar schützenswerte Brackwasser-Strandseen und es gedeihen stellenweise Pionierpflanzen der Dünenentwicklung. Hier soll man häufiger Bernstein finden und Robben und Kleinwale auftauchen sehen; besonders zwischen dem Ostindienfahrer-Huk – so heißt der Nordwestzipfel des Ellenbogens, weil dort 1751 ein Kaufmannsschiff strandete – und der Ellenbogenspitze. Wegen der starken Strömung ist das Baden hier besonders gefährlich.

Königshafen, Lister Koog und Vogelinsel Uthörn

Um von der Abzweigung bei der Mautstelle zum Lister Hafen zu kommen, von dem auch der Fahrradbus nach Westerland abfährt, folgen wir der Hauptstraße nach rechts. Vor uns liegt der Königshafen, eine natürliche Wattbucht, die zur Schutzzone 1 des Nationalparks Schleswig-Holsteinisches Wattenmeer gehört. Es dürfte sich dabei um das meist erforschte Stück Wattenmeer der Welt handeln, denn seit 1924 wird das Ökosystem der Bucht von Diplomanden, Doktoranden und Professoren der Wattenmeerstation List, einem Ableger der Biologischen Anstalt Helgoland im berühmten Alfred-Wegener-Institut für Polar- und Meeresforschung, untersucht. Das Institut ist an dem langgestreckten, mit Holz verkleideten Baukörper zu erkennen. Gleich dahinter ragt in auffälligem Orange der Turm des Erlebniszentrums Naturgewalten Sylt heraus. Für einen Besuch der umfassenden Ausstellung sollte man mindestens einen guten halben Tag oder mehrere Besuche einplanen.

Leuchtfeuer-West am Ellenbogen

Den majestätischen Namen verdankt der Königshafen einem kriegeri-schen Ereignis vom 16. Mai 1644. Damals prallte im Lister Tief zwischen Sylt und Rømø eine weit überlegene Flotte aus schwedischen und hollän-dischen Korvetten auf die kleine dänische Streitmacht. Trotz der Überzahl von 26 Schiffen war die Seeschlacht bereits am Nachmittag zugunsten der dänischen Krone unter König Christian IV. entschieden. Rund 800 geg-nerische Matrosen fanden an diesem Vormittag den Tod, der Rest blieb eingekesselt in der Ellenbogenbucht zurück. Neun Tage später sorgte ein über Land anrückender Stoßtrupp wütender Insulaner, der Legende nach hauptsächlich Frauen mit Forken und Dreschflegeln, für Panik unter den bereits geschwächten Schweden, die am Strand biwakierten. Einen »Höllenspuk« vermutend, ließen die Schweden alles stehen und liegen und flohen mit dem Rest ihrer Schiffe auf Nimmerwiedersehen. Die Lister Reede aber erhielt wegen des glorreichen Sieges des Königs von Dänemark den Namen Königshafen. Diese Bezeichnung wurde später zum Flurnamen für die Wattbucht zwischen Ellenbogenspitze und List.

Mein Lieblingsspaziergang in List

Vom Zentrum für Naturgewalten am Watt entlang über den Möwenbergdeich in Richtung Königshafen. Mit dem Fernglas Wat- und Wasservögel in Watt und Koog beobachten und vielleicht sogar einen Seehund auf Uthörn entdecken.

Vogelfreunde nehmen kurz hinter der Jugendherberge List den kleinen Fußweg über den schwarzen Deich des Seevogelschutzgebietes Lister Koog, der bis zum Lister Hafen führt. Eilige fahren einfach entlang der Hauptstraße bis zum Ortszentrum.

Im eingedeichten Marschland sind stets seltene Watvögel zu beobachten, und seewärts lohnt sich ein Blick durch das Fernglas auf die kleine Sandinsel Uthörn und den sandigen Nehrungshaken. Beide Flächen sind wichtige Brut- und Rastplätze für Seevögel. Das Gebiet wird von Mitarbeitern des Naturschutzbundes NABU betreut, die ihren Sitz im Erlebniszentrum Naturgewalten haben.

List Vegas – buntes Treiben am Hafen

Quirliger wird es am anderen Ende des Parkplatzes. Hier, rund um den Lister Hafen, tobt der Budenzauber. Der legendäre Fischmillionär Gosch begann einst mit einem Eimer, aus dem er Aale verkaufte, dort wo jetzt die »nördlichsten Fischbude Deutschlands«, die inzwischen erheblich ausgebaute Keimzelle seines Imperiums steht. Dieses erstreckt sich mittlerweile bis Süddeutschland und Rügen, um Fisch aus allen Weltmeeren anzubieten. Angefangen hatte der gelernte Maurer in List mit Aalverkauf aus dem Eimer, später arbeitete er sich unter die 100 reichsten Unternehmer in Deutschland hoch.

Am Lister Hafen

Fisch essen auf Sylt: Heute schon gegoscht?

Zu einem Sylt-Besuch gehört für viele auch »Goschen«. Darunter versteht man den geselligen Besuch einer der zahlreichen Fischbistros auf der Insel. Wer jedoch die romantische Vorstellung hegt, dass der Aal, die Krabbe, oder gar die Dorade, die man in einem Sylter Fischrestaurant verspeist, noch am Morgen von einem Inselfischer aus den umliegenden Meeresgewässern gezogen wurde, lebt wohl in einer Traumwelt vergangener Zeiten. Es gibt keine professionellen Sylter Fischer mehr – nur noch ein paar Hobby- und Nebenerwerbsangler, die ihre karge Beute hin und wieder an ausgewählte Feinschmeckerlokale verkaufen (Fragen Sie nach!). Das Gros kommt aus den Netzen einer internationalen, hochmodernen Fangflotte, die überall auf den Weltmeeren unterwegs ist. Der Fisch wird dann über große Fischbörsen, wie beispielsweise im dänischen Hanstholm, vermarktet und auf Eis in alle Regionen verfrachtet. Nur wenige Gastronomen achten so genau auf Herkunft und Qualität des angebotenen Fisches, wie die wenigen Sterneküchen der Insel.

Sogar die im Wattenmeer gefangenen Nordseekrabben haben schon eine weite Reise hinter sich, wenn sie auf dem Sylter Krabbenbrötchen landen. Die Garnelen werden zwar zum Teil direkt vor der Insel gefischt, dann reisen sie jedoch per LKW über Holland bis nach Marokko. In der marokkanischen Wüste werden sie in Kühlhallen von Frauen im Akkord gepult, mit Konservierungsstoffen vollgepumpt und auf Eis wieder zurück nach Holland verfrachtet. Das ist zwar wegen der langen Strecke ökologischer Wahnsinn, scheint sich ökonomisch aber zu lohnen. Von dort aus vermarktet man sie in alle Welt – auch zurück nach Sylt. Dieser Umstand erklärt, weshalb zur muslimischen Ramadan-Fastenzeit die Krabbenpreise in Nordfriesland steigen: In Marokko wird einen Monat lang nicht gepult!

Die »Shopping Mall« mit Deutschlands nördlichster Fischbude, Piratenkneipe, Eis-, Würstchenbuden und überdachtem Markttrubel verstellt inzwischen jedoch den Blick auf das Wesentliche: Der Hafen selbst, mit Seenotrettungskreuzer, Forschungsschiff des AWI, Ausflugsflotte und Dänemarkfähre, fällt kaum noch auf. Auch der alte Anker aus der Seeschlacht von 1644, der hier einst stand, ist ganz verschwunden und die unscheinbare Gedenktafel für den legendären Piloten Wolfgang von Gronau am Kopf der Tonnenhalle entgeht wohl den meisten Passanten im List Vegas-Trubel. Anfang der 1930er-Jahre startete der Flugpionier mit seiner Crew in einem Dornier-Wal-Flugboot von hier zu einem erfolgreichen Flug nach New York und zurück.

Wer jetzt Fernweh bekommen hat, macht einen Abstecher zur Bundesgrenze. Nur fünfzig Meter entfernt liegt die Anlegestelle der »Syltfähre«, mit der man für ein paar Euro zur dänischen Nachbarinsel Rømø übersetzen kann. Der prominenteste Mitfahrer war bislang wohl der Oscar-Preisträger und Regisseur Roman Polanski. Hier zwischen Ellenbogen, Lister Hafen und Havneby auf Rømø ließ er wesentliche Szenen seines Kinothrillers »Ghostwriter« drehen. Hafen und Fähre wurden dafür kurzfristig auf »amerikanisch« getrimmt. Heute fährt die Fähre zum Leidwesen der Stammbesatzung ganz offiziell unter Billigflagge, um Geld zu sparen.

Eine Rundtour durch die Ortschaft List bringt – außer wenigen alten Friesenhäusern, putzigen Offizierssiedlungen und einem stillen, naturnahen Dünenfriedhof – leider kaum die Atmosphäre einer über 700-jährigen Ortsgeschichte herüber. Die Gründe: Stürme begruben das einst an anderer Stelle in den Dünen gelegene Alt-List, und Naziplanungen zerstörten mit Beton und Kasernen das mögliche Flair des neuen List. 1960er-Jahre-Architektur und Militärbauten lassen die nördlichste deutsche Dorfgemeinde am Rande der atemberaubend schönen Naturlandschaft nicht für jeden unbedingt malerisch erscheinen. Wie Hörnum ist List wegen des Abzuges der Bundeswehr jedoch in den vergangenen Jahren einem rapiden Wandel unterworfen. Die Neugestaltung des Hafenkomplexes, die Modernisierung des Alfred-Wegener-Institutes, das 2010 eröffnete Erlebniszentrum für Naturgewalten, ein gleich daneben errichtetes Luxushotel und die Verbesserung der Ostpromenade haben den Ort weiter profiliert. Eine neue Shopping Mall an der Ortseingangsstraße soll noch mehr Gäste ziehen. Der große, abgegrenzte Fünf-Sterne-Hotelkomplex am Watt erscheint dem einen oder anderen ebenso überdimensioniert und in der

Naturgewalt Eiswinter: Strandbuhne »on the rocks« ›

Ortsmitte entstand in den verlassenen Kasernen der Marineversorgungs-schule statt eines ursprünglich versprochenen »Nordsee College Sylt«-Internats, wieder einmal eine Feriensiedlung mit einigen Dauerwohnun-gen für Sylter. Auch der »Lanserhof«, eines der teuersten Wellness-Resorts Europas, verändert List in eine neue Richtung.

Das Erlebniszentrum Naturgewalten Sylt

Das Erlebniszentrum Naturgewalten Sylt steht unübersehbar am Nor-dende des Lister Hafenbereiches. Es ist kein kommerzielles Aquarium, sondern ein Kooperationsprojekt gemeinnütziger Einrichtungen. Es wurde in einer beispielhaften Zusammenarbeit zahlreicher Institutio-nen von Sylt und dem Festland über mehrere Jahre geplant und 2009 realisiert. Es ist als Nationalpark-Partner und Bildungseinrichtung für Nachhaltige Entwicklung zertifiziert. Beteiligte Naturschutzverbände sind NABU, IFAW, WWF, Schutzstation Wattenmeer, Verein Jordsand und die Naturschutzgemeinschaft Sylt.

Ein Besuch der Ausstellungen ist für Erwachsene, Jugendliche und Kinder jeden Alters besonders zu empfehlen. Wenn man alles entspannt erkun-den will, braucht man schon einen ganzen Tag oder man verteilt den Be-such der drei Schwerpunktthemen des Hauses auf mehrere Besuche. Zur Stärkung zwischendurch gibt es ein Bistro. Das Erlebniszentrum Natur-gewalten bietet zudem zahlreiche naturkundliche Führungen an, die auch individuell buchbar sind. Neben den klassischen Wattführungen, gibt es auch Spezialführungen zur Austernkultur, zu den Wanderdünen oder durch die AWI-Forschungsstation.

»In den Naturgewalten« erwartet den Gast eine Ausstellung zum Anfas-sen, Ausprobieren und Mitmachen. Auf 1500 Quadratmetern bekommen große und kleine Forscher in den Erlebnisräumen leicht verständlich und

spielerisch gezeigt, wie spannend Natur sein kann. Über ein effektives Audioguide-Sys-tem und beeindruckende Filme lernt man mehr über Wetterereignisse, Leben in Watt und Dünen, Küstenschutz und erneuerbare Energien, ab 2021 sogar in einem 360 Grad-Kino. In den Sommermonaten kann man im Außenbereich lebendige Krebse, Muscheln und Fische aus dem Nationalpark Wattenmeer in einem großen Nationalpark-Aquarium bewundern. Ein großer Abenteuerspielplatz für Kinder und Jugendliche ist auch vorhanden.

Schwerpunktbereiche des Erlebniszentrums Naturgewalten Sylt

Die globale Perspektive:

In »Klima, Wetter, Klimaforschung« wird Wetterphänomenen auf den Grund gegangen. Betrachten Sie das Klimageschehen auf der Erde doch einmal aus der Perspektive eines Astronauten! Sehen Sie, wie der Anstieg des Meeresspiegels die Küsten unserer Kontinente verändern kann, und welche Folgen das für die Menschheit hat! Überprüfen Sie in der Polarstation, wie Klimaforschung betrieben wird und was für ein Abenteuer es ist, im ewigen Eis zu leben!

Die Sylt-Wattenmeer-Perspektive:

In »Leben mit Naturgewalten« wird dem Besucher vor allem die Sylter Natur nähergebracht. Hier lernt man, welche Überlebensstrategien Tiere und Pflanzen entwickelt haben, um mit Naturgewalten wie den Gezeiten, Sturm und Salz zurechtzukommen. Genießen Sie phantastische Tier- und Naturaufnahmen, die exklusiv für das Zentrum gedreht wurden!

Die Nordsee-Perspektive:

Der Bereich »Kräfte der Nordsee« zeigt die Auswirkungen von Wellen, Wind und Gezeiten. Hören Sie Sylter Zeitzeugen zu, wenn sie über ihre Erfahrungen mit Stürmen und Sturmfluten an der Nordsee berichten! Lassen Sie sich am Modell den Einfluss von Sonne und Mond auf Ebbe und Flut erklären! Staunen Sie über das Phänomen der einzigen deutschen Wanderdünen im Norden von Sylt! Probieren Sie im Wellenkanal aus, wie sich unterschiedlicher Wellengang bei steigender Windstärke verändert!

Ausschwärmen nahe List: Watvögel bei Uthörn ››

Sylt ohne Grenzen: Tagesausflug zur Nachbarinsel Rømø

Wer gern mal einen Abstecher ins Ausland macht, kann von List hin und zurück mit der »Syltfähre« zur benachbarten Insel Rømø fahren. Obschon die Grenze zum benachbarte Königreich kaum noch spürbar ist, sollte man nicht vergessen, den Personalausweis mitzunehmen. Am besten erkundet man bei gutem Wetter die rund 15 Kilometer lange Nachbarinsel auf einer Tagestour mit dem eigenen Fahrrad. Wer keinen Drahtesel mitnehmen will, findet unweit der Anlegestelle im dänischen Havneby einen kleinen Fahrradverleih oder nimmt den öffentlichen Bus. Sofern man sich den Inselprospekt mit Übersichtskarte und Tourenvorschlägen nicht schon auf der Fähre besorgt hat, findet man ihn später in kleinen Kästen an vielen Parkplätzen entlang der Hauptstraße von Havneby Richtung Norden.

Schon die dreiviertelstündige Schifffahrt ist ein Erlebnis. Vorbei am Königshafen und der Ellenbogenspitze ist am Horizont nach steuerbords meist deutlich die mit Windkraftanlagen gespickte Kliffkante des dänischen Festlandes zu sehen. Auch der Jordsand, Rest einer ehmaligen Hallig und Vogelschutzinsel, liegt bereits in dänischen Gewässern. Aufmerksame können während der Fahrt oft vorbeiziehende Seehunde und Schweinswale entdecken. Backbords verblüffen den Naturfreund, zumindest zur Sommersaison, die Scharen von Autos, die auf dem breiten Strand der Insel Rømø parken und verkehren dürfen. Allerdings handelt es sich hier um den breitesten Strand Europas und zu Fuß braucht man einige Zeit, um ans Wasser zu gelangen.

Unter Deck wird den Passagieren ein erster Vorgeschmack auf Dänemark gegeben: Das Bordrestaurant serviert auch typisch dänische Küche, und der Duty Free Shop bietet neben internationalen Artikeln vor allem skandinavische Leckerlis feil. Eine Sprachbarriere existiert weder an Bord noch auf Rømø – man spricht und kassiert überall gern deutsch, obwohl Dänemarks Währung nach wie vor die Krone ist.

Wer von Sylt nach Rømø fährt, wird erstaunt sein, wie anders die kleine Welt der Nachbarinsel anmutet. Begrüßt wird man von einem recht unattraktiven Fischereihafen, der der mittlerweile als Zulieferhafen für die weit draußen vor Sylt gebauten Offshore-Windparks dient.

Ruhe, Landschaft und hölzerne Ferienhaussiedlungen prägen das recht eintönige Ambiente Rømøs – ein absoluter Kontrast zum quirligen, abwechslungsreichen »Weltbad« Sylt. Einen Ortskern sucht man auf Rømø vergeblich. Die wenigen historischen Gebäude und Sehenswürdigkeiten, wie die Kirche aus dem 17. Jahrhundert, das Puppenmuseum oder die kleinste und älteste Schule Dänemarks, liegen weit auseinander. Auch alteingesessene Kaufläden und Cafés sind selten. Die Gastronomie präsentiert sich geballt nur am Hauptstrand in Lakolk überwiegend in Form von Eis-, Würstchen- und Fischbuden, sowie einer kleinen Shoppingmeile.

Zwei etwas überdimensionierte Verkehrsadern zerteilen die liebliche, stark bewaldete Heidelandschaft von Rømø. Eine bringt den Strom der Autos geradewegs vom Festland über den Rømø-Damm zum Strand von Lakolk. Parkplatzprobleme gibt es hier dennoch nicht, denn Rømøs Strand darf ja mit Kraftfahrzeugen befahren und beparkt werden. Die meisten nutzen leider diese Möglichkeit des »Naturerlebens« und fahren mit ihrem Auto die vier Kilometer lange Sandstrecke direkt bis an die Wasserkante. Auch Strandsegler und Stranddrachen-Buggyfahrer treffen sich hier in der sandigen Weite.

Die andere Verkehrsader transportiert den Verkehr vom Rømø-Damm nach Havneby zur Syltfähre. Für viele Sylt-Urlauber ist der Weg zur Insel über das dänische Rømø inzwischen eine landschaftlich attraktive und etwas preiswertere Alternative zum teuren Autozug via Eisenbahndamm geworden.

Rømø ist im Gegensatz zu Sylt keine Jahrtausende alte Geestkerninsel, sondern eine erdgeschichtlich viel jüngere Sandinsel. Folglich gibt es hier auch kein Kliff. Dafür aber ausgedehnte, von flachen Wanderdünen geprägte Sandplaten, die im Laufe der Inselgeschichte mit Heide und Salzmarschen überwuchert wurden. Um den ständig vom Strand her wandernden Sandflug zu bremsen, wurden große Teile der Heidelandschaft mit künstlichen Baumplantagen versehen, die heute kleine knorrige Wäldchen bilden. Es lohnt sich, besonders im nördlichen Teil der Insel, ausgedehnte (Rad-) Wanderungen durch die verhältnismäßig ungestörte Natur zu unternehmen. Weite Bereiche waren lange Zeit aus militärischen Gründen gesperrt.

Interessante Informationen zur Natur- und Besiedlungsgeschichte der Insel bieten www.insel-roem.de und das Naturcenter Tønnisgård im alten Kommandeurshof unweit des Rømø-Damms in Tvismark an der nach Süden führenden Hauptstraße. Hier ist auch eine Touristeninformation untergebracht. Muschelsammler kommen am Strand auf ihre Kosten: man findet eine ganz andere »Mischung« als auf Sylt. Beispielsweise ist die große Islandmuschel hier recht häufig zu finden – auf Sylt gilt sie als Seltenheit.

Zum Schluss noch ein Tipp für Radfahrer mit mehr Zeit und für motorisierte Leser:

Ein wunderbarer Tagesausflug (mit dem Auto oder E-Bike) verspricht folgende Tour: Von List über Rømø zur historischen Hansestadt Ribe auf dem Dänischen Festland. Von dort dann unmittelbar entlang der dänischen Wattenmeerküste über Emmerlef Kliff und den oft zugvogelreichen Rickelsbüller Koog zurück bis zum deutschen Neukirchen, unmittelbar hinter der Grenze. Dort liegt im Ortsteil Seebüll das beeindruckende Haus des Malers Emil Nolde nebst Ausstellung und Informationszentrum. Nach einem Besuch ist es nicht mehr weit bis zum Autozug in Niebüll, mit dem sie nach einem erlebnisreichen Tag wieder zurück auf die Insel fahren können.

Natürlich lohnt sich auch eine kleinere Radtour zum Noldemuseum. In 20 Minuten ist man schon inklusive Rad im Regionalzug über den Eisenbahndamm am Festland. Vom Bahnhof Klanxbüll aus sind es nur acht Kilometer Radelstrecke durch pure Landluft bis zum sehenswerten Haus des berühmten Malers.

NÜTZLICHE ADRESSEN ZUM THEMA

Erlebniszentrum Naturgewalten Sylt mit Shop

Hafenstraße 37 · List · 04651 836190 · www.naturgewalten-sylt.de

Täglich ab 10 Uhr geöffnet

(dort im Hause auch Mitarbeiter des NABU und des Nationalparkamtes)

Wattenmeerstation Sylt des Alfred-Wegener-Instituts (AWI)

Führungen jeden Freitag ab 10 Uhr

Hafenstraße 43 · List · www.awi.de

Naturcenter Tønnisgård · Havnebyvej 30 · Rømø

Mo. bis Fr. 10 bis 16 Uhr

November bis März 10 bis 15 Uhr

0045 74755257 · www.tonnisgaard.dk

Noldemuseum · Nolde Stiftung Seebüll · Neukirchen

März bis November 10 bis 18 Uhr

04664 983930 · www.nolde-stiftung.de

› Mehr nützliche Tipps von A-Z

Angeln

Der Besitz eines Jahresfischereischeins berechtigt zum Angeln in der Nordsee. Für die Binnengewässer ist zusätzlich ein Erlaubnisschein erforderlich. Diesen erhält man in den Geschäftsstellen des Insel Sylt Tourismus-Services in Archsum, Keitum, Morsum und Tinnum. Gastangler können zwischen Tages-, Wochen-, Zwei-Wochen- und Monatskarten wählen. Auflagen wie Schonzeiten und Mindestmaße sind zu beachten.

Aquarium

In 25 liebevoll gestalteten Meerwasserbecken warten über 2000 Meeresbewohner auf Sie. Das Treiben im Hafen, das Unterwasserleben im Wattenmeer und in der offenen Nordsee sowie der spektakuläre Lebensraum Korallenriff sind hier abgebildet.
Sylt-Aquarium am Schützenplatz, Gaadt 33, Westerland
04651 8362522 · info@syltaquarium.de · www.syltaquarium.de

Baden

Nur an bewachten Stränden baden. Achten Sie auf die Warnhinweise wegen starker Strömung usw., z. B. gelbgekreuzte Buhnenwarnschilder oder rote Flaggen an den Rettungsschwimmerbuden. Erkundigen Sie sich bei den Rettungsschwimmern, wo eventuell Trekker (gefährliche Strömung) das Baden gefährlich werden lassen.

Bio-Lebensmittel

Denns Bio-Supermarkt
Kiarwai 3, Tinnum
04651 9956022

Bio-Bäckerei Lund
Rantumer Straße 1–3, Hörnum
04651 881034

Hofladen im Erdbeerparadies Braderup
Terpwai 17, Braderup
04651 44 369

Reformhaus Schulze
Stephanstraße 7, Westerland
04651 22556

... sowie auf dem Mittwochs- und Samstagsmarkt am Westerländer Rathaus und in gut sortierten Supermärkten und Drogerien.

Bücher

Die Literatur zur Insel Sylt ist recht umfangreich. Hier seien nur wenige besonders empfehlenswerte Bücher aufgelistet, die ebenfalls von Syltern, oder mit deren Beteiligung verfasst wurden:

Silke von Bremen:
Gebrauchsanweisung für Sylt (Piper)
Ein launig geschriebenes Sylt-Porträt, vor allem über die gesellschaftlichen und geschichtlichen Themen der Insel.

Hans Jessel:
Das große Sylt-Buch (Ellert & Richter)
Das umfangreiche Standardwerk zur Insel mit wunderbaren Fotos des bekannten »Inselfotografen« Hans Jessel.

Ekkehard Klatt:
Sylt – Geologie einer Nordseeinsel (Wachholtz)
Für geologisch besonders Interessierte.

Lothar Koch:
Syltopia – die Doku-Fantasy aus dem Jahre 2050 (ClarityVerlag)
Eine »total durchgeknalltes« Inselmärchen mit hohem Wahrheitsgehalt und einer traumhaften Zukunftsvision von Sylt. Es gewährt einen Blick hinter die Prospektfassade der Insel und regt zum diskutieren und träumen an.

Harry Kunz/Thomas Steensen:
Das neue Sylt Lexikon (Wachholtz)
Für Detailliebhaber ein gutes Nachschlagewerk zur Insel.

Susanne Matthiessen:
Ozelot und Friesennerz (Ullstein)
Gute Milieustudie zum Sylt der 1970er-Jahre.

Heike Werner und Lothar Koch:
Fit mit Fastenwandern auf Sylt (ClarityVerlag)
Sylt mal ganz gesund erleben.

Bücherei

Sylt Bibliothek Westerland
Leihbücherei, Stephanstraße 6b, Westerland (neben der Alten Post)
04651 851270 · info@sylt-bibliothek.de · www.sylt-bibliothek.de

Busse und Fahrpläne

SVG Verkehrsgesellschaft
Trift 1, Westerland
04651 8361029 oder 836100 · www.svg-sylt.de

Camping

Das Zelten und die Übernachtung in Wohnmobilen und Wohnwagen ist nur auf den Campingplätzen erlaubt. Missachtung wird mit Geldstrafen geahndet!

Campingplatz Kampen
Möwenweg 4, Kampen
04651 42086 · info@campen-in-kampen.de · www.campen-in-kampen.de

Campingplatz Wenningstedt
Osetal 3, Wenningstedt
04651 944004 · camp@wenningstedt.de ·
www.campingplatz.wenningstedt.de

Dünen Camping Westerland
Rantumer Straße, Westerland
04651 2991939 · info@duenen-camping.de ·
www.duenencamping-westerland.de

Campingplatz Rantum
Hörnumer Straße 3, Rantum
04651 80755 · camping@rantum.de · www.camping-rantum.de

Campingplatz Hörnum
Rantumer Straße 31, Hörnum
04651 892008 · campingplatz@hoernum.de · www.hoernum.de

Campingplatz Südhörn
Ziegeleiweg, Tinnum
04651 3607 · dau.sylt@t-online.de · www.campingplatz-suedhorn.de

Campingplatz Mühlenhof
Melnstich 7, Morsum
04651 890444 · info@campingplatz-sylt.de · www.campingplatz-sylt.de

Ebbe und Flut

Gezeitenkalender erhält man kostenlos bei den Kurverwaltungen. Umfassende Tidekalender gibt es in den Buchhandlungen.

Fahrradverleih, -reparatur und -verkauf

Eine ausführliche Liste finden Sie unter
www.sylt.de/leben/sport-freizeit/radfahren.html

Fasternwandern

Auf Sylt gibt es zwei Fastenhäuser, die das gesunde Fastenwandern durchführen. Mal eine ganz andere Möglichkeit Sylt intensiv zu erleben.

Fastenhaus Werner
https://www.fastenwandern-sylt.de

Fastenhaus Ahlers
https://www.fasten-sylt.de

Fliegen und Fallschirmspringen

Flughafen Sylt
Flughafenstraße 1, Tinnum
04651 920612 · service@flughafen-sylt.de · www.flughafen-sylt.de

Rundflüge
Sylt Air, Flughafen Terminal 2, Zum Fliegerhorst 101, Tinnum
04651 7877 · service@syltair.de · www.syltair.eu

Fallschirmspringen
Seventhsky, Flughafen Halle 74, Tinnum
0173 2160121 · info@seventhsky.de · www.seventhsky.de

Segelfliegen
Aero-Club Sylt, Liigerhörn11, Tinnum
0175 5893056 · brodersen@aeroclub-sylt.de · www.aeroclub-sylt.de

FKK-Strände

... hat jede Gemeinde mindestens einen zu bieten, genauere Informationen erhalten Sie bei den Kurverwaltungen und Tourismus-Services. Die bekanntesten FKK-Strände sind Buhne 16 in Kampen und Oase zur Sonne südlich von Westerland.

Führungen

Besonders empfehlenswert sind Gästeführungen mit Silke von Bremen zu historischen und gesellschaftlichen Sylter Themen. Naturexkursionen macht man am besten mit den Naturschutzorganisationen der Insel. Veranstaltungen mit dem Autor Lothar Koch bitte unter www.syltopia.de anfragen. Geologisch Interessierte folgen den Spuren des Sylter Geologen Dr. Ekkehardt Klatt. Mehr unter www.sylt.de.

Heulerfunde

Am Strand rastende Robben (im Winter junge weiße Kegelrobben und im Sommer junge Seehunde) können Sie bei der Polizei, den Seehundbeauftragten und Naturschutzorganisationen melden, z. B. in der

Schutzstation Wattenmeer
Rantumer Straße 27, Hörnum
04651 881093 · hoernum@schutzstation-wattenmeer.de ·
www.schutzstation-wattenmeer.de

Hunde

An der Westküste gibt es 17 ausgewiesene Hundestrände, an denen das Mitführen Ihrer Lieblinge erlaubt ist. Nähere Informationen erhalten Sie bei den Kurverwaltungen und Tourismus-Services. Ein Strandwandern direkt am Flutsaum mit Hund an der Leine ist generell gestattet. Hunde sind in den Naturschutzgebieten und auf Deichen unbedingt an der Leine zu halten, sie stören dort sonst Brut- und Rastvögel sowie Schafe! Einen Hundespielplatz gibt es an der Straße zum Flughafengelände, wenn man nach links abbiegt.

Wenn Sie einmal etwas ohne Ihren Hund unternehmen möchten, können Sie ihn, wenn ausreichend freie Plätze vorhanden sind, für einige Stunden als Pensionsgast im Tierheim Sylt abgeben. Zudem besteht die Option, mit den im Tierheim lebenden Hunden spazieren zu gehen (siehe unter T).

Informationen

Bei der
Sylt Marketing GmbH
Stephanstraße 6 (in der Alten Post), Westerland
04651 82020 · info@sylt.de · www.sylt.de
erhalten Sie umfangreiche Informationen zu zahlreichen Themen als Broschüren, Faltblätter und zum Download – unter anderem:

Gastgeberverzeichnisse

Insulares Gastgeberverzeichnis und Verzeichnisse zu den Orten List, Kampen, Wenningstedt-Braderup, Archsum, Keitum, Morsum, Munkmarsch, Tinnum, Westerland, Rantum und Hörnum.

Broschüren und Prospekte

Imagebroschüre, Sylter Highlights, Erlebnisführer, Urlaub mit Handicap, Urlaub mit Hund, Gezeitenkalender, Weltnaturerbe Wattenmeer, Sylt à la carte, Sylter Gästeführer, Radfahren und Wandern, Sylt E-Bike, Nordic Walking auf Sylt, Golfen auf Sylt, Wassersport auf Sylt, Reiten auf Sylt, Angeln auf Sylt, Boulen auf Sylt, Camping auf Sylt, Jugendreisen und Klassenfahrten, Natürlich Sylt-Magazin, Mobil auf Sylt, Fahrplan DB Sylt-Shuttle, Flugplan, Fahrplan Syltfähre, Busfahrplan SVG, Ausflüge Adler Schiffe.

Ortspläne und Inselkarte

Wissenwertes: Golfhopping, Sportplan, Syltness Magazin, Sylter Welle

Inselrundfahrten

Täglich gibt es Busrundfahrten über die Insel, außerdem werden Tagesfahrten zu zahlreichen Zielen auf dem Festland angeboten. Wer eine der anderen Inseln oder Halligen besuchen möchte, kann sich im Sommer täglich ab Hörnum Hafen mit der Adler Reederei einschiffen. Weiterhin werden Fahrten zu den Seehundsbänken angeboten.

SVG Verkehrsgesellschaft

Trift 1, Westerland
04651 8361029 oder 836100 · info@svg-busreisen.de · www.svg-sylt.de

Adler-Schiffe

Boysenstraße 13, Westerland
01805 123344 · info@adler-schiffe.de · www.adler-schiffe.de

Jagd und Wild

Auf Sylt sind zu bestimmten Zeiten Wildkaninchen, Hasen, Fasane und Rebhühner, Füchse, Iltisse, Wiesel und Marder zum Abschuss freigegeben. Das Raubwild fand über den Eisenbahndamm den Weg zur Insel und stellt in erster Linie eine Gefahr für die in den Dünen brütenden Vögel dar. Informationen bei:

Hegering Sylt
Friedrichstraße 17, Westerland
04651 7474 · www.hegering-sylt.de

Jugendherbergen

Jugendherberge Hörnum
Friesenplatz 2, Hörnum
04651 880294 · jh-hoernum@djh.de · www.djh-nordmark.de/jh/hoernum

Jugendherberge Dikjen Deel
Fischerweg 36-40, Westerland
04651 8357825 · jh-westerland@djh.de · www.djh-nordmark.de/jh/westerland

Jugendherberge Mövenberg
Mövenberg, List
04651 870397 · jh-list@djh.de · www.djh-nordmark.de/jh/list-moevenberg

Kinder

Villa Kunterbunt
Obere Promenade, Westerland · 04651 998275
Alle Kinder von drei bis 13 Jahren können hier toben, nach Herzenslust spielen, basteln und neue Freunde finden, während die Eltern etwas erledigen oder bummeln gehen.

Kinderwattführungen bieten an:

Erlebniszentrum Naturgewalten Sylt
Hafenstraße 37, List
04651 836190 · info@naturgewalten-sylt.de · www.naturgewalten-sylt.de

Schutzstation Wattenmeer/Arche Wattenmeer
Rantumer Straße 33, Hörnum
04651 881093 · hoernum@schutzstation-wattenmeer.de ·
www.schutzstation-wattenmeer.de

Kindervorstellungen und Mitmachprogramme (nur im Sommer):

MIGNON InselCircus
Kampener Weg (Wiese am Denghoog), Wenningstedt
040 320829802 · direktion@circus-mignon.de · www.circus-mignon.de

Naturerlebnisraum Friedrichshain
Wäldchen am Nordende von Westerland, Treffpunkt an der Waldhütte,
Informationen: Inselverwaltung Sylt im Rathaus Westerland (04651 851-0).
Hier darf auf Bäumen geklettert und am Ufer des Weihers im Matsch
gespielt werden; die Kinder können Wasserproben nehmen und Verstecke
bauen. Weiter nördlich nahe des Denghoogs in Wenningstedt befindet sich
im Osewäldchen der Sylter Sagenwald- ein lehrreicher Kinderspielplatz.

Naturzentrum Braderup
M.-T.-Buchholz-Stich 10a, Braderup
04651 44421 · naturschutz-sylt@t-online.de · www.naturschutz-sylt.de

Krankenhaus

Asklepios Nordseeklinik
Norderstraße 81, Westerland
04651 844420 · www.asklepios.com/sylt/akut/ · Notfall: 04651 841111

Kultur

Meerkabarett
Hafenstraße 1, Rantum (bei der Sylt Quelle)
Tickets: 04651 4711 · www.meerkabarett.de

Kaamp-Hüs
Literatursommer und Kunstausstellungen
Hauptstraße 12, Kampen
04651 46980 · info@kampen.de · www.kampen.de

Kinowelt
Strandstraße 9, Westerland
04651 83622-0 · www.kinowelt-online.de

Kursaal 3
im Haus am Kliff
Strandstraße 25, Wenningstedt
04651 4470 · www.kursaal3-sylt.de

Kontorhaus Keitum
Jazzkonzerte und mehr
Siidik 15, Keitum
www.kontorhauskeitum.de

St. Severin
Mittwochskonzerte
Munkmarscher Chaussee, Keitum
Karten bei den Kurverwaltungen und Tourismus-Services und bis 14 Tage
vorher unter www.vibus.de

Stadtgalerie Alte Post
Kunstfreunde, Ausstellungen
Stephanstraße 4, Westerland
www.sylter-kunstfreunde.de

Sylter Museum (Heimatmuseum)
Am Kliff 19, Keitum
04651 31669 · www.sylter-verein.de

Naturkundliche Infozentren

Bauwagen der Schutzstation Wattenmeer am Keitumer Schöpfwerk
Nössedeich am Ende der Koogstraße (April bis Oktober)
04651 881093

Bauwagen der Schutzstation Wattenmeer an der Morsum Odde
Bauhofplatz des LKN am Ende des Liiger Wal (April bis Oktober)
04651 881093

Eidum Vogelkoje
Rantum-Becken, Süderinge, Rantum
(Straße zum Remondis-Entsorgungszentrum, die in Höhe Dikjen Deel
von der Landesstraße links abzweigt)

Erlebniszentrum Naturgewalten Sylt
Hafenstraße 37, List
04651 836190 · info@naturgewalten-sylt.de · www.naturgewalten-sylt.de

Naturzentrum Braderup/
Klara-Enss-Haus der Naturschutzgemeinschaft Sylt e. V.
M.-T.-Buchholz-Stich 10a, Braderup
04651 44421 · naturschutz-sylt@t-online.de · www.naturschutz-sylt.de

Schutzstation Wattenmeer (Arche Wattenmeer)
Rantumer Straße 33, Hörnum
04651 881093 · hoernum@schutzstation-wattenmeer.de ·
www.schutzstation-wattenmeer.de

Sölring Foriining (Heimatverein)
Am Kliff 19, Keitum
04651 31669 · soelring-foriining@t-online.de · www.soelring-foriining.de

Verein Jordsand
Am Rantum-Becken, Rantum
info@jordsand.de · www.jordsand.de

Vogelkoje Kampen
Lister Straße, Kampen
04651 871077 · info@soelring-foriing.de · www.soelring-foriining.de

Wattwerkstatt Rantum
Am Torbogen 7, Rantum
04651 926170 · rantum@schutzstation-wattenmeer.de
www.schutzstation-wattenmeer.de

Notfall

Rettungsdienst
112

Seenotrettungskreuzer
04651 870365

Ärztlicher Notdienst
0180 28805

Apotheken-Notdienst
04651 7210

Planwagenfahrten

Peter Störtenbecker
Am Seedeich 12a, Westerland
04651 1386

Polizei

Polizeizentralstation und Kriminalpolizeiaußenstelle
Kirchenweg 21, Westerland
04651 70470

Wasserschutzpolizei

Am Fähranleger, List
04651 870460

Quallen

... kommen häufiger im August vor. Hautreizungen sind meist harmlos. Sofortmaßnahmen: Haut gründlich mit Wasser abspülen, trocknen lassen und anschließend mit trockenem Sand abreiben. Eventuell mit Essigwasser nachspülen.

Reiten

Reitschule Grünhof

Süderstraße 80, Keitum
04651 31208 · info@gruenhof-sylt.de · www.gruenhof-sylt.de

Reitstall Hoffmann

Gurtstig 46, Keitum
04651 31563 · www.reitstall-hoffmann.de

Reiterhof Lobach

Litjmuasem 16, Morsum
04651 890239

Reitschule Olivenhof

Ingewai 40, Tinnum
04651 32906 · info@olivenhof.de · www.olivenhof.de

Reitschule Wiesengrund

Zum Wiesengrund, Tinnum
04651 31600 · info@reiten-sylt.de · www.reiten-sylt.de

Reitschule Volquardsen

Terpwai 17, Braderup
04651 44369 · www.sylt-feldenkrais.de

Pferdehof Sylt

Boy-Peter-Eben Weg 4, Tinnum
04651 31895 · kontakt@pferdehof-sylt.de · www.pferdehof-sylt.de

Seawatching

Darunter verstehen »Ornis« (Ornithologen) das Beobachten des offenen Meeres, um Hochseevögel zu erspähen. Ein beliebter Treffpunkt dafür ist die Arkade auf der Promenade Westerland. Hier sammeln sich die Interessierten mit Spektiven, vorzugsweise ab Westwindstärke fünf aufwärts.

Seehunde und Seehundjäger

Der Seehund unterliegt dem Jagdrecht; er wird in Schleswig-Holstein seit 1974 nicht mehr bejagt. Jäger sind im Rahmen ihrer Hegeverpflichtung zuständig und verantwortlich für den Schutz dieser Wildart. Die Schleswig-Holsteinische Landesregierung hat Seehundjäger als verantwortliche Jagdaufseher eingesetzt, von denen es auf Sylt drei gibt. Bei Funden von verletzten oder verlassenen Seehunden bitte die Schutzstation Wattenmeer kontaktieren (siehe »Heulerfunde«), die ggf. die Seehundjäger benachrichtigen.

Surfen

Es gibt alle Arten des Surfens, also Windsurfing, Kite-Surfing und Wellenreiten. Mehrmals im Jahr werden Wettkämpfe ausgetragen, zum Beispiel der World Cup im Windsurfen und der im Kite-Surfen am Brandenburger Strand, Westerland, oder der Surf-Wellenreiter-Cup bei Buhne 16 in Kampen. Der Surf Club Sylt engagiert sich auch im Umweltschutz (Strandreinigung etc.):

Surf Club Sylt

Bismarckstraße 20, Westerland
Clubhaus auf der Promenade Brandenburger Strand
info@surfclubsylt.de · www.surfclubsylt.de

Tierärzte

Stephanie Petersen, Keitumer Landstraße 10c, Tinnum
04651 995303

Dirk-Arne Wohlenberg, Königskamp 25, Tinnum
04651 35677

Ivonne Kobilinski, Kiarwai 12, Tinnum
04651 2997791

Ulrike Grasedieck (Tierphysiotherapie), Hoyerweg 25, Westerland
04651 4490218

Tierheim/Tierschutzverein (siehe auch unter »Hunde«)

Tierheim/Tierschutzverein Sylt e. V.
Keitumer Landstraße 106, Keitum
04651 33533 · tierschutzverein-keitum@t-online.de · www.tierheim-sylt.de

Touristinformation und Zimmervermittlung

Kurverwaltung List
Landwehrdeich 1, List
04651 95200 · info@list-sylt.de · www.list.de

Tourismus-Service Kampen
Hauptstraße 12, Kampen
04651 46980 · info@kampen.de · www.kampen.de

Tourismus-Service Wenningstedt-Braderup (Kurverwaltung)
Osetal 5, Wenningstedt
04651 4470 · info@wenningstedt.de · www.wenningstedt.de

Tourist-Information Wenningstedt-Braderup (Zimmernachweis)
Westerlandstraße 3, Wenningstedt
04651 98900 · tourist-information@wenningstedt.de ·
www.wenningstedt.de

Insel Sylt Tourismus-Service GmbH
Strandstraße 35, Westerland
04651 9980 · info@westerland.de · www.sylt.de

Geschäftsstelle Rantum
Strandstraße 7, Rantum
04651 8070 · info@rantum.de · www.sylt.de

Geschäftsstelle Keitum
für Keitum, Munkmarsch, Tinnum, Archsum, Morsum
Gurtstig 23, Keitum
04651 3370 · www.sylt.de

Tourismus-Service Hörnum
Rantumer Straße 20, Hörnum
04651 96260 · info@hoernum.de · www.hoernum.de

Vegetarier

Leider gibt es kein echtes vegetarisches Restaurant auf Sylt. Jedoch sind die meisten Küchen in der Lage auf Nachfrage vegetarische Menüs zusammenzustellen. Ansonsten bleiben nur die klassischen Ausweichmöglichkeiten in Pizzerien und Salatbars. Gutes Angebot: Möllers Anker und Straend in Hörnum.

Vogelbeobachtung

Hier können Sie erfahren, welche Vogelarten gerade auf Sylt gesichtet werden und Ihre eigenen Beobachtungen melden:
www.ornitho.de

Wattenmeerstation Sylt des Alfred-Wegener-Instituts (AWI)

Führungen durch die Forschungseinrichtung jeden Freitag ab 10 Uhr
Hafenstraße 43, List
04651 956-0 · www.awi.de

Wellness und Hallenbäder

Syltness Center und Sylter Welle Westerland
www.insel-sylt.de

Wetter

Denken Sie daran: Es gibt kein schlechtes Wetter, sondern nur unangemessene Kleidung. Sylter Regenwetter hält meist nicht länger als einen halben Tag, aber es weht fast immer ein Wind. Deshalb eher etwas mehr anziehen, als man denkt. Wegen des Windes sind Regenschirme meist zwecklos.

Whale-Watching

Wale beobachten können Sie von jeder Stelle des Weststrandes kostenlos und auf eigene Faust. Optimal sind Ostwindlagen, denn dann ist das Wasser ganz glatt. Melden Sie Ihre Sichtung bitte an die

Schutzstation Wattenmeer
Rantumer Straße 27, Hörnum
04651 881093 · hoernum@schutzstation-wattenmeer.de ·
www.schutzstation-wattenmeer.de

Aktuelle Sichtungen werden angezeigt im
Erlebniszentrum Naturgewalten Sylt
Hafenstraße 37, List
04651 836190 · info@naturgewalten-sylt.de · www.naturgewalten-sylt.de
Beachexplorer – Eine App, mit der Wale und alle Strandfunde bestimmt und gemeldet werden können: www.beachexplorer.org

Yachthäfen

List
Der nördlichste Sportboothafen des Landes verfügt über insgesamt 30 Liegeplätze. Fünf davon können von Gästen angemietet werden. Festgemacht wird an zwei Schwimmsteg-Anlagen.
www.list.de

Munkmarsch
Der kleine private Yachthafen an der Munkmarscher Bucht ist durch die Gezeiten geprägt, sodass Mensch und Natur hier ihren Rhythmus finden. Segeltörns ins Watt und Schulung buchbar.
www.insel-sylt.de

Rantum
An der Ostküste von Rantum liegt der kleinste der vier Sylter Häfen. Freizeitkapitäne machen ihre Boote hier in geschützter Wattlage fest.
www.insel-sylt.de

Hörnum
Für Sportboote und Yachten ist der Sylter Yacht Club im nördlichen Teil des Hörnumer Hafens die richtige Anlaufstelle.
www.hoernum.de

Yoga, MeerFit und Meditation – gesundes Sylt

MeerFit mit der MeerFrau. Die Sylterin Anja Becker bietet aktive Wochenseminare als Bildungsurlaub zum Entstressen am Meer an.
www.meerfrausylt.de

Mediationen und Yoga-Workshops bietet das OC-Rantum an.
info@ocean-center.com · www.ocean-center.com

Verschiedene Anbieter unter
https://www.sylt.de/entdecken/sport/yoga.html.

› Stichwortverzeichnis

› Personen

› Tiere und Pflanzen

Extra-Stationen für Kinder und Jugendliche

Erlebniszentrum
NATURGEWALTEN SYLT

Am Lister Hafen

»Was kann man hier machen?«

Sehen und Hören

Spielen und Entdecken

Lesen und Erfahren

»Um welche Themen geht es?«

Klima, Wetter, Forschung

Leben mit Naturgewalten

Kräfte der Nordsee

Hafenstraße 37 • 25992 List • Tel. 04651 / 83 61 90
naturgewalten-sylt.de • Täglich ab 10 Uhr geöffnet

NATURZENTRUM BRADERUP

Infozentrum Nationalpark Schleswig-Holsteinisches Wattenmeer

Naturkundliche Führungen für Groß und Klein, interaktive Dioramen,
Ausstellung mit allen Sinnen erleben, Tastpfad, Spiele,
Nordseeaquarium, Robben- und Walecke, Muscheln und Schnecken,
Heide und Morsum-Kliff, Sylter Natur, Angeln, Jagen, Küstenschutz.

Führungen im Wattenmeer, durch die Heide
und am Morsum-Kliff nach Vereinbarung.
Telefon 04651 44421 · www.naturschutz-sylt.de

Öffnungszeiten: April bis Oktober
Montag bis Samstag von 10 bis 18 Uhr

NATURZENTRUM BRADERUP
Clara-Enss-Haus

SYLT ERLEBEN

SÖLRING MUSEEN
WIR SIND KULTUR

www.soelring-museen.de

SYLT MUSEUM

ALTFRIESISCHES HAUS
SEIT 1640

STEINZEITGRAB
DENGHOOG

NATURPFAD VOGELKOJE
KAMPEN

Das **Nationalpark-Haus** mit Erlebnis-Ausstellung im Sylter Süden

Ein ideales Ausflugsziel für jedes Wetter

Arche Wattenmeer

Hörnum – Dünen, Watt und Nordsee –
die Artenvielfalt auf Sylt erleben!
Auf zwei Etagen laden zahlreiche
liebevoll gestaltete Exponate zum
Anfassen und begreifen ein.

Allein oder in der Familie kann man hier das
Wattenmeer unter und über der Meeresoberfläche
erkunden. Zusätzlich bieten wir Wattwanderungen
und weitere natur- und inselkundliche Führungen an.

Aktuelle Öffnungszeiten: Tel. 04651-8862 229
Ranumer Str. 33, 25997 Hörnum (Bus: Hörnum Steintal)
www.arche-wattenmeer.de

Naturschutzgesellschaft · Schutzstation Wattenmeer e.V.

Nationalpark
Wattenmeer
NATIONALPARK-PARTNER

› Der Autor

Lothar Koch (Jahrgang 1959) ist ein Inselkind. Er wuchs auf der ostfriesischen Insel Juist auf und lebt seit 1988 auf Sylt. Die Naturschönheiten des Wattenmeeres und die Umweltgefährdung der Nordsee motivierten ihn zum Studium der Biologie. Dieses absolvierte er an der Universität Bonn. Im Rahmen eines Auslandsstudienjahres an der University of East Anglia in Norwich/England spezialisierte er sich auf Küstenökologie.

Seine Diplomarbeit im Nationalpark Wattenmeer führte ihn über die Schleswig-Holsteinischen Inseln und Halligen 1987 schließlich nach Sylt. Ab 1988 war er von dort aus 15 Jahre als Leiter für die Sylter Informationszentren der Naturschutzgesellschaft Schutzstation Wattenmeer e. V. zuständig und als Nordseeexperte und Pressesprecher für den überregionalen Verband tätig.

Über zahlreiche Gremien war und ist Lothar Koch an Entwicklungen hinsichtlich Umwelt und Tourismus auf der Insel und an der Wattenmeerküste Schleswig-Holsteins aktiv beteiligt.

Lothar Koch wurde für sein kreatives Engagement im Schutz um die Meeressäuger des Wattenmeeres mit dem renommierten «Karl-Kaus-Preis für Wildtierschutz» ausgezeichnet. Er initiierte ein Schutzprojekt für Kegelrobben im Wattenmeer und war maßgeblicher Impulsgeber in der Diskussion zur Einrichtung des ersten Walschutzgebietes Europas vor den Inseln Sylt und Amrum. Nach Beendigung seiner Tätigkeit als hauptamtlicher Biologe der Schutzstation Wattenmeer ist Lothar Koch weiterhin ehrenamtlich für den Nordsee- und Inselschutz auf Sylt aktiv. So engagierte er sich als Fachbeirat im Entstehungsprozess des Naturerlebniszentrums Naturgewalten Sylt und ist für die Schutzstation Wattenmeer aktiv.

Neben zahlreichen eigenen wissenschaftlichen und populärwissenschaftlichen Artikeln sowie der Mitarbeit am «Großen Sylt-Buch» von Hans Jessel war er als Experte auch an der Zusammenstellung für «Das neue Sylt Lexikon» von Harry Kunz und Thomas Steensen beteiligt.

Mit seinem utopischen Roman «Syltopia», einer «Doku-Fantasy» aus dem Jahre 2050, hat er ein inselkritisches Sylt-Märchen für Erwachsene geschaffen (ClarityVerlag) und ungewöhnliche Zukunftsperspektiven für «seine» Insel und andere Ferienorte aufgezeigt.

Seit 2003 arbeitet er als selbstständiger Biologe und Publizist sowie als Seminarleiter und Coach im Bereich Persönlichkeitsentwicklung.

› Dank und Bitte

Dieses Buch ist das Ergebnis langer Recherchen, denen zahlreiche Primär- und Sekundärquellen von wissenschaftlichen Artikeln über Bücher bis hin zu Zeitungsartikel zugrunde liegen. Vieles wurde von mir seit 1988 selbst, vor allem im Rahmen meiner Arbeit als Biologe, auf Sylt erlebt. Vieles erfuhr ich aus Gesprächen mit Syltern oder bei wissenschaftlichen Exkur-sionen, Symposien und anderen Kongressen.

Stellvertretend für alle, die zu diesem Buch beigetragen haben, möchte ich besonders danken:

Meinem Vater Karl Koch für die Durchsicht einer ersten Manuskriptversion und meiner Frau Anja für die Unterstützung in vielerlei Hinsicht. Silke von Bremen und Stefanie Wilke für motivierende Worte und wertvolle Hin-weise zum Text, Prof. Joachim Reichstein für die anregende Hinführung zu Stätten der Vor- und Frühgeschichte auf der Insel Sylt und Dr. Ekkehard Klatt für die Hinweise zur Geologie. Dank auch allen im Impressum genannten Fotografen, besonders Frauke, Thomas, Wolf, Frank, Stefan, Rainer, Hans, Peter Bialobrzeski, sowie Dr. Ralf Sonntag von der IFAW und Dr. Iris Menn von Greenpeace, den Kollegen von der Schutzstation Wattenmeer e. V. und Moritz Luft mit dem Team der Sylt Marketing GmbH für die gute Zusammenarbeit. Lars Rohde gebührt Dank für das Karten-werk. Hendrik Asmus vom Feldhaus Verlag sei herzlich für die angenehme Zusammenarbeit, die professionelle Unterstützung und hochwertige Um-setzung der gesamten Buchproduktion gedankt.

Zum Schluss noch eine Bitte:

Sollten Sie Fehler in diesem Werk entdecken oder der Meinung sein, dass sich etwas verändert hat oder Wesentliches fehlt, dann teilen Sie mir das ger-ne mit. Die Leser der nächsten Auflage werden es Ihnen danken. Zusätzlich werden wichtige aktuelle Veränderungen auf der Internetseite zum Buch veröffentlicht: www.natuerlich-sylt.com. Den »SyltNaturReporter-Blog« des Autors erreichen Sie auch direkt unter www.natuerlichsylt.net. Dort sind Sie herzlich eingeladen sich aktuell über die weitere Entwick-lung auf Sylt zu informieren und Ihre eigenen Erlebnisse und Meinungen von Sylt mit anderen Lesern zu teilen.

Vielen Dank!

Lothar Koch

NaturReporterSylt